图书在版编目（CIP）数据

长江经济带发展统计年鉴. 2019：英汉对照 / 长江经济带发展统计监测协调领导小组办公室编. -- 北京：中国统计出版社, 2019.11
ISBN 978-7-5037-9044-7

Ⅰ. ①长… Ⅱ. ①长… Ⅲ. ①长江经济带－区域经济发展－统计资料－2019－年鉴－汉、英 Ⅳ. ①F127.5-54

中国版本图书馆 CIP 数据核字(2019)第 247465 号

长江经济带发展统计年鉴-2019

作　　者/长江经济带发展统计监测协调领导小组办公室
责任编辑/李　冲
封面设计/夏少鹏
出版发行/中国统计出版社
通信地址/北京市丰台区西三环南路甲 6 号　邮政编码/100073
电　　话/邮购（010）63376909　书店（010）68783171
网　　址/http://www.zgtjcbs.com/
印　　刷/武汉市楚风印刷有限公司
经　　销/新华书店
开　　本/880mm×1230mm　1/16
字　　数/800 千字
印　　张/23.5　彩色 1.75
版　　别/2019 年 12 月第 1 版
版　　次/2019 年 12 月第 1 次印刷
定　　价/398.00 元

本书附同版本CD-ROM一张，光盘内容以书面文字为准。

如有印装错误，本社发行部负责调换。

长江经济带发展统计年鉴 2019

STATISTICAL YEARBOOK OF YANGTZE RIVER ECONOMIC BELT

长江经济带发展统计监测协调领导小组办公室 编

中国统计出版社
China Statistics Press

《长江经济带发展统计年鉴-2019》

编委会和编辑人员

Statistical Yearbook of Yangtze River Economic Belt 2019

EDITORIAL BOARD AND EDITORIAL STAFF

编 者 说 明

一、为全面贯彻落实习近平总书记关于推动长江经济带发展的系列重要批示指示精神和国家《长江经济带发展规划纲要》，更好地为推进长江经济带发展提供更加优质、高效、可靠的统计服务，国家统计局成立了“长江经济带发展统计监测协调领导小组办公室”。《长江经济带发展统计年鉴-2019》的编辑和出版，由国家统计局和湖北省统计局(常设办公室)牵头负责，上海、江苏、浙江、安徽、江西、湖南、重庆、四川、贵州、云南省(市)统计局10个成员单位共同协作完成。

二、《长江经济带发展统计年鉴-2019》是一本信息密集的资料工具书，通过大量数据，全面分析、记载和反映长江经济带2018年经济、社会、资源环境、科技、文化等方面的发展，具有信息量大、权威性强、适用性广等特点。

三、本年鉴正文内容分为三个部分26个篇章，即：长江经济带发展统计监测报告；综合；人口；国民经济核算；就业和工资；价格；人民生活；财政；资源和环境；能源；固定资产投资；对外经济贸易；农业；工业；建筑业；批发和零售业；运输、邮电和软件业；住宿、餐饮业和旅游；房地产；科学技术；教育；卫生和社会服务；文化和体育；社会保障；城市和区域发展；附录。

四、本年鉴所使用的度量衡单位均采用国际统一标准计量单位，并统一使用最新颁布实施的产品目录。

五、本年鉴中涉及到的历史数据，均以最新出版的本年鉴数据为准。

六、符号使用说明:年鉴各表中的“空格”表示该项统计指标数据不详或无该项数据；“#”表示其中的主要项；“*”或“①”表示本表下有注解。

Preface

Yangtze River Economic Belt(YREB) covers Shanghai, Jiangsu, Zhejiang, Anhui, Jiangxi, Hubei, Hunan, Chongqing, Sichuan, Guizhou and Yunnan, as total 11 administrative regions. *YREB Development Survey Group* is organized by the National Bureau of Statistics cooperating with these 11 relevant provincial bureau of statistics in order to support for the national development strategy of Yangtze River Economic Belt.

Statistical yearbook of Yangtze River Economic Belt 2019 was produced by *YREB Development Survey Group.* The National Bureau of Statistics and the Hubei Provincial Bureau of Statistics worked as executive editors, in coordination with the other 10 members of the group. This statistical yearbook records and presents the regional development in population, economy, society, resources and environment, science, technology, and culture, etc.

The Yearbook contains 3 parts:

Part I   Development Report of Yangtze River Economic Belt.

Part II   Statistics on general survey, population, national accounts, employment and wages, prices, people's living conditions, government finance, resources and environment, energy, investment in fixed assets, foreign trade and economic cooperation, agriculture, industry, construction, wholesale and retail trades, transport, postal and telecommunication services and software industry, hotels, catering services and tourism, real estate, science and technology, education, public health and social services, culture and sports, social security, urban and regional development.

Part III   Overviews of these 11 administrative regions.

The units of measurement used in the Yearbook are internationally standard measurement units, and the newly published and implemented Product Categories are uniformly adopted.

Please refer to the Yearbook for updated historical data.

Notations used in the Yearbook: " " (blank space) indicates that the data are unknown, or are not available; "#" indicates a major breakdown of the total; and "*" or "①" indicates footnotes at the end of the table.

目　　录
Contents

第一部分　长江经济带发展统计监测报告
Development Report of Yangtze River Economic Belt

第二部分　统计数据
Statistical Data

一、综　合
General Survey

二、人口
Population

三、国民经济核算

National Accounts

四、就业和工资

Employment and Wages

七、财政

Government Finance

八、资源与环境

Resources and Environment

十、固定资产投资

Investment in Fixed Assets

十一、对外经济贸易

Foreign Trade and Economic Cooperation

十二、农业

Agriculture

十三、工业

Industry

十四、建筑业

Construction

十五、批发和零售业

Wholesale and Retail Trades

二十一、卫生和社会服务

Public Health and Social Service

二十二、文化和体育

Culture and Sports

第三部分 附录

Appendix

1

长江经济带发展统计监测报告

Development Report of Yangtze River Economic Belt

长江经济带高质量发展成效初显

——2018年长江经济带经济社会发展统计监测报告

2018年，长江经济带11省市认真贯彻落实习近平总书记在深入推动长江经济带发展座谈会上的讲话精神，以“生态优先、绿色发展”、“共抓大保护、不搞大开发”为指引，持续深入推进长江生态环境保护工作，生态环境整治取得了明显成效，经济发展质量稳步提高。

一、长江经济带正成为我国经济社会发展的重要战略支撑带

（一）长江经济带正成为绿色发展的示范带

1.动真碰硬守护一江清水。长江经济带11省市统筹推进水污染治理、水生态修复、水资源保护“三水共治”，扎实推进城镇污水垃圾处理、化工污染治理、农业面源污染治理、船舶污染治理以及尾矿库污染治理“4+1”工程。截至2018年底，沿江11省市城市和县城累计建成污水处理设施1772座，污水管网23.7万公里，12个重点城市黑臭水体消除比例达93.1%。上游，重庆深入开展“碧水行动”，深化水污染防治各项措施，累计建成90个工业集聚区污水集中处理设施，全面完成48段城市黑臭水体整治，水体黑臭基本消除。中游，“千湖之省”湖北大力推进“四个三”重大生态工程，划定生态保护红线面积4.15万平方公里，精准灭荒造林71.8万亩，“关改搬转”沿江化工企业115家。安徽坚持从点位入手，开展“三大一强”专项行动，大力度抓好“23+N”突出生态环境问题整改；坚持向面上拓展，推进沿江1公里、5公里、15公里岸线分级管控措施，落实禁新建、减存量、关污源、进园区、建新绿、纳统管、强机制七项举措。下游，江苏大力实施“263”专项行动，持续推进钢铁化工行业去产能，全年压减钢铁产能80万吨、水泥产能210万吨、平板玻璃产能660万重量箱，全省单位GDP能耗同比下降6.18%。

2.生态修复效果明显。11省市积极修复岸线生态，统筹实施长江岸线资源清理整顿、两岸造林绿化等工程。湖北腾退岸线150多公里，清退港口吞吐能力1.56亿吨，岸滩岸线生态复绿800多万平方米。统筹实施长江防护林建设、水土流失治理、河湖湿地保护等一批重大生态工程，四川2018年森林面积达2.76亿亩，自然保护区面积8.3万平方公里，保护区面积占全省土地面积的17.1%。

3.生态效益逐渐显现。沿江各省市大力建设绿色生态廊道，持续改善水环境质量。2018年，长江干流国控断面水质优良（Ⅰ－Ⅲ类）比例为79.3%，较2015年提高12.3个百分点，劣Ⅴ类水质比例较2015年

下降 4.5 个百分点。严守生态红线，建立自然保护区。长江两岸防护林体系建设 1141 万亩，新建国家湿地公园 67 处，洞庭湖水质逐步好转为Ⅳ类，鄱阳湖区恢复退化湿地面积 276.1 公顷，水源涵养功能明显增强。2018 年 10 月，国务院办公厅印发《关于加强长江水生生物保护工作的意见》，开展中华鲟、长江鲟人工增殖放流和长江江豚迁地保护行动，长江珍稀濒危物种保护得到强化。

（二）长江经济带正成为推动区域协调发展的加速带

1.立体交通走廊建设提速。长江经济带铁路、公路、水运、航空运输立体交通网基本建成，在全国率先形成综合交通运输体系，2018 年长江经济带完成客运量 85.8 亿人，占全国的 47.8%，完成货运量 218.4 亿吨，占全国的 42.4%。铁路网络布局不断完善，营业里程达到 3.9 万公里，2018 年高铁通车里程比 2015 年增加 4300 公里，长江经济带约 71%的地级及以上城市通高速铁路。公路网络进一步完善，沪蓉、沪渝、沪昆、杭瑞等高速公路全线贯通，2018 年高速公路通车里程比 2015 年增加 8000 公里，约 95%的县级及以上城市通高速公路。“黄金水道”优势充分显现，长江干线有开放口岸 30 个，亿吨港口 14 个，年吞吐量达 24 亿吨，内河港口通过能力达 32.6 亿吨。航线不断完善，上海机场航空货邮吞吐量、旅客吞吐量分别保持世界第 3、世界第 4。

2.城镇化水平不断提高。城镇化步伐加快，城镇化空间格局不断优化。2018 年，长江经济带常住人口城镇化率达 59.5%，比 2015 年提高 4 个百分点。有 5 个省市人口城镇化水平高于全国(59.6%)，分别是上海(88.1%)、江苏(69.6%)、浙江(68.9%)、重庆(65.5%)和湖北(60.3%)。从城镇化发展阶段来看，上海城镇化率处于较高水平，已进入城市化发展后期阶段，江苏、浙江、重庆、湖北城镇化率在 60%以上，江西、湖南、安徽、四川城镇化率在 50%以上，云南和贵州城镇化率在 40%以上。

3.城市群发展有力推进。长江三角洲城市群、长江中游城市群和成渝城市群积极出台政策，强化协同发展。长三角一体化进程加快。2018 年，长三角一体化上升为国家战略，发展定位明确为“一极三区一高地”，区域经济总量达 21.1 万亿元，占全国的 23.5%，在长江经济带中引领和带动作用明显。长三角致力于建设地区协同融合发展平台，加强基础设施互联互通，促进科技创新合作，构建 G60 科创走廊。长江中游城市群发展逐步协调。相继打通了 10 余条高速公路“断头路”，省际公路联网工程、武西高铁、“645”深水航道整治等一批跨省陆路、水路交运项目得以协调推进。成渝城市群深化合作。川渝两地从推动生态环境联防联控联治、推动基础设施互联互通等 9 个方面深化合作，共筑长江上游生态屏障，把成渝城市群建成创新发展和绿色发展示范区。

（三）长江经济带正成为引领转型发展的创新驱动带

1.营商环境不断优化。11 省市深入实施简政放权，大力推进减税降费，受惠企业量大面广。2018 年，长江经济带 9.1 万家有创新活动的企业享受了优惠政策。在优惠政策中，研发费用加计扣除减免税政策受惠企业最多，为企业减税 453.0 亿元，增长 48.0%。上海实施 9 方面 18 项减税降费政策措施，为企业新增减负超过 500 亿元。安徽将企业开办时间压缩至 3 个工作日以内，省级网上可办事项达 96.14%、市县达 99.93%。贵州编制审批服务便民化“六张清单”，省直部门实施的行政许可减少为 270 项，省级政府网上服务能力位列全国前 3。江西累计取消调整证明事项 315 项，1233 项政务服务事项实现“一次不跑”或“只跑一次”。浙江“最多跑一次”持续推进，100%的事项实现网上办理，63.6%的民生事项实现“一证通办”。

2.科技创新成果丰硕。长江经济带聚集了全国六成规模以上工业研发企业，近五成研发人员和经费，超五成新产品产值与销售，正成为助推我国高质量发展的科技创新重地。2018 年,长江经济带共有 6.3 万家规模以上工业企业开展研发活动，占全国研发企业比重近 60.1%，占长江经济带工业企业比重为 33.5%。长江经济带企业共投入研发人员 213.1 万人，增长 8.9%，研发人员占全国比重达 50%。规模以上工业企业共投入研发经费 6359.0 亿元，增长 11.0%，连续 3 年实现两位数增长。规模以上工业企业研发经费占全国比重达 49.1%，研发投入强度达 1.3%，比全国高 0.09 个百分点。专利创新能力显著提升，长江经济带共申请专利 48.8 万件，增长 19.5%，其中发明专利 17.4 万件，增长 17.9%，占全部专利申请数的 35.6%。上海张江、安徽合肥综合性国家科学中心，武汉光电国家研究中心、合肥微尺度物质科学国家研究中心建设加快推进。

3.新动能集聚壮大。高端装备制造加速集聚，2018 年，长江经济带通用装备制造业营业收入占全国的比重从 50.6%提高到 52.1%，专用设备制造业从 44.5%提高到 48.2%。新产品开发力度持续加大，长江经济带企业共开发新产品 29.2 万项，增长 19.5%，实现产值 10.3 万亿元，实现销售收入 10.2 万亿元，新产品产值和销售收入均占全国总量的 51.5%。新兴消费发展迅猛，长江经济带实现网上零售额 4.46 万亿元，占全国的 49.5%，其中，浙江网上零售额 1.44 万亿元，总量居全国第 2，江西网上零售额增速达 49.6%，增速居全国第 1。

（四）长江经济带正成为扩大对外开放的先行带

1.自贸区建设步伐加快。截至 2018 年底，长江经济带中上海、浙江、湖北、重庆、四川 5 个省市有自贸区（全国共计 12 个），五大自贸区按照各自定位大力建设。上海自贸试验区先行先试，全面深化方案的 98 项改革任务基本完成，外商投资准入特别管理措施减少到 45 条，率先试点跨境服务贸易的负面清单管理模式，累计 146 项改革事项在全国推广；浙江自贸区固定资产投资 420.9 亿元，新增注册企业数 1998 家，大宗商品电子交易额 1487 亿元，船用燃料油供应量 359.3 万吨；湖北自贸区取得制度创新成果 200 余项，累计新设企业 2.2 万家，新增专利授权 15067 件，对产业转型升级形成有力支撑；重庆自贸试验区出台投资、贸易、金融和事中事后监管 4 个领域 141 条创新政策措施，探索形成 13 个创新典型案例、34 项制度创新成果；四川自贸试验区新增注册企业 4.7 万户，新增注册资本 5367 亿元，90%集中在高端服务业领域。

2.外商投资持续升温。2018 年，长江经济带外商投资企业年底注册登记数 24.5 万户，增长 4.7%；投资总额 3.2 万亿美元，增长 13.6%；注册资本 1.9 万亿美元，增长 12.9%。在上海投资的国家和地区达 182 个，落户的跨国公司地区总部累计达 670 家。浙江新批外商直接投资项目 3529 个，比上年增加 499 个，合同外资额 430.6 亿美元，增长 24.1%。重庆合同外资额达 90.8 亿美元，增长 136.8%，高技术产业外商直接投资约 3 亿美元，增长 302.0%。四川全年实际利用外资 754.3 亿元，增长 28.7%，新批（备案）外商直接投资企业 607 家，外商投资实际到位资金 623.3 亿元，增长 11.1%。

3.对外贸易规模不断扩大。2018 年，长江经济带 11 省市实现货物进出口总额 13.4 万亿元，占全国的 43.9%。出口总额 7.6 万亿元，占全国的 46.3%。开行中欧班列 4138 列，占全国开行总列数的 65%。2018

年，上海成功举办首届中国国际进口博览会，共有172个国家、地区和国际组织参会，3617家境外企业参展，年累计意向成交578.3亿美元。

（五）长江经济带正成为经济高质量发展的新兴带

1. **经济增长势头较好。**2018年，长江经济带地区生产总值达40.3万亿元，增长7.4%，高于全国增速0.8个百分点，占全国生产总值的44.1%，较上年提高0.3个百分点。长江经济带11省市在全国地区生产总值过3万亿元的13个省市中占了7个，在全国地区生产总值增速最高的10个省市中占了7个，其中江苏、浙江总量居全国第2、4位，贵州增速居全国第1位。

2. **经济结构持续优化。**供给侧结构性改革持续推进，产业结构逐步改善，经济发展的协调性和可持续性不断提升。2018年，长江经济带三次产业结构为6.9∶41.3∶51.8，与2017年比较，第三产业比重上升了1.3个百分点。江苏关闭高耗能高污染及“散乱污”规模以上企业3600多家，钢铁、化工行业产值占比与2012年相比分别下降1.9个、1.5个百分点。先进制造业加快发展。湖北高技术制造业增长13.2%，对工业增长的贡献率达16.0%。以数字经济为特征的新兴产业蓬勃发展，浙江数字经济增加值达2.34万亿元，占GDP的41.7%，居全国第4位，“三新”经济对经济增长的贡献率达33.5%。贵州生态利用型、循环高效型、低碳清洁型、环境治理型“四型”产业产值占GDP比重达40%，比2017年提升3个百分点。

3. **经济效益稳步提高。**2018年，长江经济带地方一般公共预算收入4.4万亿元，增长6.9%，高于全国增速0.7个百分点，上海、江苏、浙江超过6千亿元，安徽、湖北、四川超过3千亿元。税收收入3.5万亿元，增长11.0%，占地方一般公共预算收入的78.8%，税收收入增速快于一般公共预算收入增速4.1个百分点，增速超过10%的省市有江苏、浙江、安徽、湖南、四川和云南。

（六）长江经济带正成为人民安居乐业的幸福带

1. **居民收入较快增长。**2018年，长江经济带人均可支配收入达29200元，增长9.1%。11省市城镇居民人均可支配收入增幅均超过8%，高于全国7.8%的增长速度。上海城镇居民人均可支配收入达到6.8万元，江苏和浙江超过4万元，其余8个省市均超过3万元；农村居民人均可支配收入增幅超过全国平均水平的省市有9个，上海农村居民人均可支配收入达到3.0万元，江苏和浙江农村居民人均可支配收入超过2万元，安徽、江西、湖北、湖南、重庆、四川和云南等7个省市均超过1万元。

2. **就业形势总体稳定。**2018年，11省市城镇登记失业率均保持在4%以下。江苏城镇新增就业153万人，扶持30.1万人成功创业，带动就业121.3万人。安徽城镇新增就业70.5万人，登记失业率2.83%，下降了0.05个百分点。四川城乡就业总量为4881万人，比上年末增加9万人。湖北年末城镇登记失业率为2.55%，下降0.04个百分点。

3. **社会事业繁荣发展。**教育事业持续进步，2018年，长江经济带11省市共有普通高等学校1147所，占全国的43.1%；普通高等学校教职工数102.7万人，占全国的41.3%；本专科在校学生数1208.2万人，占全国的42.7%。文化事业蓬勃发展，规模以上文化法人单位28873个，占全国的48.2%。卫生事业不断完善，医疗卫生机构38.1万家，占全国的38.2%；卫生人员513.2万人，占全国的41.7%；医疗卫生机构床位数 377.2 万张，占全国的 44.9%；每千人口卫生技术人员 6.71 人，执业（助理）医师 2.51 人，注册护士 2.96 人。

二、长江经济带高质量发展面临的问题与挑战

（一）生态环境治理压力大

一是污染物排放基数大，2017 年长江废水排放量占全国的 43%，废水中的化学需氧量、氨氮、总氮、总磷排放量都接近全国的一半。二是流域环境风险隐患较为突出。沿江地区基础原材料和能源重化工产业占比较大，危险化学品码头和船舶数量多、分布广，仅重庆至安徽段危险化学品码头就接近 300 个。干线港口危险化学品年吞吐量已达 1.7 亿吨，运输量仍以每年近 10%的速度增长，危险化学品发生泄漏的风险仍然较大。

（二）区域协同发展困难多

一是地区发展条件差异大，基础设施、公共服务和人民生活水平的差距较大，沿江各省市之间人均 GDP 的最大差距是 3.6 倍，居民人均可支配收入的最大差距是 3.5 倍，城镇化率最大相差了 40.6 个百分点。二是长江经济带横跨我国东中西部，地带狭长，跨区域之间产业关联度较弱，难以形成产业链的有效延伸和区域间的相互带动。三是区域合作虚多实少，城市群协同带动力不足，全流域发展仍存壁垒，涉及省市多、协调难度大。四是跨区域性基础设施互联互通、流域统筹管理、商品流通统一市场、人口流动等资源要素流动壁垒仍有待进一步破解。

（三）新旧动能转换进展慢

一是传统产业比重过高，新旧动能转换和产业结构转型升级任务依然艰巨。二是地区之间存在低端产业重复性建设现象，产业同构化带来了同质化竞争，未形成高效的产业联动。

三、推动长江经济带发展的对策建议

为实现“把长江经济带建设成为生态更优美、交通更顺畅、经济更协调、市场更统一、机制更科学的黄金经济带”的战略目标，必须始终坚持以习近平总书记关于推动长江经济带发展一系列重要指示精神为根本遵循，坚持“共抓大保护、不搞大开发”，走生态优先、绿色发展之路，认真实施《长江经济带发展规划纲要》，加快构建协同治理体系、科技创新体系、综合交通运输体系建设，加快推进长江经济带高质量发展。

（一）突出环境治理，全力推进长江经济带生态环境保护和修复

一是突出生态环境整治，全面排查生态环境问题及风险隐患，建立负面清单制度，扎实推进沿江城镇污水垃圾处理、化工污染治理、船舶污染治理以及尾矿库污染治理的“4+1”工程。二是突出生态修复，强化长江干流及主要支流生态环境破坏问题的综合治理，全面完成沿岸 10 公里范围内植被和山体修复，增加绿化面积。三是创新联合治理模式，强化政治责任、法律责任，构建政府为主导、企业为主体、社会组织和公众共同参与的环境治理体系。

（二）强化互联互通，加快推进长江经济带一体化

一是着力推进航道、船舶、港口、码头高标准建设，构建干支联动、畅通高效的长江现代化航运体系；加快建设沿江高铁、高速公路、支线机场等一批骨干工程项目，统筹推进铁路、公路、水运、航空、油气管网集疏运体系建设，构筑网络化、标准化、智能化的综合立体交通走廊。二是着力深化改革，推进制度创新，清除行政性壁垒，构建合作共赢的区域间政府关系，进一步推动劳动力、资本、技术等要素跨区域自由流动和优化配置，营造良好创新创业环境，推进一体化市场体系建设。三是鼓励区域间产业转移与对接，做好对口帮扶与扶贫攻坚工作，缩小区域发展差距。

（三）坚持创新驱动，推动产业转型升级

一是加快上海建成具有全球影响力的科技创新中心，推进张江、合肥综合性国家科技中心和上海、武汉自主创新示范区建设，以点带面，培育自主创新能力，协同建设长江经济创新发展带。二是加快传统产业升级改造，充分利用好政策、法律和市场手段，倒逼企业淘汰落后产能，发展绿色清洁生产，自觉遵守生态法规。三是加快长江经济带自贸区建设步伐，推动全方位对外开放。四是优化沿江城镇布局、引导产业优化布局，有序推动沿江新型城镇化综合试点，推动城市错位发展，打造一批区域性中心城市。

撰稿：文　静　张满迪

2

统计数据

Statistical Data

一、综　合　General Survey

1-1　行政区划(2018 年底)
Divisions of Administrative Areas at Year-end(2018)

单位：个　　(unit)

省级区划名称	Provinces, Autonomous Regions and Municipalities	地级区划数 Number of Regions at Prefecture Level	#地级市 Cities at Prefecture Level	县级区划数 Number of Regions at County Level	#市辖区 Districts under the Jurisdiction of Cities	#县级市 Cities at County Level	#县 Counties
全　国	**National Total**	**333**	**293**	**2851**	**970**	**375**	**1335**
上　海	Shanghai			16	16		
江　苏	Jiangsu	13	13	96	55	22	19
浙　江	Zhejiang	11	11	89	37	19	32
安　徽	Anhui	16	16	105	44	7	54
江　西	Jiangxi	11	11	100	26	11	63
湖　北	Hubei	13	12	103	39	25	36
湖　南	Hunan	14	13	122	36	17	62
重　庆	Chongqing			38	26		8
四　川	Sichuan	21	18	183	54	17	108
贵　州	Guizhou	9	6	88	15	9	52
云　南	Yunnan	16	8	129	17	16	67

1-1 续表 continued

单位：个 (unit)

省级区划名称	Provinces, Autonomous Regions and Municipalities	#自治县 Auto-nomous Counties	乡镇级区划数 Number of Regions at Townships Level	#镇 Towns	#乡级 Towns	#街道 Street Commu-nities
全 国	**National Total**	**117**	**39945**	**21297**	**10253**	**8393**
上 海	Shanghai		214	107	2	105
江 苏	Jiangsu		1258	723	44	491
浙 江	Zhejiang	1	1375	639	269	467
安 徽	Anhui		1488	968	271	249
江 西	Jiangxi		1567	827	578	162
湖 北	Hubei	2	1235	762	163	310
湖 南	Hunan	7	1933	1138	392	403
重 庆	Chongqing	4	1030	627	177	226
四 川	Sichuan	4	4612	2232	2027	353
贵 州	Guizhou	11	1381	837	317	227
云 南	Yunnan	29	1400	682	543	175

1-2 按主要行业分法人单位(2017 年)
Number of Legal Entities by Sector(2017)

单位：个 (unit)

地 区	Region	合 计 Total	农、林、牧、渔业 Agriculture, Forestry, Animal Husbandry and Fishery	采矿业 Mining	制造业 Manufacturing	电力、热力、燃气及水生产和供应业 Production and Supply of Electricity, Heat, Gas and Water	建筑业 Construction	批发和零售业 Wholesale and Retail Trades
全 国	**National Total**	**22009092**	**1926771**	**108900**	**3483617**	**120736**	**1045232**	**6252424**
上 海	Shanghai	484495	6755	2	83847	210	18642	165868
江 苏	Jiangsu	2356034	69105	796	553654	5821	144859	723353
浙 江	Zhejiang	1792465	71386	1308	473283	6483	57301	536211
安 徽	Anhui	872865	113629	2716	124605	5449	53227	230282
江 西	Jiangxi	573013	69269	4354	79759	7228	32400	134553
湖 北	Hubei	943502	98049	4771	100481	5910	60677	248575
湖 南	Hunan	685025	76768	7413	75769	7490	28509	161068
重 庆	Chongqing	598575	111669	2655	64767	2616	17869	166014
四 川	Sichuan	629919	78902	4893	62199	6233	25065	116118
贵 州	Guizhou	447650	100143	8003	50398	2610	19090	94259
云 南	Yunnan	579001	109423	7568	32978	3521	26555	166569

注：因第四次经济普查数据正在审核验收中，2018 年基本单位数据表 1—2、1—3、1—4、1—5 仍使用 2017 年数据。

a) Because the data of the Fourth Economic Census are under examination, number of legal entities of Table 1-2、1-3、1-4 and 1-5 still use 2017 data.

1−2 续表 1 continued

单位：个 (unit)

地 区	Region	交通运输、仓储和邮政业 Transport, Storage and Post	住宿和餐饮业 Hotels and Catering Services	信息传输、软件和信息技术服务业 Information Transmission, Software and Information Technology	金融业 Financial Intermediation	房地产业 Real Estate	租赁和商务服务业 Leasing and Business Services	科学研究和技术服务业 Scientific Research and Technical Services
全 国	**National Total**	**540994**	**378974**	**719150**	**135068**	**642893**	**2242096**	**1035170**
上 海	Shanghai	17210	14306	18695	2802	18050	66973	25077
江 苏	Jiangsu	63567	25098	87155	8306	60782	246030	142157
浙 江	Zhejiang	31988	24856	76660	10786	41415	206460	67948
安 徽	Anhui	23453	15319	30019	5452	24983	90744	32816
江 西	Jiangxi	17798	7560	18582	3509	14987	59671	15488
湖 北	Hubei	25551	17027	40205	4944	31630	109524	43452
湖 南	Hunan	13482	12954	22548	3570	19686	62762	28849
重 庆	Chongqing	11134	29331	19167	2976	15666	54829	15457
四 川	Sichuan	13760	13068	16198	3550	17947	52470	25808
贵 州	Guizhou	7698	16341	8080	2535	11711	34597	9234
云 南	Yunnan	11046	14873	17568	4385	14489	54745	18964

1-2 续表 2 continued

单位：个 (unit)

地 区	Region	水利、环境和公共设施管理业 Management of Water Conservancy, Environment and Public Facilities	居民服务、修理和其他服务业 Service to Households, Repair and Other Services	教 育 Education	卫生和社会工作 Health and Social Service	文化、体育和娱乐业 Culture, Sports and Entertainment	公共管理、社会保障和社会组织 Public Management, Social Security and Social Organization
全 国	**National Total**	**146295**	**420667**	**517739**	**286858**	**414973**	**1590535**
上 海	Shanghai	2210	13114	6101	3407	8172	13054
江 苏	Jiangsu	11929	41767	29119	23266	37550	81720
浙 江	Zhejiang	9869	23451	27584	11551	30861	83064
安 徽	Anhui	6811	19115	18901	10105	18125	47114
江 西	Jiangxi	4145	10760	16699	10627	9369	56255
湖 北	Hubei	7940	19963	23317	13545	16360	71581
湖 南	Hunan	6036	14930	23726	16501	19582	83382
重 庆	Chongqing	3728	16103	14573	6915	13588	29518
四 川	Sichuan	5200	11354	28633	17699	17780	113042
贵 州	Guizhou	3123	12186	13557	5522	8782	39781
云 南	Yunnan	4194	14686	12641	5956	12425	46415

1-3 按三次产业和机构类型分法人单位数(2017年)
Number of Legal Entities by Three Strata of Industry and Type of Institutions(2017)

单位：个 (unit)

地区	Region	法人单位数 Number of Legal Entities	按三次产业分 Grouped by Three Strata of Industry		
			第一产业 Primary Industry	第二产业 Secondary Industry	第三产业 Tertiary Industry
全国	**National Total**	**22009092**	**1670774**	**4731349**	**15606969**
上海	Shanghai	484495	6375	101788	376332
江苏	Jiangsu	2356034	49738	702204	1604092
浙江	Zhejiang	1792465	65778	536493	1190194
安徽	Anhui	872865	93247	185151	594467
江西	Jiangxi	573013	60700	123257	389056
湖北	Hubei	943502	85154	170969	687379
湖南	Hunan	685025	60149	118652	506224
重庆	Chongqing	598575	105628	87381	405566
四川	Sichuan	629919	71812	97894	460213
贵州	Guizhou	447650	97661	79790	270199
云南	Yunnan	579001	103864	70301	404836

1-3 续表 1 continued

单位：个 (unit)

地 区	Region	按机构类型分 By Type of Institutions				
		企业法人 Business Entity	事业法人 Institution Entity	机关法人 Government Entity	社会团体 Social Organization	其他 Others
全 国	**National Total**	**18097682**	**814716**	**255360**	**299248**	**2542086**
上 海	Shanghai	453393	7735	1676	3268	18423
江 苏	Jiangsu	2148335	39479	10474	31021	126725
浙 江	Zhejiang	1599310	32297	8262	21289	131307
安 徽	Anhui	727017	22036	9278	9267	105267
江 西	Jiangxi	439890	32792	9746	9721	80864
湖 北	Hubei	751526	40514	9921	14693	126848
湖 南	Hunan	502984	42006	12686	9830	117519
重 庆	Chongqing	520514	17847	4227	7117	48870
四 川	Sichuan	401716	58571	18546	18547	132539
贵 州	Guizhou	342972	21416	7346	5809	70107
云 南	Yunnan	457374	22241	11415	11123	76848

1-4　按控股情况分企业法人单位数(2017 年)
Numbers of Corporate Enterprises by the Status of Holdings(2017)

单位：个　　(unit)

地区	Region	企业单位数 Numbers of Enterprises	国有控股 State-holding	集体控股 Collective-holding	私人控股 Private-holding	港、澳、台商控股 Hong Kong, Macao and Taiwan-holding	外商控股 Foreign-holding	其他 Others
全国	**National Total**	**18097682**	**325800**	**249946**	**16204143**	**113103**	**111628**	**1093062**
上海	Shanghai	453393	11706	9850	380614	12693	20590	17940
江苏	Jiangsu	2148335	22014	17161	1983808	13489	17838	94025
浙江	Zhejiang	1599310	12991	23365	1533686	8843	11026	9399
安徽	Anhui	727017	12738	7738	642934	1057	1139	61411
江西	Jiangxi	439890	9764	7105	385919	1584	706	34812
湖北	Hubei	751526	13511	8002	680305	1628	1764	46316
湖南	Hunan	502984	12911	7841	428709	931	663	51929
重庆	Chongqing	520514	7988	3443	480917	1019	946	26201
四川	Sichuan	401716	11682	8320	327439	797	940	52538
贵州	Guizhou	342972	9604	4877	304496	299	212	23484
云南	Yunnan	457374	9558	6341	422374	597	979	17525

1-5 按登记注册类型分企业法人单位数(2017年)
Number of Business Entities by Status of Registration(2017)

单位：个 (unit)

地区	Region	企业单位数 Number of Enterprises	内资企业 Domestic Funded Enterprises	#国有企业 State-owned Enterprises	#集体企业 Collective-owned Enterprises	#股份合作企业 Cooperative Enterprises	#联营 Joint Ownership
全国	**National Total**	**18097682**	**17830471**	**133223**	**155641**	**62350**	**16550**
上海	Shanghai	453393	417803	2679	5927	1897	603
江苏	Jiangsu	2148335	2110538	8045	11809	3054	992
浙江	Zhejiang	1599310	1573737	3100	10792	8528	304
安徽	Anhui	727017	724092	5422	4390	1905	923
江西	Jiangxi	439890	437291	4906	2532	1795	571
湖北	Hubei	751526	746546	6908	5441	960	394
湖南	Hunan	502984	500848	4462	4218	994	481
重庆	Chongqing	520514	518047	2007	2328	1017	239
四川	Sichuan	401716	399471	3956	3773	2184	561
贵州	Guizhou	342972	342339	3761	2776	963	477
云南	Yunnan	457374	455346	3738	4827	682	184

1-5 续表 continued

单位：个 (unit)

地 区	Region					
		#有限责任公司 Limited Liability Corporations	#股份有限公司 Share-holding Corporations Ltd.	#私营 Private	港、澳、台商投资企业 Enterprises with Funds from Hong Kong, Macao and Taiwan	外商投资企业 Enterprises with Foreign Investment
全 国	**National Total**	**2368950**	**151259**	**14368860**	**130214**	**136997**
上 海	Shanghai	35531	2386	366776	13542	22048
江 苏	Jiangsu	118480	10324	1918712	15840	21957
浙 江	Zhejiang	62931	5531	1476631	11461	14112
安 徽	Anhui	97282	7140	565122	1214	1711
江 西	Jiangxi	91991	6897	298909	1706	893
湖 北	Hubei	87314	4768	620232	2065	2915
湖 南	Hunan	68485	7394	382288	1214	922
重 庆	Chongqing	26963	2941	467991	1166	1301
四 川	Sichuan	89306	7579	269875	950	1295
贵 州	Guizhou	45636	2653	272765	345	288
云 南	Yunnan	27509	2796	405613	791	1237

二、人口 Population

2-1 年末人口数
Population at Year-end

单位：万人 (10 000 persons)

地 区	Region	2007	2008	2009	2010	2011	2012	2013	2014	2015	2016	2017	2018
全 国	**National Total**	**132129**	**132802**	**133450**	**134091**	**134735**	**135404**	**136072**	**136782**	**137462**	**138271**	**139008**	**139538**
上 海	Shanghai	2064	2141	2210	2303	2347	2380	2415	2426	2415	2420	2418	2424
江 苏	Jiangsu	7723	7762	7810	7869	7899	7920	7939	7960	7976	7999	8029	8051
浙 江	Zhejiang	5155	5212	5276	5447	5463	5477	5498	5508	5539	5590	5657	5737
安 徽	Anhui	6118	6135	6131	5957	5968	5988	6030	6083	6144	6196	6255	6324
江 西	Jiangxi	4368	4400	4432	4462	4488	4504	4522	4542	4566	4592	4622	4648
湖 北	Hubei	5699	5711	5720	5728	5758	5779	5799	5816	5852	5885	5902	5917
湖 南	Hunan	6355	6380	6406	6570	6596	6639	6691	6737	6783	6822	6860	6899
重 庆	Chongqing	2816	2839	2859	2885	2919	2945	2970	2991	3017	3048	3075	3102
四 川	Sichuan	8127	8138	8185	8045	8050	8076	8107	8140	8204	8262	8302	8341
贵 州	Guizhou	3632	3596	3537	3479	3469	3484	3502	3508	3530	3555	3580	3600
云 南	Yunnan	4514	4543	4571	4602	4631	4659	4687	4714	4742	4771	4801	4830

注：2010 年数据为当年人口普查数据推算数；其余年份数据为年度人口抽样调查推算数据。各地区数据为常住人口口径。

a) Data of 2010 are the census year estimates; the rest are the estimates from the annual national sample survey of population. Data by region are of usual residents.

2-2 年末城镇人口比重
Proportion of Urban Population at Year-end

单位：%　　　　(%)

地 区	Region	2010	2011	2012	2013	2014	2015	2016	2017	2018
全 国	**National Total**	**49.95**	**51.27**	**52.57**	**53.73**	**54.77**	**56.10**	**57.35**	**58.52**	**59.58**
上 海	Shanghai	89.30	89.30	89.30	89.60	89.60	87.60	87.90	87.70	88.10
江 苏	Jiangsu	60.58	61.90	63.00	64.11	65.21	66.52	67.72	68.76	69.61
浙 江	Zhejiang	61.62	62.30	63.20	64.00	64.87	65.80	67.00	68.00	68.90
安 徽	Anhui	43.01	44.80	46.50	47.86	49.15	50.50	51.99	53.49	54.69
江 西	Jiangxi	44.06	45.70	47.51	48.87	50.22	51.62	53.10	54.60	56.02
湖 北	Hubei	49.70	51.83	53.50	54.51	55.67	56.85	58.10	59.30	60.30
湖 南	Hunan	43.30	45.10	46.65	47.96	49.28	50.89	52.75	54.62	56.02
重 庆	Chongqing	53.02	55.02	56.98	58.34	59.60	60.94	62.60	64.08	65.50
四 川	Sichuan	40.18	41.83	43.53	44.90	46.30	47.69	49.21	50.79	52.29
贵 州	Guizhou	33.81	34.96	36.41	37.83	40.01	42.01	44.15	46.02	47.52
云 南	Yunnan	34.70	36.80	39.31	40.48	41.73	43.33	45.03	46.69	47.81

注：2010 年数据为当年人口普查数据推算数；其余年份数据为年度人口抽样调查推算数据。
a) Data of 2010 are the census year estimates; the rest are the estimates from the annual national sample survey of population.

2-3 人口的城乡构成和出生率、死亡率、自然增长率 (2018 年)
Total Population by Urban and Rural Residence and Birth Rate, Death Rate,Natural Growth Rate (2018)

地 区	Region	总人口(年末)(万人) Total Population (year-end) (10 000 persons)	城镇人口 Urban Population		乡村人口 Rural Population		出生率 (‰) Birth Rate (‰)	死亡率 (‰) Death Rate (‰)	自然增长率 (‰) Natural Growth Rate (‰)
			人口数 Population	比重 (%) Proportion	人口数 Population	比重 (%) Proportion			
全 国	**National Total**	**139538**	**83137**	**59.58**	**56401**	**40.42**	**10.94**	**7.13**	**3.81**
上 海	Shanghai	2424	2136	88.10	288	11.90	7.20	5.40	1.80
江 苏	Jiangsu	8051	5604	69.61	2447	30.39	9.32	7.03	2.29
浙 江	Zhejiang	5737	3953	68.90	1784	31.10	11.02	5.58	5.44
安 徽	Anhui	6324	3459	54.69	2865	45.31	12.41	5.96	6.45
江 西	Jiangxi	4648	2604	56.02	2044	43.98	13.43	6.06	7.37
湖 北	Hubei	5917	3568	60.30	2349	39.70	11.54	7.00	4.54
湖 南	Hunan	6899	3865	56.02	3034	43.98	12.19	7.08	5.11
重 庆	Chongqing	3102	2032	65.50	1070	34.50	11.02	7.54	3.48
四 川	Sichuan	8341	4362	52.29	3979	47.71	11.05	7.01	4.04
贵 州	Guizhou	3600	1711	47.52	1889	52.48	13.90	6.85	7.05
云 南	Yunnan	4830	2309	47.81	2521	52.19	13.19	6.32	6.87

2-4　户数、人口数、性别比和户规模(2018 年)
Household, Population, Sex Ratio and Household Size(2018)

本表是 2018 年全国人口变动情况抽样调查样本数据，抽样比为 0.820‰。
Data in this table are obtained from the 2018 National Sample Survey on Population Changes. The sampling fraction is 0.820‰.

地 区	Region	户数（户） Number of Households (household)	家庭户 Family Household	集体户 Collective Household	人口数（人） Population (person)	男 Male	女 Female	性别比（女=100） Sex Ratio (Female=100)
全 国	**National Total**	**378643**	**371225**	**7419**	**1144648**	**585299**	**559349**	**104.64**
上 海	Shanghai	8139	7971	169	19877	10256	9621	106.61
江 苏	Jiangsu	21450	20769	681	65996	33555	32441	103.43
浙 江	Zhejiang	18096	17728	368	47034	24418	22616	107.97
安 徽	Anhui	16479	16243	236	51812	26667	25145	106.06
江 西	Jiangxi	10985	10863	123	38080	19579	18500	105.83
湖 北	Hubei	15856	15269	586	48498	24973	23525	106.15
湖 南	Hunan	17033	16766	267	56516	28469	28047	101.51
重 庆	Chongqing	8685	8590	96	25416	12730	12686	100.35
四 川	Sichuan	23359	23142	217	68344	33944	34400	98.67
贵 州	Guizhou	9034	8991	43	29487	15403	14084	109.37
云 南	Yunnan	11840	11683	157	39584	20523	19061	107.67

2-4 续表 continued

地 区	Region	家庭户人口数(人) Family Household Population (person)	男 Male	女 Female	集体户人口数(人) Collective Household Population (person)	男 Male	女 Female	平均家庭户规模(人/户) Average Family Size (person/household)
全 国	**National Total**	**1113633**	**566631**	**547002**	**31015**	**18668**	**12347**	**3.00**
上 海	Shanghai	19368	9922	9446	509	334	174	2.43
江 苏	Jiangsu	63116	31895	31222	2879	1660	1220	3.04
浙 江	Zhejiang	45813	23645	22168	1221	773	448	2.58
安 徽	Anhui	50570	25596	24974	1241	1071	171	3.11
江 西	Jiangxi	37504	19369	18134	576	210	366	3.45
湖 北	Hubei	45846	23199	22647	2652	1774	878	3.00
湖 南	Hunan	55116	27973	27143	1400	496	904	3.29
重 庆	Chongqing	24920	12501	12419	496	229	267	2.90
四 川	Sichuan	67227	33424	33804	1116	520	596	2.91
贵 州	Guizhou	29292	15273	14019	194	130	64	3.26
云 南	Yunnan	38592	19783	18808	993	740	253	3.30

2-5 分性别、户口登记状况的人口(2018 年)
Population by Sex, Household Registration Status (2018)

本表是2018年全国人口变动情况抽样调查样本数据，抽样比为0.820‰。
Data in this table are obtained from the 2018 National Sample Survey on Population Changes. The sampling fraction is 0.820‰.

单位：人 (person)

地区	Region	人口数 Population			住本乡、镇、街道，户口在本乡、镇、街道 Residing in the Townships, Towns and Street Communities with Permanent Household Registration There		
		合计 Total	男 Male	女 Female	小计 Sub-total	男 Male	女 Female
全 国	**National Total**	**1144648**	**585299**	**559349**	**902280**	**460014**	**442266**
上 海	Shanghai	19877	10256	9621	9287	4666	4621
江 苏	Jiangsu	65996	33555	32441	50681	25393	25287
浙 江	Zhejiang	47034	24418	22616	29987	15100	14887
安 徽	Anhui	51812	26667	25145	43297	22141	21156
江 西	Jiangxi	38080	19579	18500	34636	17898	16738
湖 北	Hubei	48498	24973	23525	38188	19601	18586
湖 南	Hunan	56516	28469	28047	47037	24085	22952
重 庆	Chongqing	25416	12730	12686	18510	9387	9123
四 川	Sichuan	68344	33944	34400	54488	27406	27082
贵 州	Guizhou	29487	15403	14084	25000	13187	11813
云 南	Yunnan	39584	20523	19061	34028	17573	16455

2-5 续表 continued

单位：人 (person)

地区	Region	住本乡、镇、街道，户口在外乡、镇、街道，离开户口登记地半年以上 Residing in Townships, Towns and Street Communities, with Permanent Household Registration Elsewhere Having Been Away from That Places For More Than 6 Months.			住本乡、镇、街道，户口待定 Residing in Townships, Towns and Street Communities, with Place of Permanent Household Registration Unsettled			居住在港澳台或国外，户口在本乡、镇、街道 Residing in Hong Kong, Macao and Taiwan Provinces or abroad, with Permanent Household Registration in Townships,Towns and Street Communities		
		小计 Sub-total	男 Male	女 Female	小计 Sub-total	男 Male	女 Female	小计 Sub-total	男 Male	女 Female
全国	**National Total**	**235999**	**122062**	**113937**	**3958**	**1937**	**2021**	**2410**	**1286**	**1124**
上海	Shanghai	10398	5499	4899	36	18	19	156	74	82
江苏	Jiangsu	15025	8004	7021	171	90	82	119	68	51
浙江	Zhejiang	16552	9058	7494	193	108	85	301	151	150
安徽	Anhui	8242	4389	3853	254	128	127	19	10	9
江西	Jiangxi	3249	1564	1686	176	107	70	18	11	7
湖北	Hubei	10085	5257	4828	152	78	74	74	37	38
湖南	Hunan	9262	4268	4994	186	101	85	31	15	15
重庆	Chongqing	6805	3295	3510	78	39	39	23	10	14
四川	Sichuan	13616	6423	7193	190	81	108	51	34	17
贵州	Guizhou	4322	2137	2185	150	70	80	14	9	5
云南	Yunnan	5415	2883	2532	121	52	69	20	15	5

2-6 人口年龄构成和抚养比（2018 年）
Age Composition and Dependency Ratio of Population (2018)

本表是 2018 年全国人口变动情况抽样调查样本数据，抽样比为 0.820‰。
Data in this table are obtained from the 2018 National Sample Survey on Population Changes. The sampling fraction is 0.820‰.

地 区	Region	人口数（人） Population (person)	0–14 岁 Aged 0-14	15–64 岁 Aged 15-64	65 岁及以上 Aged 65 and Over	总抚养比（%） Gross Dependency Ratio (%)	少年儿童抚养比 Children Dependency Ratio	老年人口抚养比 Old Dependency Ratio
全 国	**National Total**	**1144648**	**192963**	**815039**	**136645**	**40.44**	**23.68**	**16.77**
上 海	Shanghai	19877	1955	14950	2972	32.96	13.08	19.88
江 苏	Jiangsu	65996	9061	47499	9435	38.94	19.08	19.86
浙 江	Zhejiang	47034	6441	34485	6108	36.39	18.68	17.71
安 徽	Anhui	51812	9631	35341	6840	46.61	27.25	19.35
江 西	Jiangxi	38080	7725	26648	3707	42.90	28.99	13.91
湖 北	Hubei	48498	7445	34995	6059	38.59	21.27	17.31
湖 南	Hunan	56516	11013	38446	7057	47.00	28.65	18.36
重 庆	Chongqing	25416	4303	17435	3678	45.77	24.68	21.09
四 川	Sichuan	68344	11185	46915	10244	45.67	23.84	21.83
贵 州	Guizhou	29487	6558	19585	3344	50.56	33.49	17.08
云 南	Yunnan	39584	7157	28637	3790	38.23	24.99	13.24

2-7 按性别和婚姻状况分的人口(2018 年)
Population by Sex and Marital Status (2018)

本表是 2018 年全国人口变动情况抽样调查样本数据，抽样比为 0.820‰。
Data in this table are obtained from the 2018 National Sample Survey on Population Changes. The sampling fraction is 0.820‰.

单位：人 (person)

地 区	Region	15 岁及以上人口 Population Aged 15 and Over	男 Male	女 Female	未 婚 Never Married	男 Male	女 Female	有配偶 Married	男 Male	女 Female
全 国	**National Total**	**951684**	**481358**	**470326**	**172875**	**103409**	**69466**	**705367**	**352315**	**353052**
上 海	Shanghai	17922	9166	8756	3021	1703	1318	13708	7097	6611
江 苏	Jiangsu	56934	28679	28255	8647	4836	3810	44001	22335	21667
浙 江	Zhejiang	40593	20899	19693	6345	3880	2465	31336	16095	15241
安 徽	Anhui	42181	21424	20757	7600	4922	2678	31367	15368	16000
江 西	Jiangxi	30355	15236	15119	5878	3463	2415	22318	11046	11273
湖 北	Hubei	41053	20896	20158	8627	5343	3283	29243	14419	14824
湖 南	Hunan	45503	22539	22964	8027	4918	3110	33575	16272	17303
重 庆	Chongqing	21113	10459	10654	3691	2181	1509	15641	7638	8003
四 川	Sichuan	57159	28048	29111	9911	5724	4187	41848	20384	21464
贵 州	Guizhou	22929	11817	11112	4886	3008	1877	15881	7944	7937
云 南	Yunnan	32428	16725	15703	6783	4402	2381	23034	11394	11640

2-7 续表 continued

单位：人 (person)

地 区	Region	离 婚 Divorced	男 Male	女 Female	丧 偶 Widowed	男 Male	女 Female
全 国	**National Total**	**20082**	**11095**	**8986**	**53360**	**14538**	**38821**
上 海	Shanghai	474	210	264	719	156	563
江 苏	Jiangsu	1012	569	443	3275	940	2335
浙 江	Zhejiang	802	441	361	2109	483	1626
安 徽	Anhui	725	432	294	2488	702	1786
江 西	Jiangxi	549	316	233	1609	411	1198
湖 北	Hubei	796	446	350	2388	688	1700
湖 南	Hunan	1043	570	472	2858	779	2079
重 庆	Chongqing	548	284	264	1234	355	879
四 川	Sichuan	1536	850	686	3864	1090	2773
贵 州	Guizhou	677	435	243	1485	430	1055
云 南	Yunnan	747	408	339	1864	521	1343

2-8 按性别、受教育程度分的 6 岁及以上人口(2018 年)
Population Aged 6 and Over by Sex, Educational Attainment(2018)

本表是 2018 年全国人口变动情况抽样调查样本数据，抽样比为 0.820‰。
Data in this table are obtained from the 2018 National Sample Survey on Population Changes. The sampling fraction is 0.820‰.

单位：人 (person)

地 区	Region	6 岁及以上人口 Population Aged 6 and Over			未上过学 No Schooling			小学 Primary Schools		
		合计 Total	男 Male	女 Female	小计 Subtotal	男 Male	女 Female	小计 Subtotal	男 Male	女 Female
全 国	**National Total**	**1064195**	**542369**	**521826**	**57483**	**16481**	**41001**	**268951**	**127947**	**141004**
上 海	Shanghai	18895	9707	9188	534	145	389	2345	1085	1259
江 苏	Jiangsu	62186	31588	30597	3902	972	2930	14057	6497	7560
浙 江	Zhejiang	44089	22796	21293	2558	683	1876	11872	5715	6156
安 徽	Anhui	47823	24523	23300	3441	924	2518	12839	6034	6805
江 西	Jiangxi	35213	17989	17224	1599	418	1181	10304	4847	5457
湖 北	Hubei	45347	23268	22079	2367	683	1684	10741	5062	5679
湖 南	Hunan	52016	26059	25957	1843	562	1280	13335	6269	7066
重 庆	Chongqing	23659	11813	11846	1025	296	729	7426	3563	3863
四 川	Sichuan	63872	31618	32254	4853	1319	3534	21014	10395	10619
贵 州	Guizhou	26757	13916	12840	2656	722	1935	9292	4816	4476
云 南	Yunnan	36584	18926	17658	2993	968	2027	13080	6451	6629

2-8 续表 1 continued

单位：人 (person)

地 区	Region	初中 Junior Secondary Schools			普通高中 Regular Senior Secondary Schools			中职 Secondary Vocational School		
		小计 Subtotal	男 Male	女 Female	小计 Subtotal	男 Male	女 Female	小计 Subtotal	男 Male	女 Female
全 国	**National Total**	**401864**	**216604**	**185260**	**138751**	**77363**	**61388**	**48043**	**26357**	**21686**
上 海	Shanghai	5958	3143	2815	2821	1526	1294	1249	702	547
江 苏	Jiangsu	23106	12569	10537	8562	4837	3725	3276	1863	1414
浙 江	Zhejiang	16079	9053	7027	5093	2917	2176	1482	855	627
安 徽	Anhui	18258	9659	8599	5864	3635	2229	1553	862	691
江 西	Jiangxi	13705	7399	6306	4960	2874	2086	1154	580	574
湖 北	Hubei	15744	8292	7452	6966	3615	3351	2471	1452	1018
湖 南	Hunan	19775	10083	9691	8829	5021	3808	2055	1004	1052
重 庆	Chongqing	7471	3934	3538	3279	1661	1618	864	474	390
四 川	Sichuan	20501	10972	9529	6696	3553	3143	2557	1293	1264
贵 州	Guizhou	9112	5259	3853	2354	1322	1031	855	471	384
云 南	Yunnan	12369	7053	5317	2983	1791	1192	1524	813	710

2-8 续表 2 continued

单位：人 (person)

地 区	Region	大学专科 College Students			大学本科 Undergraduates			研究生 Postgraduates		
		小计 Subtotal	男 Male	女 Female	小计 Subtotal	男 Male	女 Female	小计 Subtotal	男 Male	女 Female
全 国	**National Total**	**78481**	**41065**	**37416**	**64259**	**33263**	**30995**	**6364**	**3288**	**3076**
上 海	Shanghai	2397	1243	1154	3075	1578	1497	517	285	232
江 苏	Jiangsu	5208	2890	2318	3795	1797	1998	278	163	114
浙 江	Zhejiang	3409	1744	1665	3294	1674	1619	302	155	147
安 徽	Anhui	3442	2045	1397	2237	1259	978	188	106	82
江 西	Jiangxi	1925	1111	814	1493	718	775	72	42	30
湖 北	Hubei	3470	1842	1629	3385	2206	1180	203	117	86
湖 南	Hunan	3606	1711	1896	2328	1279	1049	245	130	116
重 庆	Chongqing	2002	1076	926	1450	733	718	142	77	65
四 川	Sichuan	4625	2185	2440	3276	1715	1561	351	187	164
贵 州	Guizhou	1281	665	616	1184	645	538	23	16	7
云 南	Yunnan	2071	1109	962	1494	714	780	70	28	42

2-9 按性别分的15岁及以上文盲人口(2018年)
Illiterate Population Aged 15 and Over by Sex(2018)

本表是2018年全国人口变动情况抽样调查样本数据，抽样比为0.820‰。
Data in this table are obtained from the 2018 National Sample Survey on Population Changes. The sampling fraction is 0.820‰.

地区	Region	15岁及以上人口(人) Population Aged 15 and Over (person)	男 Male	女 Female	文盲人口(人) Illiterate Population (person)	男 Male	女 Female	文盲人口占15岁及以上人口的比重(%) Percentage of Illiterate Population to Total Aged 15 and Over(%)	男 Male	女 Female
全国	**National Total**	**951685**	**481358**	**470327**	**47007**	**11641**	**35366**	**4.94**	**2.42**	**7.52**
上海	Shanghai	17922	9166	8756	426	93	334	2.38	1.01	3.81
江苏	Jiangsu	56934	28679	28255	3285	697	2588	5.77	2.43	9.16
浙江	Zhejiang	40593	20899	19693	2002	462	1540	4.93	2.21	7.82
安徽	Anhui	42181	21424	20757	2847	668	2179	6.75	3.12	10.50
江西	Jiangxi	30355	15236	15119	1253	248	1004	4.13	1.63	6.64
湖北	Hubei	41053	20896	20158	1976	495	1481	4.81	2.37	7.35
湖南	Hunan	45503	22539	22964	1419	354	1065	3.12	1.57	4.64
重庆	Chongqing	21113	10459	10654	808	202	606	3.83	1.93	5.69
四川	Sichuan	57159	28048	29111	4282	1091	3191	7.49	3.89	10.96
贵州	Guizhou	22929	11817	11112	2276	553	1723	9.93	4.68	15.50
云南	Yunnan	32428	16725	15703	2639	792	1847	8.14	4.74	11.76

注：本表"文盲人口"指15岁及15岁以上不识字及识字很少人口。
a) Illiterate population in this table refers to the population aged 15 and over who are unable or have difficulty in reading.

2-10 按家庭户规模分的户数(2018 年)
Family Households by Size(2018)

本表是 2018 年全国人口变动情况抽样调查样本数据，抽样比为 0.820‰。
Data in this table are obtained from the 2018 National Sample Survey on Population Changes. The sampling fraction is 0.820‰.

单位：户 (household)

地 区	Region	家庭户户数 Number of Family Households	一人户 One Person	二人户 Two Persons	三人户 Three Persons	四人户 Four Persons	五人户 Five Persons	六人户 Six Persons	七人户 Seven Persons	八人户 Eight Persons	九人户 Nine Persons	十人及以上户 Ten Persons and Over
全 国	**National Total**	**371225**	**61961**	**105040**	**86851**	**61107**	**31873**	**16334**	**4967**	**1667**	**696**	**728**
上 海	Shanghai	7971	1895	2902	1985	697	397	80	12	1	1	1
江 苏	Jiangsu	20769	3335	6223	4841	2918	2127	884	271	106	41	23
浙 江	Zhejiang	17728	4377	6044	3711	1930	1056	471	86	40	8	5
安 徽	Anhui	16243	2327	4450	3876	2992	1432	826	215	73	33	18
江 西	Jiangxi	10863	1182	2387	2364	2458	1339	705	273	86	30	40
湖 北	Hubei	15269	2511	4280	3794	2419	1322	690	140	56	27	30
湖 南	Hunan	16766	2162	4076	4060	3322	1724	938	301	103	40	40
重 庆	Chongqing	8590	1640	2366	2010	1338	774	359	70	22	8	2
四 川	Sichuan	23142	4203	6714	5242	3458	2129	975	300	73	29	19
贵 州	Guizhou	8991	1402	2134	1838	1813	967	506	206	66	30	28
云 南	Yunnan	11683	1522	2534	2607	2498	1400	788	232	69	26	8

三、国民经济核算 National Accounts

3-1 地区生产总值(2018年)
Gross Regional Product(2018)

本表绝对数按当年价格计算，指数按不变价格计算。
Level data in this table are calculated at current prices while indices at constant prices.

单位：亿元 (100 million yuan)

地区	Region	地区生产总值 Gross Regional Product	三次产业增加值 Value-Added by Three Strata of Industry			人均地区生产总值(元) Per Capita Gross Regional Product (yuan)
			第一产业 Primary Industry	第二产业 Secondary Industry	第三产业 Tertiary Industry	
上　海	Shanghai	32679.87	104.37	9732.54	22842.96	134982
江　苏	Jiangsu	92595.40	4141.72	41248.52	47205.16	115168
浙　江	Zhejiang	56197.15	1967.01	23505.88	30724.26	98643
安　徽	Anhui	30006.82	2638.01	13842.09	13526.72	47712
江　西	Jiangxi	21984.78	1877.33	10250.21	9857.24	47434
湖　北	Hubei	39366.55	3547.51	17088.95	18730.09	66616
湖　南	Hunan	36425.78	3083.59	14453.54	18888.65	52949
重　庆	Chongqing	20363.19	1378.27	8328.79	10656.13	65933
四　川	Sichuan	40678.13	4426.66	15322.72	20928.75	48883
贵　州	Guizhou	14806.45	2159.54	5755.54	6891.37	41244
云　南	Yunnan	17881.12	2498.86	6957.44	8424.82	37136

注：表中数据为初步核算数。
a)Data in this table are preliminary accounting figures.

3-1 续表 continued

地 区	Region	构 成（地区生产总值=100） Composition (GRP=100)			指 数 （上年=100） Indices (preceding year=100)				
		第一产业 Primary Industry	第二产业 Secondary Industry	第三产业 Tertiary Industry	地区生产总 值 Gross Regional Product	第一产业 Primary Industry	第二产业 Secondary Industry	第三产业 Tertiary Industry	人均地区生产总值 Per Capita Gross Regional Product
上 海	Shanghai	0.3	29.8	69.9	106.6	93.1	101.8	108.7	106.5
江 苏	Jiangsu	4.5	44.5	51.0	106.7	101.8	105.8	107.9	106.3
浙 江	Zhejiang	3.5	41.8	54.7	107.1	101.9	106.7	107.8	105.7
安 徽	Anhui	8.8	46.1	45.1	108.0	103.2	108.5	108.6	106.9
江 西	Jiangxi	8.6	46.6	44.8	108.7	103.4	108.3	110.3	108.0
湖 北	Hubei	9.0	43.4	47.6	107.8	102.9	106.8	109.9	107.5
湖 南	Hunan	8.5	39.7	51.8	107.8	103.5	107.2	109.2	107.2
重 庆	Chongqing	6.8	40.9	52.3	106.0	104.4	103.0	109.1	105.1
四 川	Sichuan	10.9	37.7	51.4	108.0	103.6	107.5	109.4	107.4
贵 州	Guizhou	14.6	38.9	46.5	109.1	106.9	109.5	109.5	108.4
云 南	Yunnan	14.0	38.9	47.1	108.9	106.3	111.3	107.6	108.2

四、就业和工资 Employment and Wages

4-1 按行业分城镇非私营单位就业人员数(2018 年底)
Number of Employed Persons in Urban Non-Private Units at Year-end by Sector(2018)

单位：万人 (10 000 persons)

地 区	Region	就业人员 Employed Persons	农、林、牧、渔业 Agriculture, Forestry, Animal Husbandry and Fishery	采矿业 Mining	制造业 Manufacturing	电力、热力、燃气及水生产和供应业 Production and Supply of Electricity, Heat, Gas and Water	建筑业 Construction	批发和零售业 Wholesale and Retail Trades
全 国	**National Total**	**17258.2**	**192.6**	**414.4**	**4178.3**	**369.2**	**2710.9**	**823.3**
上 海	Shanghai	640.7	3.1	0.1	161.7	4.0	30.5	84.5
江 苏	Jiangsu	1472.6	3.9	6.5	497.5	14.2	434.0	55.6
浙 江	Zhejiang	1013.5	0.4	0.4	289.3	12.2	279.9	36.8
安 徽	Anhui	592.3	3.1	19.0	139.5	10.3	139.4	23.0
江 西	Jiangxi	435.7	3.8	3.1	106.5	9.0	87.0	15.2
湖 北	Hubei	653.3	9.7	4.5	140.1	15.1	124.6	36.8
湖 南	Hunan	546.3	2.2	5.3	95.3	14.9	106.8	20.2
重 庆	Chongqing	391.2	0.9	4.1	79.9	6.1	88.9	19.4
四 川	Sichuan	780.6	2.1	13.5	127.3	22.4	160.4	27.5
贵 州	Guizhou	308.5	0.8	11.4	31.5	9.1	45.1	12.0
云 南	Yunnan	427.0	4.7	11.5	62.7	10.3	73.9	23.6

4-1 续表 1 continued

单位：万人 (10 000 persons)

地 区	Region	交通运输、仓储和邮政业 Transport, Storage and Post	住宿和餐饮业 Hotels and Catering Services	信息传输、软件和信息技术服务业 Information Transmission, Software and Information Technology	金融业 Financial Intermediation	房地产业 Real Estate	租赁和商务服务业 Leasing and Business Services
全 国	**National Total**	**819.0**	**269.8**	**424.3**	**699.3**	**466.0**	**529.5**
上 海	Shanghai	50.6	30.5	35.6	33.4	26.6	57.9
江 苏	Jiangsu	46.0	18.0	32.0	39.4	25.4	33.5
浙 江	Zhejiang	30.1	13.8	21.8	45.0	22.4	29.1
安 徽	Anhui	24.5	6.4	9.3	24.1	14.7	8.8
江 西	Jiangxi	19.0	3.3	5.5	14.4	8.0	5.8
湖 北	Hubei	34.8	8.3	13.5	19.9	16.4	13.4
湖 南	Hunan	21.9	6.3	6.8	27.6	12.5	9.8
重 庆	Chongqing	22.5	6.0	4.9	14.1	14.6	14.3
四 川	Sichuan	37.4	9.6	19.3	32.4	21.9	18.5
贵 州	Guizhou	11.9	2.6	3.5	8.8	8.6	7.4
云 南	Yunnan	17.1	8.0	4.9	10.5	13.9	12.3

4–1 续表 2 continued

单位：万人 (10 000 persons)

地 区	Region	科学研究和技术服务业 Scientific Research and Technical Services	水利、环境和公共设施管理业 Management of Water Conservancy, Environment and Public Facilities	居民服务、修理和其他服务业 Services to Households, Repair and Other Services	教育 Education	卫生和社会工作 Health and Social Service	文化、体育和娱乐业 Culture, Sports and Entertainment	公共管理、社会保障和社会组织 Public Management, Social Security and Social Organization
全 国	**National Total**	**411.5**	**260.6**	**77.4**	**1735.6**	**912.4**	**146.6**	**1817.5**
上 海	Shanghai	26.9	9.3	7.1	31.9	19.4	5.9	21.9
江 苏	Jiangsu	21.8	12.2	3.7	92.1	50.0	7.9	78.8
浙 江	Zhejiang	16.6	10.1	2.4	75.3	47.4	7.1	73.2
安 徽	Anhui	9.3	6.1	1.3	64.1	32.5	3.3	53.6
江 西	Jiangxi	6.1	5.8	0.7	55.6	26.1	2.9	57.9
湖 北	Hubei	15.8	11.5	1.7	69.3	43.8	6.7	67.4
湖 南	Hunan	11.2	8.3	1.5	67.6	41.1	5.5	81.6
重 庆	Chongqing	8.2	5.8	1.5	42.0	20.3	2.8	34.8
四 川	Sichuan	20.4	11.4	1.8	96.1	51.4	5.5	101.7
贵 州	Guizhou	6.7	5.1	1.4	55.3	22.0	2.4	62.9
云 南	Yunnan	9.9	7.2	2.5	60.7	28.1	3.8	61.4

4-2 按行业分工商登记注册的私营企业和个体就业人数(2018 年底)

Number of Industrial and Commercial Registered Employed Persons in Private Enterprises and Self-employed Individuals at Year-end by Sector(2018)

单位：万人 (10 000 persons)

地 区	Region	私营企业和个体就业人数 Employed Persons	#制造业 Manufacturing	#建筑业 Construction	#批发和零售业 Wholesale and Retail Trades	#交通运输、仓储和邮政业 Transport, Storage and Post	#住宿和餐饮业 Hotels and Catering Services	#租赁和商务服务业 Leasing and Business Services	#居民服务、修理和其他服务业 Services to Household, Repair and Other Services
全 国	**National Total**	**37413.0**	**5775.8**	**1765.4**	**14495.2**	**963.7**	**2945.1**	**3038.4**	**2200.2**
上 海	Shanghai	1470.8	125.6	98.4	485.1	45.2	28.4	316.5	25.5
江 苏	Jiangsu	3604.2	1028.2	311.3	1004.4	98.5	177.9	336.9	156.9
浙 江	Zhejiang	2643.1	912.7	104.6	772.3	49.1	141.0	212.4	117.5
安 徽	Anhui	1410.0	225.1	72.8	564.5	27.9	118.8	78.2	99.7
江 西	Jiangxi	1010.3	182.6	46.3	392.8	26.1	71.0	77.9	60.3
湖 北	Hubei	1837.7	187.3	75.3	778.6	60.2	179.9	108.3	124.8
湖 南	Hunan	958.8	76.8	16.6	342.6	23.7	102.3	67.5	96.5
重 庆	Chongqing	1281.9	104.7	58.7	454.7	26.9	103.4	139.9	71.6
四 川	Sichuan	1129.1	78.0	40.2	498.6	21.6	160.6	79.9	91.5
贵 州	Guizhou	727.5	54.2	27.5	274.4	18.9	81.0	47.3	51.0
云 南	Yunnan	847.4	81.8	45.4	301.3	14.1	93.6	44.2	55.8

4-3 按行业分工商登记注册的城镇私营企业和个体就业人数(2018 年底)
Number of Industrial and Commercial Registered Employed Persons in Urban Private Enterprises and Self-employed Individuals at Year-end by Sector(2018)

单位：万人 (10 000 persons)

地 区	Region	私营企业和个体就业人数 Employed Persons	#制造业 Manufacturing	#建筑业 Construction	#批发和零售业 Wholesale and Retail Trades	#交通运输、仓储和邮政业 Transport, Storage and Post	#住宿和餐饮业 Hotels and Catering Services	#租赁和商务服务业 Leasing and Business Services	#居民服务、修理和其他服务业 Services to Household, Repair and Other Services
全 国	**National Total**	**24391.9**	**3007.9**	**1176.2**	**9838.2**	**592.3**	**2151.5**	**2273.6**	**1563.6**
上 海	Shanghai	773.0	48.0	49.1	253.2	22.8	21.6	175.0	16.7
江 苏	Jiangsu	2743.7	634.3	217.4	815.4	74.8	160.7	312.4	132.3
浙 江	Zhejiang	1774.0	438.6	75.3	589.5	33.8	108.1	185.8	89.5
安 徽	Anhui	1099.4	162.4	48.8	457.2	19.0	105.3	59.2	87.1
江 西	Jiangxi	651.8	88.5	38.4	264.8	12.5	59.3	58.0	47.8
湖 北	Hubei	946.0	81.8	40.7	429.4	25.7	105.6	61.6	65.5
湖 南	Hunan	529.8	36.0	13.2	215.8	13.9	75.5	38.8	53.4
重 庆	Chongqing	1028.6	65.9	54.7	396.3	22.4	84.1	132.6	64.5
四 川	Sichuan	665.8	44.0	36.8	270.2	12.5	88.2	61.2	51.0
贵 州	Guizhou	282.3	20.1	8.2	120.4	4.4	46.6	17.0	26.7
云 南	Yunnan	479.9	35.5	32.8	181.1	9.8	64.2	34.3	37.9

4-4 工商登记注册的私营企业就业人数(2018 年底)
Number of Industrial and Commercial Registered Persons in Private Enterprises at Year-end(2018)

单位：万户、万人 (10 000 households, 10 000 persons)

地 区	Region	户 数 Number of Households	私营企业就业人数 Number of Engaged Persons	城 镇 Urban Area	乡 村 Rural Area
全 国	**National Total**	**3143.3**	**21375.4**	**13951.6**	**7423.7**
上 海	Shanghai	189.1	1405.7	730.3	675.4
江 苏	Jiangsu	286.8	2534.4	1908.9	625.5
浙 江	Zhejiang	206.8	1747.0	1183.5	563.5
安 徽	Anhui	112.8	672.7	463.8	208.9
江 西	Jiangxi	64.8	571.4	340.6	230.8
湖 北	Hubei	108.4	761.9	361.7	400.2
湖 南	Hunan	75.5	449.8	205.8	244.1
重 庆	Chongqing	76.2	952.4	760.6	191.7
四 川	Sichuan	125.9	382.3	325.7	56.6
贵 州	Guizhou	56.5	374.6	106.5	268.0
云 南	Yunnan	58.4	419.7	259.6	160.1

4-5 工商登记注册的个体就业人数(2018 年底)

Number of Industrial and Commercial Registered Persons in Self-employed Individuals at Year-end(2018)

单位：万户、万人 (10 000 households, 10 000 persons)

地区	Region	个体户数 Number of Households	个体就业人数 Number of Engaged Persons	城镇 Urban Area	乡村 Rural Area
全国	**National Total**	**7328.6**	**16037.6**	**10440.3**	**5597.4**
上海	Shanghai	47.2	65.1	42.7	22.4
江苏	Jiangsu	590.1	1069.8	834.8	235.0
浙江	Zhejiang	422.6	896.1	590.6	305.6
安徽	Anhui	311.5	737.3	635.6	101.7
江西	Jiangxi	179.2	438.8	311.2	127.6
湖北	Hubei	366.2	1075.9	584.3	491.5
湖南	Hunan	298.1	508.9	324.0	184.9
重庆	Chongqing	168.6	329.5	268.0	61.5
四川	Sichuan	409.4	746.9	340.1	406.8
贵州	Guizhou	195.8	352.9	175.8	177.1
云南	Yunnan	224.8	427.7	220.3	207.4

4-6 城镇非私营单位就业人员工资总额和指数(2018 年)
Total Wage Bill of Employed Persons in Urban Non-Private Units and Related Indices(2018)

地 区	Region	工资总额(亿元) Total Wage Bill (100 million yuan)	国有单位 State-owned Units	城镇集体单位 Urban Collective-owned Units	其他单位 Units of Other Types of Ownership	指数(上年=100) Indices (preceding year=100)	国有单位 State-owned Units	城镇集体单位 Urban Collective-owned Units	其他单位 Units of Other Types of Ownership
全 国	**National Total**	**141480.0**	**51126.6**	**2082.3**	**88271.1**	**108.9**	**104.6**	**94.0**	**112.0**
上 海	Shanghai	9021.8	1196.1	96.1	7729.6	109.2	99.6	105.2	111.0
江 苏	Jiangsu	12328.6	2944.8	202.5	9181.3	107.8	103.1	103.4	109.6
浙 江	Zhejiang	8938.5	2826.5	94.0	6018.1	107.4	105.8	111.1	108.2
安 徽	Anhui	4354.9	1677.7	79.8	2597.5	131.0	121.2	108.0	139.2
江 西	Jiangxi	2959.5	1329.1	59.9	1570.5	105.7	100.0	107.8	111.0
湖 北	Hubei	4765.2	2014.6	55.3	2695.2	105.8	101.7	96.7	109.2
湖 南	Hunan	3792.3	1862.6	62.3	1867.3	107.1	110.0	84.5	105.2
重 庆	Chongqing	3064.3	1157.5	31.2	1875.6	108.1	109.1	80.2	108.1
四 川	Sichuan	5960.5	2926.9	119.9	2913.7	110.6	107.5	98.0	114.6
贵 州	Guizhou	2391.5	1400.4	36.0	955.1	107.0	106.0	104.3	108.6
云 南	Yunnan	3181.4	1744.2	57.6	1379.6	110.9	106.4	90.7	118.3

4-7 按行业分城镇非私营单位就业人员工资总额(2018 年)
Total Wage Bill of Employed Persons in Urban Non-Private Units by Sector(2018)

单位：亿元 (100 million yuan)

地 区	Region	工资总额 Total Wage Bill	农、林、牧、渔业 Agriculture, Forestry, Animal Husbandry and Fishery	采矿业 Mining	制造业 Manufacturing	电力、热力、燃气及水生产和供应业 Production and Supply of Electricity, Heat, Gas and Water	建筑业 Construction	批发和零售业 Wholesale and Retail Trades
全 国	**National Total**	**141480.0**	**716.1**	**3413.4**	**30385.0**	**3704.0**	**15949.5**	**6628.5**
上 海	Shanghai	9021.8	23.4	0.9	1894.3	73.5	331.1	1291.0
江 苏	Jiangsu	12328.6	17.0	59.2	3979.7	194.2	2686.8	447.4
浙 江	Zhejiang	8938.5	3.0	3.1	2130.8	166.4	1543.8	321.2
安 徽	Anhui	4354.9	13.1	176.7	925.4	108.7	817.5	136.6
江 西	Jiangxi	2959.5	15.8	18.7	645.5	70.5	484.3	87.1
湖 北	Hubei	4765.2	35.0	33.9	922.3	149.9	741.5	214.5
湖 南	Hunan	3792.3	9.4	28.8	622.4	113.3	534.7	120.0
重 庆	Chongqing	3064.3	4.4	33.4	560.0	53.0	520.1	129.9
四 川	Sichuan	5960.5	13.4	123.6	880.0	220.8	844.1	181.6
贵 州	Guizhou	2391.5	4.4	73.3	233.6	94.0	270.3	85.1
云 南	Yunnan	3181.4	22.3	67.7	383.7	97.4	343.8	139.0

4-7 续表 1 continued

单位：亿元 (100 million yuan)

地 区	Region	交通运输、仓储和邮政业 Transport, Storage and Post	住宿和餐饮业 Hotels and Catering Services	信息传输、软件和信息技术服务业 Information Transmission, Software and Information Technology	金融业 Financial Intermediation	房地产业 Real Estate	租赁和商务服务业 Leasing and Business Services
全 国	**National Total**	**7273.3**	**1293.0**	**6204.1**	**8907.3**	**3507.8**	**4453.3**
上 海	Shanghai	644.1	176.7	807.7	860.2	286.7	940.6
江 苏	Jiangsu	392.5	88.5	453.7	523.7	205.6	205.8
浙 江	Zhejiang	284.8	71.0	408.5	634.8	172.0	206.3
安 徽	Anhui	175.1	23.7	77.9	196.4	99.9	49.3
江 西	Jiangxi	150.1	13.6	45.9	130.2	47.2	31.3
湖 北	Hubei	276.6	34.5	146.1	193.4	106.3	76.7
湖 南	Hunan	175.8	25.9	65.7	256.0	79.1	51.3
重 庆	Chongqing	177.3	24.9	59.2	187.2	107.8	68.8
四 川	Sichuan	315.5	38.7	213.7	305.3	144.9	106.5
贵 州	Guizhou	101.8	11.4	37.1	126.9	56.5	39.9
云 南	Yunnan	152.3	31.4	41.7	142.6	75.7	57.3

4-7 续表 2 continued

单位：亿元 (100 million yuan)

地区	Region	科学研究和技术服务业 Scientific Research and Technical Services	水利、环境和公共设施管理业 Management of Water Conservancy, Environment and Public Facilities	居民服务、修理和其他服务业 Services to Households, Repair and Other Services	教育 Education	卫生和社会工作 Health and Social Service	文化、体育和娱乐业 Culture, Sports and Entertainment	公共管理、社会保障和社会组织 Public Management, Social Security and Social Organization
全　国	**National Total**	**5045.1**	**1456.5**	**423.8**	**15928.1**	**8857.8**	**1450.7**	**15882.8**
上　海	Shanghai	507.1	86.0	53.9	364.0	292.4	99.4	288.8
江　苏	Jiangsu	269.5	86.0	24.0	1039.8	576.0	85.8	993.5
浙　江	Zhejiang	234.1	74.4	15.7	923.2	668.3	81.5	995.5
安　徽	Anhui	86.1	38.5	5.5	629.6	308.7	23.1	462.8
江　西	Jiangxi	55.0	26.8	3.4	421.6	227.3	21.8	463.7
湖　北	Hubei	160.0	65.6	9.1	586.1	382.5	53.3	577.7
湖　南	Hunan	93.2	44.0	9.0	531.9	390.0	49.6	592.0
重　庆	Chongqing	93.7	36.5	7.1	423.2	216.2	22.7	338.8
四　川	Sichuan	252.6	63.2	8.9	792.9	499.2	44.4	911.3
贵　州	Guizhou	58.8	23.5	6.2	463.9	187.8	20.7	496.3
云　南	Yunnan	93.0	40.0	11.1	608.7	243.9	31.6	598.1

4-8 城镇非私营单位就业人员平均工资和指数(2018 年)
Average Wage of Employed Persons in Urban Non-Private Units and Related Indices(2018)

地 区	Region	平均工资(元) Average Wage(yuan)				
		合 计 Total	#在岗职工 Staff and Workers	国有单位 State-owned Units	城镇集体单位 Urban Collective-owned Units	其他单位 Units of Other Types of Ownership
全 国	**National Total**	**82413**	**84744**	**89474**	**60664**	**79453**
上 海	Shanghai	140400	142983	129289	83135	143538
江 苏	Jiangsu	84688	86590	114247	81935	78253
浙 江	Zhejiang	88883	90857	134000	69033	77046
安 徽	Anhui	74378	77196	93210	63843	66089
江 西	Jiangxi	68573	70772	78186	56307	62581
湖 北	Hubei	73777	76017	82153	50710	69152
湖 南	Hunan	70221	73300	80623	48693	63039
重 庆	Chongqing	78928	81764	103225	58150	69277
四 川	Sichuan	77686	80464	90390	59146	68853
贵 州	Guizhou	78316	82597	84155	86876	70845
云 南	Yunnan	75701	80525	97049	80379	59116

4-8 续表 continued

地 区	Region	平均货币工资指数(上年=100) Indices of Average Money Wage(preceding year=100)					平均实际工资指数(上年=100) Indices of Average Real Wage(preceding year=100)				
		合 计 Total	#在岗职工 Staff and Workers	国有单位 State-owned Units	城镇集体单位 Urban Collective-owned Units	其他单位 Units of Other Types of Ownership	合 计 Total	#在岗职工 Staff and Workers	国有单位 State-owned Units	城镇集体单位 Urban Collective-owned Units	其他单位 Units of Other Types of Ownership
全 国	**National Total**	**110.9**	**111.3**	**110.3**	**109.8**	**111.4**	**108.6**	**109.0**	**108.0**	**107.5**	**109.1**
上 海	Shanghai	108.2	109.3	104.8	111.3	108.5	106.0	107.1	102.6	109.0	106.3
江 苏	Jiangsu	108.2	108.6	111.6	114.7	107.8	106.0	106.4	109.3	112.3	105.6
浙 江	Zhejiang	110.1	109.9	109.5	116.4	110.5	107.8	107.6	107.2	114.0	108.2
安 徽	Anhui	114.2	113.6	123.1	112.5	111.4	111.9	111.3	120.6	110.2	109.1
江 西	Jiangxi	111.6	112.2	107.3	109.2	116.1	109.3	109.9	105.1	107.0	113.7
湖 北	Hubei	111.9	112.2	109.1	106.6	114.5	109.6	109.9	106.9	104.4	112.1
湖 南	Hunan	110.3	111.1	110.3	110.5	109.2	108.0	108.8	108.0	108.2	107.0
重 庆	Chongqing	111.3	111.6	114.3	108.3	109.9	109.0	109.3	111.9	106.1	107.6
四 川	Sichuan	111.9	112.3	112.5	107.3	112.4	109.6	110.0	110.2	105.1	110.1
贵 州	Guizhou	109.1	110.0	106.3	109.9	112.9	106.9	107.7	104.1	107.6	110.6
云 南	Yunnan	109.5	109.5	108.5	114.7	113.0	107.2	107.2	106.3	112.3	110.7

4-9 按登记注册类型城镇非私营单位就业人员平均工资(2018 年)
Average Wage of Employed Persons in Urban Non-Private Units by Status of Registration(2018)

单位：元 (yuan)

地区	Region	平均工资 Average Wage	国有单位 State-owned Units	城镇集体单位 Urban Collective-owned Units	股份合作单位 Cooperative Units	联营单位 Joint Ownership Units	有限责任公司 Limited Liability Corporations	股份有限公司 Share-holding Corporations Ltd.	其他内资 Others	港、澳、台商投资单位 Units with Funds from Hong Kong, Macao & Taiwan	外商投资单位 Foreign Funded Units
全 国	**National Total**	**82413**	**89474**	**60664**	**77751**	**72107**	**72114**	**93316**	**61666**	**82027**	**99367**
上 海	Shanghai	140400	129289	83135	69659	93269	117909	172734	96928	139779	165132
江 苏	Jiangsu	84688	114247	81935	63901	77038	71921	88605	88870	74778	87967
浙 江	Zhejiang	88883	134000	69033	86018	95939	69062	86991	80145	89321	84918
安 徽	Anhui	74378	93210	63843	61314	70581	63439	75521	65396	62347	77098
江 西	Jiangxi	68573	78186	56307	75250	72718	62762	67662	61709	55288	59531
湖 北	Hubei	73777	82153	50710	94652	48302	68112	70341	60234	60065	82867
湖 南	Hunan	70221	80623	48693	71651	47201	60004	73718	47518	58769	70831
重 庆	Chongqing	78928	103225	58150	116535	57414	64814	89623	61196	72313	71006
四 川	Sichuan	77686	90390	59146	76953	82613	65748	77662	64603	73785	80076
贵 州	Guizhou	78316	84155	86876	149761	53947	66348	93086	56096	68824	71739
云 南	Yunnan	75701	97049	80379	63083	50210	66157	79329	41146	60732	61088

4-10 按行业分城镇非私营单位就业人员平均工资(2018 年)
Average Wage of Employed Persons in Urban Non-Private Units by Sector(2018)

单位：元 (yuan)

地区	Region	平均工资 Average Wage	农、林、牧、渔业 Agriculture, Forestry, Animal Husbandry and Fishery	采矿业 Mining	制造业 Manufacturing	电力、热力、燃气及水生产和供应业 Production and Supply of Electricity, Heat, Gas and Water	建筑业 Construction	批发和零售业 Wholesale and Retail Trades
全 国	**National Total**	**82413**	**36466**	**81429**	**72088**	**100162**	**60501**	**80551**
上 海	Shanghai	140400	71879	129162	115888	182129	110117	153932
江 苏	Jiangsu	84688	43470	88012	79022	136619	64663	81009
浙 江	Zhejiang	88883	69217	72427	73055	135779	56265	87315
安 徽	Anhui	74378	41274	90747	66006	104472	60785	59766
江 西	Jiangxi	68573	42158	55651	60717	77678	57340	57043
湖 北	Hubei	73777	36099	73890	66094	98641	61658	58083
湖 南	Hunan	70221	43266	53786	64970	75143	52645	59850
重 庆	Chongqing	78928	49774	85100	69467	86608	59605	66828
四 川	Sichuan	77686	65412	94172	69810	99110	55134	66831
贵 州	Guizhou	78316	52067	63943	74072	102967	62684	71507
云 南	Yunnan	75701	47647	59328	61857	94601	49128	59625

4-10 续表 1 continued

单位：元 (yuan)

地 区	Region	交通运输、仓储和邮政业 Transport, Storage and Post	住宿和餐饮业 Hotels and Catering Services	信息传输、软件和信息技术服务业 Information Transmission, Software and Information Technology	金融业 Financial Intermediation	房地产业 Real Estate	租赁和商务服务业 Leasing and Business Services
全 国	**National Total**	**88508**	**48260**	**147678**	**129837**	**75281**	**85147**
上 海	Shanghai	125216	57848	232522	257723	103812	163418
江 苏	Jiangsu	86323	49527	144766	136975	81329	61768
浙 江	Zhejiang	94562	51433	190839	142951	77868	73894
安 徽	Anhui	72012	40071	84256	84882	68033	56024
江 西	Jiangxi	79238	41736	82800	91038	58792	56288
湖 北	Hubei	80963	42524	105918	98845	65731	58450
湖 南	Hunan	80240	41009	96561	93694	63493	53070
重 庆	Chongqing	78996	41547	123128	133454	74343	50412
四 川	Sichuan	85101	43904	110548	96629	65676	59053
贵 州	Guizhou	86100	43862	108388	143411	62988	56455
云 南	Yunnan	89006	39206	85135	137046	55289	47061

4-10 续表 2 continued

单位：元 (yuan)

地 区	Region	科学研究和技术服务业 Scientific Research and Technical Services	水利、环境和公共设施管理业 Management of Water Conservancy, Environment and Public Facilities	居民服务、修理和其他服务业 Services to Households, Repair and Other Services	教 育 Education	卫生和社会工作 Health and Social Service	文化、体育和娱乐业 Culture, Sports and Entertainment	公共管理、社会保障和社会组织 Public Management, Social Security and Social Organization
全 国	**National Total**	**123343**	**56670**	**55343**	**92383**	**98118**	**98621**	**87932**
上 海	Shanghai	191018	92165	74539	114749	150648	165573	129492
江 苏	Jiangsu	123839	70150	66169	113637	116589	107119	126578
浙 江	Zhejiang	142811	73390	68146	123681	143804	114343	136641
安 徽	Anhui	93035	62816	45070	98697	96596	68973	87207
江 西	Jiangxi	89931	47150	48994	76544	87882	72367	80900
湖 北	Hubei	103272	57424	53445	85045	88178	79295	86118
湖 南	Hunan	84226	53583	60798	79209	95776	89668	72755
重 庆	Chongqing	115365	62435	49131	101579	108037	79351	97843
四 川	Sichuan	124631	55119	49167	83030	98306	80152	90039
贵 州	Guizhou	87726	45840	43654	84484	86763	87154	79464
云 南	Yunnan	94132	55583	46139	101239	87406	83405	98123

4-11 按行业分城镇私营单位就业人员平均工资(2018 年)
Average Wage of Employed Persons in Urban Private Units by Sector(2018)

单位：元 (yuan)

地 区	Region	平均工资 Average Wage	农、林、牧、渔业 Agriculture, Forestry, Animal Husbandry and Fishery	采矿业 Mining	制造业 Manufacturing	电力、热力、燃气及水生产和供应业 Production and Supply of Electricity, Heat, Gas and Water	建筑业 Construction	批发和零售业 Wholesale and Retail Trades
全 国	**National Total**	**49575**	**36375**	**44096**	**49275**	**44239**	**50879**	**45177**
上 海	Shanghai	57056	35481		53476	47540	53306	51241
江 苏	Jiangsu	54161	39849	49054	54899	51184	55353	51175
浙 江	Zhejiang	52564	46465	56095	50886	58523	52474	50237
安 徽	Anhui	44964	31652	50818	47537	41550	52739	35615
江 西	Jiangxi	43733	29800	45383	45036	41283	47000	37251
湖 北	Hubei	40126	29164	41112	40146	38205	43816	37241
湖 南	Hunan	40175	34049	43930	39694	38164	45382	31689
重 庆	Chongqing	52558	40825	55605	54735	52970	54612	46490
四 川	Sichuan	43352	35287	42975	43694	44846	44627	39157
贵 州	Guizhou	43582	30113	50341	43706	53702	45111	38010
云 南	Yunnan	43588	41797	36565	45509	39138	40204	41323

4-11 续表 1 continued

单位：元 (yuan)

地 区	Region	交通运输、仓储和邮政业 Transport, Storage and Post	住宿和餐饮业 Hotels and Catering Services	信息传输、软件和信息技术服务业 Information Transmission, Software and Information Technology	金融业 Financial Intermediation	房地产业 Real Estate	租赁和商务服务业 Leasing and Business Services
全 国	**National Total**	**50547**	**39632**	**76326**	**62943**	**51393**	**53382**
上 海	Shanghai	58221	46030	96810	75916	53133	65905
江 苏	Jiangsu	57893	46793	60451	57090	45953	51487
浙 江	Zhejiang	60016	43738	70882	95588	58776	57591
安 徽	Anhui	43339	35582	54780	39863	44562	40462
江 西	Jiangxi	43649	35470	48164	47932	50484	41120
湖 北	Hubei	39587	36283	46376	47732	46880	36180
湖 南	Hunan	38701	30993	53897	55415	46389	39266
重 庆	Chongqing	55867	40152	64667	78604	56222	49836
四 川	Sichuan	43301	36778	47669	46921	46827	44119
贵 州	Guizhou	40521	36795	66716	60731	52743	39264
云 南	Yunnan	42952	38449	57133	36435	45790	46303

4-11 续表 2 continued

单位：元 (yuan)

地区	Region	科学研究和技术服务业 Scientific Research and Technical Services	水利、环境和公共设施管理业 Management of Water Conservancy, Environment and Public Facilities	居民服务、修理和其他服务业 Services to Households, Repair and Other Services	教育 Education	卫生和社会工作 Health and Social Service	文化、体育和娱乐业 Culture, Sports and Entertainment
全国	**National Total**	61876	42409	41058	46228	52343	44592
上海	Shanghai	74025	49439	45235	56617	69054	58022
江苏	Jiangsu	55250	39144	43856	49419	61134	51389
浙江	Zhejiang	63972	47088	43759	49605	65701	49722
安徽	Anhui	48222	28317	29501	41575	50243	36344
江西	Jiangxi	45420	38367	37426	42875	45181	41298
湖北	Hubei	42110	32806	34908	38048	37989	34307
湖南	Hunan	45846	35419	36613	43399	46374	33523
重庆	Chongqing	59487	45321	45587	50118	58938	49472
四川	Sichuan	48432	41779	37253	43570	47895	40273
贵州	Guizhou	44205	32134	34158	43135	45584	35720
云南	Yunnan	55946	37452	42673	46142	42415	34313

4-12 城镇登记失业人员及失业率
Registered Unemployed Persons and Unemployment Rate in Urban Area

地 区	Region	失业人员（万人） Unemployed Persons (10 000 persons)							失业率（%） Unemployment Rate (%)						
		1990	2005	2010	2015	2016	2017	2018	1990	2005	2010	2015	2016	2017	2018
上 海	Shanghai	7.7	27.5	27.6	24.8	24.3	22.1	19.4	1.5		4.4	4.0	4.1	3.9	3.5
江 苏	Jiangsu	22.5	41.6	40.6	36.0	35.2	34.7	34.4	2.4	3.6	3.2	3.0	3.0	3.0	3.0
浙 江	Zhejiang	11.2	29.0	31.1	33.7	33.9	33.8	34.1	2.2	3.7	3.2	2.9	2.9	2.7	2.6
安 徽	Anhui	15.2	27.8	26.9	30.9	30.4	29.0	28.1	2.8	4.4	3.7	3.1	3.2	2.9	2.8
江 西	Jiangxi	10.3	22.8	26.3	29.9	31.3	32.3	35.1	2.4	3.5	3.3	3.4	3.4	3.3	3.4
湖 北	Hubei	12.7	52.6	55.7	33.4	32.9	37.1	36.1	1.7	4.3	4.2	2.6	2.4	2.6	2.6
湖 南	Hunan	15.9	41.9	43.2	45.1	44.9	44.5	40.4	2.7	4.3	4.2	4.1	4.2	4.0	3.6
重 庆	Chongqing		16.9	13.0	14.3	15.7	14.3	13.1		4.1	3.9	3.6	3.7	3.4	3.0
四 川	Sichuan	38.0	34.3	34.6	54.6	56.3	55.8	53.3	3.7	4.6	4.1	4.1	4.2	4.0	3.5
贵 州	Guizhou	10.7	12.1	12.2	14.5	14.8	14.9	15.1	4.1	4.2	3.6	3.3	3.2	3.2	3.2
云 南	Yunnan	7.8	13.0	15.7	19.5	20.1	19.8	20.9	2.5	4.2	4.2	4.0	3.6	3.2	3.4

五、价格 Prices

5-1 居民消费价格指数和商品零售价格指数(2018 年)
Consumer Price Indices and Retail Price Indices(2018)

(上年=100) (preceding year=100)

地 区	Region	居民消费价格 Consumer Price Index			商品零售价格 Retail Price Index		
		总指数 General	城 市 Urban Household	农 村 Rural Household	总指数 General	城 市 Urban Household	农 村 Rural Household
全 国	**National**	**102.1**	**102.1**	**102.1**	**101.9**	**101.9**	**102.1**
上 海	Shanghai	101.6	101.6		101.6	101.6	
江 苏	Jiangsu	102.3	102.3	102.4	102.6	102.5	103.2
浙 江	Zhejiang	102.3	102.3	102.2	102.1	102.1	102.3
安 徽	Anhui	102.0	102.0	102.0	101.9	101.9	102.1
江 西	Jiangxi	102.1	102.1	102.2	101.0	101.0	100.8
湖 北	Hubei	101.9	102.0	101.8	101.2	101.2	101.6
湖 南	Hunan	102.0	101.9	102.0	102.3	102.3	102.0
重 庆	Chongqing	102.0	102.0		101.2	101.2	
四 川	Sichuan	101.7	101.7	101.7	101.4	101.4	101.3
贵 州	Guizhou	101.8	102.0	101.4	101.8	102.0	101.3
云 南	Yunnan	101.6	101.6	101.4	101.5	101.5	101.8

5-2 居民消费价格分类指数(2018 年)
Consumer Price Indices by Category(2018)

(上年=100) (preceding year=100)

地 区	Region	总指数 General Index	食品烟酒 Food, Tobacco and Liquor	食品 Food	粮食 Grain	薯类 Tubers	豆类 Beans	食用油 Edible Oil and Fats	菜 Vegetables	#鲜菜 Fresh Vegetables
全 国	**National**	**102.1**	**101.9**	**101.8**	**100.8**	**107.1**	**100.9**	**99.2**	**106.6**	**107.1**
上 海	Shanghai	101.6	102.3	102.5	100.3	105.7	105.4	100.2	107.1	107.5
江 苏	Jiangsu	102.3	102.3	102.2	101.2	108.5	99.6	100.2	107.5	108.0
浙 江	Zhejiang	102.3	102.6	102.6	100.5	105.5	101.7	99.3	107.2	107.9
安 徽	Anhui	102.0	102.1	102.1	100.5	111.5	100.9	98.9	108.9	109.6
江 西	Jiangxi	102.1	101.0	100.6	101.1	104.3	101.0	99.0	105.9	106.2
湖 北	Hubei	101.9	101.8	101.6	100.9	109.1	99.9	99.9	106.7	107.3
湖 南	Hunan	102.0	100.8	100.8	101.1	102.9	99.7	99.2	106.0	106.5
重 庆	Chongqing	102.0	101.4	101.4	98.2	104.3	100.8	98.6	106.4	107.0
四 川	Sichuan	101.7	101.3	101.3	100.3	107.7	103.5	98.0	108.4	109.2
贵 州	Guizhou	101.8	100.7	100.3	101.6	105.0	99.8	95.1	103.7	104.1
云 南	Yunnan	101.6	100.5	100.2	102.1	102.2	100.7	96.3	104.3	104.6

5-2 续表 1 continued

(上年=100) (preceding year=100)

地 区	Region	畜肉类 Meat of Livestock	禽肉类 Meat of Poultry	水产品 Aquatic Products	蛋类 Eggs	奶类 Milk	干鲜瓜果类 Dried and Fresh Melons and Fruits	#鲜瓜果 Fresh Melons & Fruits	糖果糕点类 Candy and Cake	调味品 Flavoring	其他食品类 Other Foods
全 国	**National**	**96.2**	**105.5**	**102.3**	**112.0**	**101.4**	**104.1**	**105.6**	**102.0**	**101.9**	**101.3**
上 海	Shanghai	98.8	106.3	101.3	108.6	101.3	102.9	103.5	101.9	100.4	103.7
江 苏	Jiangsu	97.0	105.7	100.2	112.5	103.1	104.6	106.2	102.7	103.4	102.0
浙 江	Zhejiang	98.3	106.7	103.8	109.6	102.3	103.8	105.1	101.2	102.0	100.5
安 徽	Anhui	95.2	106.9	98.5	113.2	101.8	107.7	110.5	102.4	102.2	102.0
江 西	Jiangxi	93.8	108.0	98.9	111.3	102.1	101.4	101.8	103.0	102.1	101.3
湖 北	Hubei	96.3	105.2	98.6	110.1	102.3	106.0	108.2	101.7	102.0	100.5
湖 南	Hunan	94.1	105.8	100.5	107.7	101.7	103.7	104.8	102.0	103.6	100.8
重 庆	Chongqing	96.5	105.8	101.1	115.8	100.3	101.2	103.1	99.9	101.1	100.9
四 川	Sichuan	96.0	105.7	100.9	109.6	100.5	102.9	104.5	101.7	101.1	100.5
贵 州	Guizhou	94.7	106.2	102.7	109.0	102.1	102.8	104.1	101.9	101.1	101.2
云 南	Yunnan	93.6	103.8	102.6	107.9	101.5	104.5	106.1	100.9	102.3	100.5

5-2 续表 2 continued

(上年=100) (preceding year=100)

地 区	Region	茶及饮料 Tea and Beverages	烟酒 Tobacco and Liquor	在外餐饮 Dining Out	衣着 Clothing	服装 Garments	服装材料 Garments Material	其他衣着及配件 Other Clothing and Parts	衣着加工服务费 Clothing Manufacturing Service Fees	鞋类 Footwear
全 国	**National**	**101.7**	**101.2**	**102.4**	**101.2**	**101.4**	**101.9**	**100.4**	**104.1**	**100.4**
上 海	Shanghai	103.2	101.3	101.9	98.3	98.6	101.8	100.8	108.3	95.6
江 苏	Jiangsu	102.3	102.0	102.8	102.2	102.3	101.7	101.5	106.5	101.7
浙 江	Zhejiang	101.4	101.2	103.5	101.1	101.9	103.2	100.0	103.4	98.0
安 徽	Anhui	103.4	100.7	102.9	102.0	102.3	102.3	100.9	102.6	101.4
江 西	Jiangxi	100.8	100.0	103.0	100.2	100.5	104.5	100.2	102.9	98.8
湖 北	Hubei	100.9	100.6	103.1	100.8	100.6	100.8	99.8	105.2	101.1
湖 南	Hunan	100.9	101.3	100.8	101.9	102.3	102.4	100.1	105.1	100.6
重 庆	Chongqing	101.9	99.7	101.8	101.5	101.7	100.9	100.2	102.6	101.3
四 川	Sichuan	101.2	101.7	100.9	101.1	101.7	104.6	99.5	104.7	99.4
贵 州	Guizhou	100.6	100.7	102.0	100.9	101.2	105.1	100.4	102.1	100.0
云 南	Yunnan	101.5	100.2	101.5	101.4	100.9	99.9	100.5	103.6	102.7

5-2 续表 3 continued

(上年=100) (preceding year=100)

地 区	Region	居住 Residence	租赁房房租 Rent of Rental Housing	住房保养维修及管理 Housing Maintenance and Management	水电燃料 Water, Electricity and Fuels	自有住房 Private Housing	生活用品及服务 Articles for Daily Use and Services	家具及室内装饰品 Furniture and Interior Decorations	家用器具 Home Appliances	家用纺织品 Home Textiles
全 国	**National**	**102.4**	**102.5**	**103.8**	**101.8**	**102.2**	**101.6**	**102.3**	**100.5**	**100.7**
上 海	Shanghai	100.2	99.7	105.9	100.6	99.5	101.4	103.0	99.8	99.0
江 苏	Jiangsu	102.4	101.9	106.7	101.6	101.6	103.4	103.5	102.2	102.5
浙 江	Zhejiang	103.4	103.9	103.4	102.2	103.6	101.4	101.7	99.5	100.0
安 徽	Anhui	102.1	101.9	104.0	102.9	101.1	101.7	101.4	101.1	100.6
江 西	Jiangxi	102.6	101.7	106.0	101.8	101.9	101.0	102.7	100.3	100.0
湖 北	Hubei	102.5	103.1	103.5	101.9	102.4	101.3	102.5	99.6	99.5
湖 南	Hunan	103.6	103.5	103.5	102.2	104.4	101.3	101.0	100.8	100.5
重 庆	Chongqing	102.8	103.5	102.5	101.4	103.5	101.7	103.5	99.2	100.8
四 川	Sichuan	102.6	104.6	104.1	101.8	102.3	101.5	103.9	99.7	101.3
贵 州	Guizhou	102.9	104.6	101.9	101.4	103.6	100.9	101.2	100.5	100.3
云 南	Yunnan	102.1	103.0	102.3	100.4	102.5	101.1	101.3	100.5	99.8

5-2 续表 4 continued

(上年=100) (preceding year=100)

地 区	Region	家庭日用杂品 Household Articles for Daily Use	个人护理用品 Personal-care Supplies	家庭服务 Household Services	交通和通信 Transport and Communications	交通 Transport	交通工具 Transport Facility	交通工具用燃料 Fuels for Transport Facility	交通工具使用和维修 Use and Maintenance of Transport Facility	交通费 Traffic Fee	通信 Communications
全 国	**National**	**101.4**	**101.0**	**105.6**	**101.7**	**103.2**	**98.5**	**112.6**	**102.8**	**101.3**	**98.8**
上 海	Shanghai	102.1	100.4	103.7	104.0	105.1	98.9	112.7	103.2	104.0	102.2
江 苏	Jiangsu	104.1	102.1	107.5	102.5	103.7	98.7	112.7	106.3	100.4	100.0
浙 江	Zhejiang	102.0	100.1	107.6	101.0	103.3	99.1	112.5	102.4	101.1	96.3
安 徽	Anhui	101.7	101.6	106.5	101.1	101.9	96.0	112.6	105.2	100.1	99.6
江 西	Jiangxi	100.8	100.5	102.9	101.6	103.1	98.8	112.7	101.5	100.5	98.8
湖 北	Hubei	101.4	101.2	107.1	102.2	104.0	99.0	112.7	101.9	103.3	99.4
湖 南	Hunan	101.9	101.3	103.0	102.8	104.4	99.8	112.9	102.4	103.0	99.9
重 庆	Chongqing	102.2	100.8	106.4	100.1	102.1	97.1	112.6	101.1	99.4	96.5
四 川	Sichuan	101.1	100.5	107.0	101.2	102.8	96.9	112.1	100.8	100.8	98.6
贵 州	Guizhou	100.9	100.9	103.1	102.1	104.0	99.0	112.6	101.0	99.3	99.4
云 南	Yunnan	101.5	100.5	104.4	101.7	103.6	100.1	112.0	101.7	98.9	98.7

5-2 续表 5 continued

(上年=100) (preceding year=100)

地　区	Region	教育文化和娱乐 Education, Culture and Recreation	教育 Education	教育用品 Education Articles	教育服务 Education Services	文化娱乐 Cultural and Recreational Articles	文娱耐用消费品 Durable Consumer Goods for Culture and Recreation	其他文娱用品 Other Articles
全　国	**National**	**102.2**	**102.9**	**102.5**	**102.9**	**101.4**	**98.3**	**101.9**
上　海	Shanghai	103.1	106.9	103.3	107.0	100.7	96.5	101.7
江　苏	Jiangsu	102.4	102.0	105.3	101.8	102.9	99.4	103.8
浙　江	Zhejiang	102.2	103.0	101.1	103.0	101.1	96.6	103.2
安　徽	Anhui	102.2	102.8	109.2	102.6	101.1	98.3	100.7
江　西	Jiangxi	102.6	103.4	102.4	103.4	101.3	98.4	104.6
湖　北	Hubei	101.5	102.0	100.8	102.2	100.7	98.7	101.0
湖　南	Hunan	101.5	101.8	100.4	102.0	101.0	100.9	100.7
重　庆	Chongqing	103.0	103.3	102.7	103.3	102.7	97.5	101.3
四　川	Sichuan	101.5	102.5	102.1	102.6	100.5	96.3	102.6
贵　州	Guizhou	103.4	101.7	102.5	101.7	105.4	99.0	101.4
云　南	Yunnan	102.3	102.3	101.5	102.4	102.4	98.7	101.9

5-2 续表 6 continued

(上年=100) (preceding year=100)

地 区	Region	文化娱乐服务 Cultural and Recreational Services	旅游 Touring and Outing	医疗保健 Health Care	药品及医疗器具 Medicine and Medical Instrument	医疗服务 Medical Services	其他用品和服务 Other Articles and Services	其他用品类 Other Articles	其他服务类 Other Services
全 国	**National**	**100.8**	**103.3**	**104.3**	**104.4**	**104.3**	**101.2**	**99.1**	**102.8**
上 海	Shanghai	101.5	101.8	102.4	101.1	103.8	102.4	100.5	103.6
江 苏	Jiangsu	100.7	105.0	101.2	104.2	99.9	102.2	99.3	104.5
浙 江	Zhejiang	100.6	102.4	102.6	105.3	101.0	100.2	99.2	100.9
安 徽	Anhui	102.3	102.3	102.8	105.4	101.5	100.6	99.4	101.7
江 西	Jiangxi	100.6	101.9	108.3	101.4	111.6	100.8	99.0	102.4
湖 北	Hubei	100.8	101.7	103.5	102.3	104.2	100.6	98.7	102.3
湖 南	Hunan	101.3	101.0	102.5	105.5	100.7	100.6	99.1	101.9
重 庆	Chongqing	101.0	106.9	105.7	104.4	106.7	100.9	99.0	102.1
四 川	Sichuan	100.8	101.6	102.8	104.4	101.6	102.4	99.4	104.2
贵 州	Guizhou	100.0	115.9	102.0	103.2	101.1	100.6	99.7	101.4
云 南	Yunnan	102.1	106.1	104.1	106.4	102.2	100.8	100.3	101.6

5-3 商品零售价格分类指数(2018 年)
Retail Price Indices by Category of Commodities(2018)

(上年=100) (preceding year=100)

地 区	Region	总指数 General Index	食品 Food	#粮食 Grain	#菜 Vegetables	#畜肉 Meat of Livestock	#禽肉 Meat of Poultry	#水产品 Aquatic Products	#蛋 Eggs	#干鲜瓜果 Dried and Fresh Melons and Fruits
全 国	**National**	**101.9**	**102.1**	**100.7**	**107.0**	**96.4**	**105.4**	**102.2**	**111.6**	**104.0**
上 海	Shanghai	101.6	102.3	100.3	107.1	98.8	106.3	101.3	108.6	102.9
江 苏	Jiangsu	102.6	102.4	101.3	107.9	97.3	105.5	100.2	112.6	104.4
浙 江	Zhejiang	102.1	102.9	100.6	107.1	98.3	106.5	103.7	109.4	103.5
安 徽	Anhui	101.9	102.4	100.6	109.9	95.4	107.0	98.6	113.3	107.5
江 西	Jiangxi	101.0	101.1	101.0	106.3	94.7	109.5	97.8	111.3	101.0
湖 北	Hubei	101.2	101.9	100.7	106.2	96.4	104.6	99.0	110.2	106.5
湖 南	Hunan	102.3	101.7	100.9	108.4	95.1	105.2	100.6	108.7	104.4
重 庆	Chongqing	101.2	101.5	98.2	106.4	96.5	105.8	101.1	115.8	101.2
四 川	Sichuan	101.4	101.5	100.2	110.1	96.4	104.6	100.2	108.4	102.1
贵 州	Guizhou	101.8	100.8	101.6	103.5	95.0	105.4	102.6	109.7	102.2
云 南	Yunnan	101.5	100.4	101.6	104.6	94.3	104.0	101.8	107.8	105.0

5-3 续表 1 continued

(上年=100) (preceding year=100)

地 区	Region	饮料烟酒 Beverages, Tobacco and Liquor	服装鞋帽 Garments, Shoes and Hats	纺织品 Textiles	家用电器及音像器材 Household Appliances, Music and Video Equipment	文化办公用品 Cultural and Office Appliances	日用品 Articles for Daily Use	体育娱乐用品 Sports and Recreation Articles	交通、通信用品 Transportation and Communication Appliances
全 国	**National**	**101.5**	**101.3**	**100.8**	**99.5**	**100.0**	**101.1**	**100.8**	**98.6**
上 海	Shanghai	101.6	98.0	99.2	97.9	100.4	101.0	101.3	100.4
江 苏	Jiangsu	102.1	102.2	102.1	100.9	101.4	103.5	102.6	99.0
浙 江	Zhejiang	101.3	101.1	99.9	98.2	100.5	101.5	100.7	98.4
安 徽	Anhui	101.6	101.9	100.9	100.0	99.1	101.2	99.6	97.5
江 西	Jiangxi	100.4	100.0	100.4	99.2	100.6	100.1	101.1	97.7
湖 北	Hubei	101.0	100.6	99.7	99.0	98.9	100.8	101.2	98.1
湖 南	Hunan	101.5	101.8	101.2	100.5	100.8	102.0	100.2	99.9
重 庆	Chongqing	100.2	101.5	101.0	98.3	100.8	101.7	100.4	97.5
四 川	Sichuan	101.6	100.9	100.6	98.7	99.4	100.9	103.8	96.4
贵 州	Guizhou	101.0	100.7	100.6	99.7	100.7	100.9	100.6	100.7
云 南	Yunnan	100.4	101.7	98.5	99.4	101.6	100.9	100.4	99.5

5-3 续表 2 continued

(上年=100) (preceding year=100)

地 区	Region	家 具 Furniture	化妆品 Cosmetics	金银饰品 Gold and Silver Ornaments	中西药品及医疗保健用品 Traditional Chinese and Western Medicines and Health Care Articles	书报杂志及电子出版物 Books, Newspapers, Magazines and Electronic Publications	燃 料 Fuels	建筑材料及五金电料 Building Materials and Hardware
全 国	**National**	**102.5**	**101.0**	**97.9**	**104.5**	**103.5**	**109.7**	**102.8**
上 海	Shanghai	103.2	100.4	100.6	101.2	106.0	110.9	105.3
江 苏	Jiangsu	103.1	102.0	97.3	104.2	107.4	109.9	105.0
浙 江	Zhejiang	101.8	99.8	98.3	105.3	104.3	110.0	103.6
安 徽	Anhui	101.9	101.6	98.4	104.5	106.7	109.0	103.6
江 西	Jiangxi	103.4	100.5	98.0	100.9	107.0	108.3	103.3
湖 北	Hubei	103.1	101.6	97.2	102.3	100.4	108.2	102.1
湖 南	Hunan	100.9	101.2	97.5	104.2	100.7	109.9	102.8
重 庆	Chongqing	103.8	101.3	98.2	104.4	102.4	107.8	102.2
四 川	Sichuan	103.8	99.7	98.5	104.9	102.8	109.1	102.8
贵 州	Guizhou	101.2	101.6	98.2	103.4	103.4	109.7	101.3
云 南	Yunnan	100.9	99.9	100.1	105.6	101.7	107.7	102.2

5-4 农业生产资料价格分类指数(2018年)
Price Indices for Means of Agricultural Production by Category(2018)

(上年=100) (preceding year=100)

地 区	Region	总指数 General Index	农用手工工具 Farm Handtools	饲 料 Forage	仔畜幼禽及产品畜 Newborn Animals & Poultry, and Commodity Animals	半机械化农具 Semi-mechanized Farm Tools	机械化农具 Mechanized Farm Machinery
全 国	**National**	**103.1**	**103.8**	**102.9**	**89.5**	**101.4**	**101.8**
上 海	Shanghai						
江 苏	Jiangsu	103.9	106.8	104.0	92.7	100.5	100.3
浙 江	Zhejiang	101.8	105.8	101.1	87.1	102.2	102.9
安 徽	Anhui	101.5	102.8	100.8	77.0	101.2	100.3
江 西	Jiangxi	102.7	103.5	105.2	90.3	102.5	102.5
湖 北	Hubei	100.9	100.3	98.7	96.0	99.4	101.5
湖 南	Hunan	102.7	101.5	101.2	90.1	102.2	104.8
重 庆	Chongqing						
四 川	Sichuan	101.8	107.3	103.6	88.2	101.2	101.8
贵 州	Guizhou	98.8	102.7	100.2	86.0	100.6	100.1
云 南	Yunnan	101.7	103.2	102.9	86.1	100.4	100.6

5-4 续表 continued

(上年=100) (preceding year=100)

地 区	Region	化学肥料 Chemical Fertilizer	农药及农药器械 Pesticide and Its Appliances	农机用油 Oil for Farm Machinery	其他农用生产资料 Other Means of Agricultural Production	农业生产服务 Service for Agricultural Production
全 国	**National**	**107.4**	**104.8**	**112.6**	**101.3**	**102.8**
上 海	Shanghai					
江 苏	Jiangsu	109.3	105.2	116.0	101.8	102.3
浙 江	Zhejiang	105.2	102.9	113.0	101.8	102.1
安 徽	Anhui	108.3	101.3	113.1	99.8	100.4
江 西	Jiangxi	103.8	103.8	110.3	102.3	99.5
湖 北	Hubei	103.9	101.8	112.4	99.8	100.3
湖 南	Hunan	106.4	105.2	113.8	101.6	102.0
重 庆	Chongqing					
四 川	Sichuan	107.0	103.8	111.3	102.5	104.4
贵 州	Guizhou	103.9	100.2	107.6	99.4	100.2
云 南	Yunnan	108.5	103.4	109.5	102.7	102.8

5-5 农产品生产价格指数
Producer Price Indices for Farm Products

(上年=100) (preceding year=100)

地 区	Region	2017					2018				
		总指数 General Index	种植业产品 Planting Products	林业产品 Forestry Products	畜牧业产品 Animal Husbandry Products	渔业产品 Fishery Products	总指数 General Index	种植业产品 Planting Products	林业产品 Forestry Products	畜牧业产品 Animal Husbandry Products	渔业产品 Fishery Products
全 国	**National Total**	**96.5**	**99.5**	**104.9**	**90.8**	**104.9**	**99.1**	**101.2**	**98.9**	**95.6**	**102.6**
上 海	Shanghai	98.4	95.6	101.3	91.0	115.6	100.5	102.8	102.0	93.0	102.5
江 苏	Jiangsu	97.9	101.5	99.5	91.2	102.6	100.9	101.0	102.4	98.8	103.8
浙 江	Zhejiang	99.1	99.8	99.1	89.0	105.0	100.8	100.1	99.2	95.6	106.3
安 徽	Anhui	98.4	102.5	96.6	88.7	101.2	99.0	99.4	101.0	96.2	103.2
江 西	Jiangxi	97.3	101.1	98.4	87.9	106.1	97.4	98.9	101.4	91.7	103.2
湖 北	Hubei	99.3	103.5	103.1	87.0	106.9	96.6	99.0	100.3	90.9	101.9
湖 南	Hunan	98.0	107.4	91.9	86.6	102.8	95.4	98.2	101.4	91.6	95.8
重 庆	Chongqing	96.8	102.8	99.3	91.3	104.1	99.7	106.3	92.9	94.6	99.7
四 川	Sichuan	97.8	102.6	103.7	93.3	101.7	100.2	101.7	101.3	98.7	101.0
贵 州	Guizhou	96.7	101.3	100.9	92.9	100.9	92.6	101.5	96.8	85.7	99.3
云 南	Yunnan	98.7	102.6	104.7	90.5	103.5	96.9	100.7	105.9	89.0	100.3

5-6 工业生产者出厂价格指数
Producer Price Indices for Industrial Products

(上年=100) (preceding year=100)

地 区	Region	2011	2012	2013	2014	2015	2016	2017	2018
全 国	**National**	**106.0**	**98.3**	**98.1**	**98.1**	**94.8**	**98.6**	**106.3**	**103.5**
上 海	Shanghai	102.9	98.4	98.2	98.9	96.1	98.8	103.5	101.7
江 苏	Jiangsu	106.2	97.1	98.0	98.3	95.3	98.1	104.8	102.8
浙 江	Zhejiang	105.0	97.3	98.2	98.8	96.4	98.3	104.8	103.4
安 徽	Anhui	108.3	98.3	98.2	97.4	93.9	98.5	108.0	103.0
江 西	Jiangxi	111.3	96.5	98.5	97.8	93.7	98.6	107.9	104.2
湖 北	Hubei	106.6	100.3	99.2	98.4	96.7	99.0	105.6	104.2
湖 南	Hunan	108.5	99.1	98.5	98.4	96.3	98.9	105.8	103.2
重 庆	Chongqing	103.8	99.9	98.0	98.3	97.2	98.6	104.1	102.1
四 川	Sichuan	107.3	98.6	98.7	98.7	96.4	98.9	106.5	103.6
贵 州	Guizhou	105.4	101.0	97.4	98.3	96.1	97.9	107.2	101.8
云 南	Yunnan	104.7	97.9	97.5	97.8	94.9	97.6	105.2	102.4

5-7 固定资产投资价格指数
Price Indices for Investment in Fixed Assets

(上年=100) (preceding year=100)

地 区	Region	2017				2018			
		固定资产投资 Investment in Fixed Assets	建筑安装工程 Construction and Installation	设备工器具购置 Purchase of Equipment and Instruments	其他费用 Others	固定资产投资 Investment in Fixed Assets	建筑安装工程 Construction and Installation	设备工器具购置 Purchase of Equipment and Instruments	其他费用 Others
全 国	**National Total**	**105.8**	**108.0**	**100.6**	**101.0**	**105.4**	**107.2**	**101.0**	**101.2**
上 海	Shanghai	106.7	110.9	100.2	100.9	105.6	109.2	100.8	101.0
江 苏	Jiangsu	107.6	112.9	100.6	102.1	106.0	109.6	100.7	102.3
浙 江	Zhejiang	105.8	109.3	100.7	101.2	105.7	108.8	100.7	101.9
安 徽	Anhui	107.4	109.9	100.6	100.8	105.8	108.5	101.0	100.8
江 西	Jiangxi	106.1	108.6	100.8	100.7	106.4	109.2	100.1	101.0
湖 北	Hubei	105.9	108.0	100.8	101.9	106.6	108.8	101.1	102.3
湖 南	Hunan	105.7	107.7	100.0	100.6	104.8	105.8	100.7	102.6
重 庆	Chongqing	105.3	106.9	100.6	100.4	105.0	106.3	101.0	100.5
四 川	Sichuan	107.7	112.3	101.3	100.3	106.4	109.0	101.0	103.7
贵 州	Guizhou	106.1	107.3	100.7	100.7	105.2	106.0	101.7	101.1
云 南	Yunnan	104.9	105.8	101.4	100.6	104.9	105.7	100.9	100.6

六、人民生活　People's Living Conditions

6-1　居民人均可支配收入
Per Capita Disposable Income of Households

单位：元 (yuan)

地　区	Region	2013	2014	2015	2016	2017	2018
全　国	**National verage**	**18310.8**	**20167.1**	**21966.2**	**23821.0**	**25973.8**	**28228.0**
上　海	Shanghai	42173.6	45965.8	49867.2	54305.3	58988.0	64182.6
江　苏	Jiangsu	24775.5	27172.8	29538.9	32070.1	35024.1	38095.8
浙　江	Zhejiang	29775.0	32657.6	35537.1	38529.0	42045.7	45839.8
安　徽	Anhui	15154.3	16795.5	18362.6	19998.1	21863.3	23983.6
江　西	Jiangxi	15099.7	16734.2	18437.1	20109.6	22031.4	24079.7
湖　北	Hubei	16472.5	18283.2	20025.6	21786.6	23757.2	25814.5
湖　南	Hunan	16004.9	17621.7	19317.5	21114.8	23102.7	25240.7
重　庆	Chongqing	16568.7	18351.9	20110.1	22034.1	24153.0	26385.8
四　川	Sichuan	14231.0	15749.0	17221.0	18808.3	20579.8	22460.6
贵　州	Guizhou	11083.1	12371.1	13696.6	15121.1	16703.6	18430.2
云　南	Yunnan	12577.9	13772.2	15222.6	16719.9	18348.3	20084.2

6-2 居民人均可支配收入来源(2018 年)
Per Capita Disposable Income of Households by Sources(2018)

单位：元 (yuan)

地 区	Region	可支配收入 Disposable Income	工资性收入 Income from Wages and Salaries	经营净收入 Net Business Income	财产净收入 Net Income from Properties	转移净收入 Net Income from Transfers
全 国	**National Average**	**28228.0**	**15829.0**	**4852.4**	**2378.5**	**5168.1**
上 海	Shanghai	64182.6	37136.9	1820.9	9666.3	15558.5
江 苏	Jiangsu	38095.8	21947.8	5386.1	3745.7	7016.2
浙 江	Zhejiang	45839.8	26241.6	7751.7	5244.2	6602.3
安 徽	Anhui	23983.6	12851.4	5478.4	1456.8	4197.1
江 西	Jiangxi	24079.7	13738.5	4055.6	1584.6	4700.9
湖 北	Hubei	25814.5	12737.6	5450.6	1726.0	5900.3
湖 南	Hunan	25240.7	12797.9	5015.9	1923.1	5503.8
重 庆	Chongqing	26385.8	13928.1	4311.4	1649.3	6497.0
四 川	Sichuan	22460.6	11069.9	4558.1	1443.1	5389.4
贵 州	Guizhou	18430.2	9500.9	4037.6	1297.3	3594.4
云 南	Yunnan	20084.2	9609.0	4883.9	1963.2	3628.0

6-3 居民人均消费支出
Per Capita Consumption Expenditure of Households

单位：元 (yuan)

地 区	Region	2013	2014	2015	2016	2017	2018
全 国	**National verage**	**13220.4**	**14491.4**	**15712.4**	**17110.7**	**18322.1**	**19853.1**
上 海	Shanghai	30399.9	33064.8	34783.6	37458.3	39791.9	43351.3
江 苏	Jiangsu	17925.8	19163.6	20555.6	22129.9	23468.6	25007.4
浙 江	Zhejiang	20610.1	22552.0	24116.9	25526.6	27079.1	29470.7
安 徽	Anhui	10544.1	11727.0	12840.1	14711.5	15751.7	17044.6
江 西	Jiangxi	10052.8	11088.9	12403.4	13258.6	14459.0	15792.0
湖 北	Hubei	11760.8	12928.3	14316.5	15888.7	16937.6	19537.8
湖 南	Hunan	11945.9	13288.7	14267.3	15750.5	17160.4	18807.9
重 庆	Chongqing	12600.2	13810.6	15139.5	16384.8	17898.1	19248.5
四 川	Sichuan	11054.7	12368.4	13632.1	14838.5	16179.9	17663.6
贵 州	Guizhou	8288.0	9303.4	10413.8	11931.6	12969.6	13798.1
云 南	Yunnan	8823.8	9869.5	11005.4	11768.8	12658.1	14249.9

6-4 居民人均消费支出(2018 年)
Per Capita Consumption Expenditure of Households(2018)

单位：元 (yuan)

地 区	Region	消费支出 Consumption Expenditure	食品烟酒 Food, Tobacco and Liquor	衣 着 Clothing	居 住 Residence	生活用品及服务 Household Facilities Articles and Services	交通通信 Transport and Communi-cations	教育文化娱乐 Education, Culture and Recreation	医疗保健 Health Care and Medical Services	其他用品及服务 Miscellaneous Goods and Services
全 国	**National Average**	**19853.1**	**5631.1**	**1288.9**	**4646.6**	**1222.7**	**2675.4**	**2225.7**	**1685.2**	**477.5**
上 海	Shanghai	43351.3	10728.2	2036.8	14208.5	2095.5	4881.2	5049.4	3070.2	1281.5
江 苏	Jiangsu	25007.4	6529.8	1541.0	6731.2	1493.3	3522.8	2582.6	2016.4	590.4
浙 江	Zhejiang	29470.7	8198.3	1813.5	7721.2	1652.4	4302.0	3031.3	2059.4	692.6
安 徽	Anhui	17044.6	5414.7	1137.4	3941.9	1041.2	2082.1	1810.4	1224.0	392.8
江 西	Jiangxi	15792.0	4809.0	1074.1	3795.2	1047.7	1872.1	1813.0	1000.0	381.0
湖 北	Hubei	19537.8	5491.3	1316.2	4310.6	1253.2	2584.1	2187.5	1907.9	487.0
湖 南	Hunan	18807.9	5260.0	1215.5	3976.1	1190.2	2322.9	2786.2	1705.5	351.5
重 庆	Chongqing	19248.5	6220.8	1454.5	3498.8	1338.9	2545.0	2087.8	1660.0	442.8
四 川	Sichuan	17663.6	5937.9	1173.8	3368.0	1182.2	2398.8	1599.7	1568.6	434.5
贵 州	Guizhou	13798.1	3792.9	934.7	2760.7	878.1	2408.0	1660.0	1083.5	280.1
云 南	Yunnan	14249.9	3983.4	789.1	3081.1	859.9	2212.8	1772.7	1267.7	283.2

6-5　居民家庭人均主要食品消费量(2018 年)
Per Capita Consumption of Major Foods of Households(2018)

单位：千克 (kg)

地　区	Region	粮食 (原粮) Grain (Unprocessed)	谷物 Cereal	食用油 Edible Oil and Fats	食用植物油 Edible Vegetable Oil	蔬菜及食用菌 Vegetable and Edible Mushroom	肉类 Products of Meat	猪肉 Pork
全　国	**National Average**	**127.2**	**116.3**	**9.6**	**8.9**	**96.1**	**29.5**	**22.8**
上　海	Shanghai	110.5	98.1	8.0	7.5	103.6	31.4	22.4
江　苏	Jiangsu	121.9	108.9	9.1	8.8	100.1	28.6	21.2
浙　江	Zhejiang	132.9	119.6	11.6	10.9	91.7	29.8	23.7
安　徽	Anhui	139.5	126.1	9.5	8.5	95.3	28.3	22.1
江　西	Jiangxi	134.5	124.9	13.6	12.9	97.0	30.6	25.5
湖　北	Hubei	110.9	100.3	10.5	10.1	111.4	28.4	22.9
湖　南	Hunan	137.6	128.4	11.8	9.0	94.4	34.5	29.8
重　庆	Chongqing	135.7	121.2	13.8	11.7	132.0	43.9	38.8
四　川	Sichuan	146.6	134.2	12.1	10.8	120.7	45.4	38.9
贵　州	Guizhou	111.3	100.1	6.6	5.1	75.2	31.7	29.1
云　南	Yunnan	117.3	108.6	7.1	5.4	83.8	31.9	27.5

6-5 续表 continued

单位：千克 (kg)

地 区	Region	牛肉 Beef	羊肉 Mutton	禽类 Poultry	水产品 Aquatic Products	蛋类 Eggs	奶类 Milk and Dairy Products	干鲜瓜果类 Dried and Fresh Melons and Fruits	食糖 Sugar
全 国	**National Average**	**2.0**	**1.3**	**9.0**	**11.4**	**9.7**	**12.2**	**52.1**	**1.3**
上 海	Shanghai	3.0	1.1	12.3	24.5	12.0	20.8	63.5	1.5
江 苏	Jiangsu	2.1	0.9	10.7	17.8	10.5	15.1	45.1	1.1
浙 江	Zhejiang	2.5	0.7	10.7	22.9	8.4	13.2	52.6	1.5
安 徽	Anhui	2.2	0.9	12.0	12.0	11.3	11.7	52.6	1.0
江 西	Jiangxi	2.2	0.4	8.7	12.7	7.2	10.8	41.5	1.1
湖 北	Hubei	1.9	0.6	5.6	15.4	7.1	6.8	43.7	0.8
湖 南	Hunan	1.9	0.6	10.8	11.9	7.8	6.7	57.5	1.3
重 庆	Chongqing	1.3	0.6	10.0	9.9	9.8	12.6	43.7	2.8
四 川	Sichuan	1.7	0.5	10.4	7.2	8.4	12.5	40.6	1.9
贵 州	Guizhou	1.0	0.2	4.6	2.2	3.4	4.4	33.2	0.8
云 南	Yunnan	2.0	0.4	6.7	3.5	4.3	5.1	29.6	1.1

6-6 居民平均每百户年末主要耐用消费品拥有量(2018 年)
Main Durable Goods Owned Per 100 Households at Year-end(2018)

地区	Region	家用汽车 (辆) Automobile (unit)	摩托车 (辆) Motorcycle (unit)	电动助力车 (辆) Electric Bicycle (unit)	洗衣机 (台) Washing Machine (set)	电冰箱 (台) Refrigerator (set)	微波炉 (台) Microwave Oven (set)	彩色电视机 (台) Color TV Set (set)
全 国	**National Average**	**33.0**	**35.7**	**59.2**	**93.8**	**98.8**	**39.2**	**119.3**
上 海	Shanghai	36.9	3.2	68.1	93.2	100.2	85.2	173.3
江 苏	Jiangsu	38.1	17.6	122.2	100.4	108.4	78.5	163.9
浙 江	Zhejiang	44.4	12.7	82.9	90.6	104.0	50.1	173.2
安 徽	Anhui	27.4	25.1	100.5	92.0	101.2	43.6	131.0
江 西	Jiangxi	29.4	48.4	69.2	78.1	96.6	31.8	129.3
湖 北	Hubei	29.9	56.4	38.6	91.9	103.6	31.7	122.0
湖 南	Hunan	22.8	57.7	21.9	95.1	101.9	25.7	116.6
重 庆	Chongqing	23.7	25.7	13.2	91.8	102.0	42.4	122.6
四 川	Sichuan	25.2	35.3	29.5	94.6	98.2	27.0	116.6
贵 州	Guizhou	28.0	41.6	13.8	96.9	92.6	20.4	102.7
云 南	Yunnan	37.7	56.8	27.5	90.9	87.7	32.9	104.7

6-6 续表 continued

地 区	Region	空 调 (台) Air Conditioner (set)	热水器 (台) Water Heater (set)	排油烟机 (台) Exhaust Fan (set)	移动电话 (部) Mobile Phone (set)	计算机 (台) Computer (set)	照相机 (台) Camera (set)
全 国	**National Average**	**109.3**	**85.0**	**56.4**	**249.1**	**53.4**	**12.6**
上 海	Shanghai	199.9	94.9	81.2	220.1	99.2	32.9
江 苏	Jiangsu	193.0	106.1	68.9	247.3	62.6	14.4
浙 江	Zhejiang	193.1	101.9	80.9	243.6	72.6	17.3
安 徽	Anhui	142.0	98.1	54.0	255.8	45.8	8.9
江 西	Jiangxi	107.4	88.0	51.6	266.0	46.3	7.5
湖 北	Hubei	131.0	94.4	55.4	263.1	55.6	10.0
湖 南	Hunan	122.6	88.5	52.9	279.2	51.1	10.0
重 庆	Chongqing	150.1	87.6	52.5	261.4	45.2	11.3
四 川	Sichuan	91.4	82.4	41.2	252.4	36.0	7.5
贵 州	Guizhou	17.3	70.0	27.8	285.3	29.2	4.3
云 南	Yunnan	4.1	84.0	39.0	267.2	34.4	7.8

6-7 城镇居民人均可支配收入
Per Capita Disposable Income of Urban Households

单位：元 (yuan)

地 区	Region	2013	2014	2015	2016	2017	2018
全 国	**National Average**	**26467.0**	**28843.9**	**31194.8**	**33616.2**	**36396.2**	**39250.8**
上 海	Shanghai	44878.3	48841.4	52961.9	57691.7	62595.7	68033.6
江 苏	Jiangsu	31585.5	34346.3	37173.5	40151.6	43621.8	47200.0
浙 江	Zhejiang	37079.7	40392.7	43714.5	47237.2	51260.7	55574.3
安 徽	Anhui	22789.3	24838.5	26935.8	29156.0	31640.3	34393.1
江 西	Jiangxi	22119.7	24309.2	26500.1	28673.3	31198.1	33819.4
湖 北	Hubei	22667.9	24852.3	27051.5	29385.8	31889.4	34454.6
湖 南	Hunan	24352.0	26570.2	28838.1	31283.9	33947.9	36698.3
重 庆	Chongqing	23058.2	25147.2	27238.8	29610.0	32193.2	34889.3
四 川	Sichuan	22227.5	24234.4	26205.3	28335.3	30726.9	33215.9
贵 州	Guizhou	20564.9	22548.2	24579.6	26742.6	29079.8	31591.9
云 南	Yunnan	22460.0	24299.0	26373.2	28610.6	30995.9	33487.9

6-8 城镇居民人均可支配收入来源（2018 年）
Per Capita Disposable Income of Urban Households by Sources(2018)

单位：元 (yuan)

地 区	Region	可支配收 入 Disposable Income	工资性收入 Income from Wages and Salaries	经营净收入 Net Business Income	财产净收入 Net Income from Properties	转移净收入 Net Income from Transfers
全 国	**National Average**	**39250.8**	**23792.2**	**4442.6**	**4027.7**	**6988.3**
上 海	Shanghai	68033.6	39145.5	1828.6	10653.1	16406.4
江 苏	Jiangsu	47200.0	28136.3	5053.4	5317.4	8692.9
浙 江	Zhejiang	55574.3	31148.0	8316.1	7586.4	8523.9
安 徽	Anhui	34393.1	20974.0	5548.1	2708.3	5162.8
江 西	Jiangxi	33819.4	21451.1	2824.2	2950.5	6593.6
湖 北	Hubei	34454.6	18997.1	4796.6	2953.9	7707.1
湖 南	Hunan	36698.3	20021.5	5252.5	3715.3	7708.9
重 庆	Chongqing	34889.3	20054.0	3973.1	2536.2	8326.1
四 川	Sichuan	33215.9	19032.7	3899.5	2696.3	7587.4
贵 州	Guizhou	31591.9	17392.1	5262.4	3066.0	5871.4
云 南	Yunnan	33487.9	18743.9	3855.1	4518.4	6370.5

6-9 城镇居民人均消费支出
Per Capita Consumption Expenditure of Urban Households

单位：元 (yuan)

地 区	Region	2013	2014	2015	2016	2017	2018
全 国	**National Average**	**18487.5**	**19968.1**	**21392.4**	**23078.9**	**24445.0**	**26112.3**
上 海	Shanghai	32447.2	35182.4	36946.1	39856.8	42304.3	46015.2
江 苏	Jiangsu	22262.3	23476.3	24966.0	26432.9	27726.3	29461.9
浙 江	Zhejiang	25253.5	27241.7	28661.3	30067.7	31924.2	34597.9
安 徽	Anhui	14593.6	16107.1	17233.5	19606.2	20740.2	21522.7
江 西	Jiangxi	13843.0	15141.8	16731.8	17695.6	19244.5	20760.0
湖 北	Hubei	15334.5	16681.4	18192.3	20040.0	21275.6	23995.9
湖 南	Hunan	16867.3	18334.7	19501.4	21420.0	23162.6	25064.2
重 庆	Chongqing	17123.8	18279.5	19742.3	21030.9	22759.2	24154.2
四 川	Sichuan	16098.2	17759.9	19276.8	20659.8	21990.6	23483.9
贵 州	Guizhou	13768.2	15254.6	16914.2	19201.7	20347.8	20787.9
云 南	Yunnan	14862.3	16268.3	17675.0	18622.4	19559.7	21626.4

6-10 城镇居民人均消费支出(2018 年)
Per Capita Consumption Expenditure of Urban Households(2018)

单位：元 (yuan)

地 区	Region	消费支出 Consumption Expenditure	食品烟酒 Food, Tobacco and Liquor	衣 着 Clothing	居 住 Residence	生活用品及服务 Household Facilities, Articles and Services	交通通信 Transport and Communi-cations	教育文化娱乐 Education, Culture and Recreation	医疗保健 Health Care and Medical Services	其他用品及服务 Miscellaneous Goods and Services
全 国	**National Average**	**26112.3**	**7239.0**	**1808.2**	**6255.0**	**1629.4**	**3473.5**	**2974.1**	**2045.7**	**687.4**
上 海	Shanghai	46015.2	11103.9	2139.4	15376.6	2204.6	5107.8	5490.9	3221.8	1370.2
江 苏	Jiangsu	29461.9	7686.7	1925.8	8103.9	1785.8	3819.8	3129.0	2273.3	737.8
浙 江	Zhejiang	34597.9	9370.7	2231.5	9154.0	1967.1	5010.5	3684.2	2286.6	893.4
安 徽	Anhui	21522.7	6672.1	1661.1	4909.9	1321.3	2630.3	2372.4	1419.3	536.3
江 西	Jiangxi	20760.0	6232.6	1628.8	4561.7	1493.7	2537.6	2490.5	1218.9	596.2
湖 北	Hubei	23995.9	6737.5	1741.2	5392.0	1572.9	3103.2	2694.6	2162.8	591.5
湖 南	Hunan	25064.2	6848.9	1823.5	5060.9	1635.6	3220.3	3924.5	2034.4	516.0
重 庆	Chongqing	24154.2	7597.5	2010.1	4325.4	1712.7	3248.3	2588.8	2054.5	616.9
四 川	Sichuan	23483.9	7571.0	1712.6	4390.7	1562.0	3365.5	2383.8	1832.2	666.2
贵 州	Guizhou	20787.9	5604.8	1588.2	3717.6	1344.7	3971.0	2413.5	1657.8	490.3
云 南	Yunnan	21626.4	5845.8	1392.1	4803.9	1293.0	3227.9	2664.1	1875.0	524.6

6-11 城镇居民家庭人均主要食品消费量(2018 年)
Per Capita Consumption of Major Foods of Urban Households(2018)

单位：千克 (kg)

地　区	Region	粮食(原粮) Grain (Unprocessed)	谷物 Cereal	食用油 Edible Oil and Fats	食用植物油 Edible Vegetable Oil	蔬菜及食用菌 Vegetable and Edible Mushroom	肉类 Products of Meat	猪肉 Pork
全　国	**National Average**	**110.0**	**98.8**	**9.4**	**8.9**	**103.1**	**31.2**	**22.7**
上　海	Shanghai	106.2	93.6	7.8	7.2	104.0	30.5	21.4
江　苏	Jiangsu	111.6	99.5	8.5	8.1	107.1	30.5	22.2
浙　江	Zhejiang	119.2	106.9	11.1	10.5	91.2	29.6	22.7
安　徽	Anhui	118.3	105.3	8.7	7.9	96.5	29.9	22.5
江　西	Jiangxi	121.2	109.6	14.4	13.7	107.0	34.5	27.4
湖　北	Hubei	90.8	80.3	9.1	8.7	109.4	29.6	22.5
湖　南	Hunan	109.0	99.4	11.6	9.2	102.3	36.8	30.1
重　庆	Chongqing	100.8	88.2	13.6	12.4	123.4	43.8	37.0
四　川	Sichuan	108.8	96.1	12.2	11.3	129.3	45.7	36.1
贵　州	Guizhou	100.9	89.5	8.3	6.9	79.5	33.5	28.7
云　南	Yunnan	95.8	86.0	8.4	7.0	96.5	30.2	22.7

6-11 续表 continued

单位：千克 (kg)

地 区	Region	牛肉 Beef	羊肉 Mutton	禽类 Poultry	水产品 Aquatic Products	蛋类 Eggs	奶类 Milk and Dairy Products	干鲜瓜果类 Dried and Fresh Melons and Fruits	食糖 Sugar
全 国	**National Average**	**2.7**	**1.5**	**9.8**	**14.3**	**10.8**	**16.5**	**62.0**	**1.3**
上 海	Shanghai	3.1	1.1	12.1	24.5	11.9	21.7	64.2	1.5
江 苏	Jiangsu	2.5	1.1	11.9	20.1	11.2	17.3	52.0	1.1
浙 江	Zhejiang	2.9	0.7	11.4	25.2	8.7	15.1	59.0	1.4
安 徽	Anhui	2.9	1.1	12.5	13.2	11.9	14.3	58.5	1.0
江 西	Jiangxi	3.3	0.6	10.4	16.0	8.4	15.7	54.1	1.2
湖 北	Hubei	2.7	0.8	6.3	17.2	7.4	8.9	51.3	0.8
湖 南	Hunan	2.7	0.8	10.9	14.5	7.8	10.1	67.8	1.3
重 庆	Chongqing	2.0	0.7	11.4	11.3	9.5	15.9	50.5	2.3
四 川	Sichuan	2.6	0.6	11.6	9.4	8.5	17.4	52.2	1.7
贵 州	Guizhou	1.7	0.3	6.8	3.6	4.7	8.0	46.9	0.8
云 南	Yunnan	3.2	0.5	7.2	5.3	4.9	9.3	46.0	1.3

6-12 城镇居民平均每百户年末主要耐用消费品拥有量(2018 年)
Main Durable Goods Owned Per 100 Urban Households at Year-end(2018)

地 区	Region	家用汽车 (辆) Automobile (unit)	摩托车 (辆) Motorcycle (unit)	电动助力车 (辆) Electric Bicycle (unit)	洗衣机 (台) Washing Machine (set)	电冰箱 (台) Refrigerator (set)	微波炉 (台) Microwave Oven (set)	彩色电视机 (台) Color TV Set (set)
全 国	**National Average**	**41.0**	**19.5**	**55.0**	**97.7**	**100.9**	**55.2**	**121.3**
上 海	Shanghai	37.9	2.8	60.8	94.4	100.1	86.5	174.7
江 苏	Jiangsu	46.0	12.5	116.4	102.3	107.3	87.0	171.3
浙 江	Zhejiang	52.4	7.8	77.1	93.9	103.2	58.3	171.9
安 徽	Anhui	32.0	15.2	89.5	97.8	101.2	61.6	132.9
江 西	Jiangxi	38.7	29.8	71.9	94.8	99.2	50.7	133.0
湖 北	Hubei	36.3	36.1	37.6	97.6	104.8	46.6	122.8
湖 南	Hunan	33.1	36.9	26.4	103.7	104.1	42.6	119.8
重 庆	Chongqing	31.0	16.7	10.9	98.4	103.0	59.8	128.3
四 川	Sichuan	33.8	19.4	28.2	99.7	100.9	46.3	121.0
贵 州	Guizhou	39.9	25.5	14.8	101.6	101.2	39.9	106.6
云 南	Yunnan	52.7	32.9	38.3	100.3	97.5	58.9	107.4

6-12 续表 continued

地 区	Region	空 调 (台) Air Conditioner (set)	热水器 (台) Water Heater (set)	排油烟机 (台) Exhaust Fan (set)	移动电话 (部) Mobile Phone (set)	计算机 (台) Computer (set)	照相机 (台) Camera (set)
全 国	**National Average**	**142.2**	**97.2**	**79.1**	**243.1**	**73.1**	**20.2**
上 海	Shanghai	207.0	96.0	85.1	222.9	106.7	36.0
江 苏	Jiangsu	219.7	111.6	85.0	248.9	77.6	19.9
浙 江	Zhejiang	220.5	105.3	88.3	243.1	86.4	23.2
安 徽	Anhui	175.4	104.8	77.3	246.0	66.2	14.8
江 西	Jiangxi	151.8	99.8	75.0	259.4	68.8	13.4
湖 北	Hubei	166.2	102.0	75.1	259.2	74.2	15.8
湖 南	Hunan	180.0	103.3	77.6	272.7	74.9	17.9
重 庆	Chongqing	209.4	100.2	76.7	259.6	64.4	17.6
四 川	Sichuan	140.1	97.5	72.1	249.1	58.0	13.4
贵 州	Guizhou	34.5	94.3	56.1	282.3	54.6	9.3
云 南	Yunnan	7.2	99.5	76.1	253.1	64.0	15.5

6-13 农村居民人均可支配收入
Per Capita Disposable Income of Rural Households

单位：元 (yuan)

地 区	Region	2013	2014	2015	2016	2017	2018
全 国	**National Average**	**9429.6**	**10488.9**	**11421.7**	**12363.4**	**13432.4**	**14617.0**
上 海	Shanghai	19208.3	21191.6	23205.2	25520.4	27825.0	30374.7
江 苏	Jiangsu	13521.3	14958.4	16256.7	17605.6	19158.0	20845.1
浙 江	Zhejiang	17493.9	19373.3	21125.0	22866.1	24955.8	27302.4
安 徽	Anhui	8850.0	9916.4	10820.7	11720.5	12758.2	13996.0
江 西	Jiangxi	9088.8	10116.6	11139.1	12137.7	13241.8	14459.9
湖 北	Hubei	9691.8	10849.1	11843.9	12725.0	13812.1	14977.8
湖 南	Hunan	9028.6	10060.2	10992.5	11930.4	12935.8	14092.5
重 庆	Chongqing	8492.5	9489.8	10504.7	11548.8	12637.9	13781.2
四 川	Sichuan	8380.7	9347.7	10247.4	11203.1	12226.9	13331.4
贵 州	Guizhou	5897.8	6671.2	7386.9	8090.3	8869.1	9716.1
云 南	Yunnan	6723.6	7456.1	8242.1	9019.8	9862.2	10767.9

6-14 农村居民人均可支配收入来源(2018 年)
Per Capita Disposable Income of Rural Households by Sources(2018)

单位：元 (yuan)

地 区	Region	可支配收入 Disposable Income	工资性收入 Income from Wages and Salaries	经营净收入 Net Business Income	财产净收入 Net Income from Properties	转移净收入 Net Income from Transfers
全 国	**National Average**	**14617.0**	**5996.1**	**5358.4**	**342.1**	**2920.5**
上 海	Shanghai	30374.7	19503.5	1753.2	1003.2	8114.8
江 苏	Jiangsu	20845.1	10221.6	6016.6	767.5	3839.3
浙 江	Zhejiang	27302.4	16898.4	6677.0	784.1	2942.9
安 徽	Anhui	13996.0	5058.0	5411.5	256.0	3270.5
江 西	Jiangxi	14459.9	6121.0	5271.9	235.5	2831.6
湖 北	Hubei	14977.8	4886.8	6270.8	185.9	3634.2
湖 南	Hunan	14092.5	5769.3	4785.7	179.3	3358.2
重 庆	Chongqing	13781.2	4847.8	4812.9	334.8	3785.8
四 川	Sichuan	13331.4	4311.0	5117.2	379.5	3523.7
贵 州	Guizhou	9716.1	4276.2	3226.7	126.2	2086.9
云 南	Yunnan	10767.9	3259.9	5599.0	187.2	1721.8

6-15 农村居民人均消费支出
Per Capita Consumption Expenditure of Rural Households

单位：元 (yuan)

地　区	Region	2013	2014	2015	2016	2017	2018
全　国	**National Average**	**7485.1**	**8382.6**	**9222.6**	**10129.8**	**10954.5**	**12124.3**
上　海	Shanghai	13016.2	14820.1	16152.3	17070.8	18089.8	19964.7
江　苏	Jiangsu	10759.0	11820.3	12882.5	14428.2	15611.5	16567.0
浙　江	Zhejiang	12803.3	14497.8	16107.7	17358.9	18093.4	19706.8
安　徽	Anhui	7200.3	7980.8	8975.2	10287.3	11106.1	12748.1
江　西	Jiangxi	6807.4	7548.3	8485.6	9128.3	9870.4	10885.2
湖　北	Hubei	7849.5	8680.9	9803.1	10938.3	11632.5	13946.3
湖　南	Hunan	7832.6	9024.8	9690.6	10629.9	11533.6	12720.5
重　庆	Chongqing	6970.7	7982.6	8937.7	9954.4	10936.1	11976.8
四　川	Sichuan	7364.8	8301.1	9250.6	10191.6	11396.7	12723.2
贵　州	Guizhou	5291.1	5970.3	6644.9	7533.3	8299.0	9170.2
云　南	Yunnan	5246.6	6030.3	6830.1	7330.5	8027.3	9122.9

6-16 农村居民人均消费支出(2018 年)
Per Capita Consumption Expenditure of Rural Households(2018)

单位：元 (yuan)

地区	Region	消费支出 Consumption Expenditure	食品烟酒 Food, Tobacco and Liquor	衣着 Clothing	居住 Residence	生活用品及服务 Household Facilities, Articles and Services	交通通信 Transport and Communi-cations	教育文化娱乐 Education, Culture and Recreation	医疗保健 Health Care and Medical Services	其他用品及服务 Miscellaneous Goods and Services
全国	**National Average**	**12124.3**	**3645.6**	**647.7**	**2660.6**	**720.5**	**1690.0**	**1301.6**	**1240.1**	**218.3**
上海	Shanghai	19964.7	7429.8	1135.9	3953.8	1137.2	2892.2	1173.3	1739.5	502.9
江苏	Jiangsu	16567.0	4337.7	811.9	4130.2	939.3	2959.9	1547.3	1529.6	311.1
浙江	Zhejiang	19706.8	5965.6	1017.6	4992.7	1053.2	2952.9	1787.9	1626.9	310.0
安徽	Anhui	12748.1	4208.3	635.0	3013.3	772.5	1556.1	1271.1	1036.7	255.2
江西	Jiangxi	10885.2	3403.0	526.1	3038.2	607.2	1214.7	1143.7	783.8	168.5
湖北	Hubei	13946.3	3928.2	783.1	2954.3	852.2	1933.1	1551.4	1588.0	356.0
湖南	Hunan	12720.5	3713.9	624.1	2920.6	756.8	1449.7	1678.6	1385.5	191.4
重庆	Chongqing	11976.8	4180.0	631.0	2273.5	784.8	1502.5	1345.2	1075.1	184.7
四川	Sichuan	12723.2	4551.7	716.4	2500.0	859.8	1578.3	934.2	1344.8	237.9
贵州	Guizhou	9170.2	2593.3	502.1	2127.2	569.2	1373.1	1161.2	703.2	140.9
云南	Yunnan	9122.9	2688.9	370.0	1883.7	558.9	1507.3	1153.1	845.6	115.5

6-17 农村居民家庭人均主要食品消费量(2018 年)
Per Capita Consumption of Major Foods of Rural Households(2018)

单位：千克 (kg)

地 区	Region	粮食 (原粮) Grain (Unprocessed)	谷物 Cereal	食用油 Edible Oil and Fats	食用植物油 Edible Vegetable Oil	蔬菜及食用菌 Vegetable and Edible Mushroom	肉类 Products of Meat	猪肉 Pork
全 国	**National Average**	**148.5**	**137.9**	**9.9**	**9.0**	**87.5**	**27.5**	**23.0**
上 海	Shanghai	148.5	137.2	10.4	9.8	99.9	39.2	30.8
江 苏	Jiangsu	141.4	126.8	10.4	10.1	86.9	25.0	19.5
浙 江	Zhejiang	158.9	143.8	12.5	11.7	92.8	30.0	25.4
安 徽	Anhui	159.7	146.0	10.2	9.1	94.0	26.8	21.7
江 西	Jiangxi	147.6	140.1	12.8	12.1	87.1	26.7	23.5
湖 北	Hubei	136.1	125.3	12.3	11.9	113.8	26.8	23.4
湖 南	Hunan	165.5	156.7	11.9	8.8	86.6	32.3	29.5
重 庆	Chongqing	187.5	170.1	14.1	10.7	144.8	44.0	41.4
四 川	Sichuan	178.6	166.5	12.0	10.4	113.5	45.2	41.2
贵 州	Guizhou	118.1	107.2	5.6	4.0	72.4	30.6	29.3
云 南	Yunnan	132.2	124.3	6.2	4.3	75.1	33.1	30.9

6-17 续表 continued

单位：千克 (kg)

地 区	Region	牛肉 Beef	羊肉 Mutton	禽类 Poultry	水产品 Aquatic Products	蛋类 Eggs	奶类 Milk and Dairy Products	干鲜瓜果类 Dried and Fresh Melons and Fruits	食糖 Sugar
全 国	**National Average**	**1.1**	**1.0**	**8.0**	**7.8**	**8.4**	**6.9**	**39.9**	**1.3**
上 海	Shanghai	1.9	1.0	14.8	24.8	12.6	12.8	57.5	1.8
江 苏	Jiangsu	1.4	0.7	8.5	13.5	9.2	11.0	31.9	1.1
浙 江	Zhejiang	1.6	0.6	9.4	18.5	8.0	9.5	40.4	1.8
安 徽	Anhui	1.5	0.8	11.6	10.9	10.8	9.2	46.9	1.1
江 西	Jiangxi	1.2	0.2	7.1	9.5	6.0	5.9	29.2	1.0
湖 北	Hubei	1.0	0.4	4.7	13.1	6.6	4.2	34.0	0.7
湖 南	Hunan	1.1	0.5	10.7	9.3	7.7	3.3	47.5	1.3
重 庆	Chongqing	0.4	0.4	7.9	7.8	10.2	7.8	33.5	3.5
四 川	Sichuan	1.0	0.4	9.5	5.4	8.4	8.3	30.7	2.1
贵 州	Guizhou	0.6	0.2	3.2	1.3	2.5	2.0	24.1	0.8
云 南	Yunnan	1.2	0.4	6.4	2.3	3.9	2.2	18.3	1.0

6-18 农村居民平均每百户年末主要耐用消费品拥有量(2018 年)
Main Durable Goods Owned Per 100 Rural Households at Year-end(2018)

地 区	Region	家用汽车 (辆) Automobile (unit)	摩托车 (辆) Motorcycle (unit)	电动助力车 (辆) Electric Bicycle (unit)	洗衣机 (台) Washing Machine (set)	电冰箱 (台) Refrigerator (set)	微波炉 (台) Microwave Oven (set)	彩色电视机 (台) Color TV Set (set)
全 国	**National Average**	**22.3**	**57.4**	**64.9**	**88.5**	**95.9**	**17.7**	**116.6**
上 海	Shanghai	28.1	6.5	128.5	82.6	101.1	74.8	162.1
江 苏	Jiangsu	23.3	27.2	133.0	96.9	110.4	62.5	149.9
浙 江	Zhejiang	28.8	22.2	94.2	84.2	105.6	34.2	175.7
安 徽	Anhui	22.8	35.0	111.5	86.2	101.1	25.7	129.1
江 西	Jiangxi	20.1	67.2	66.5	61.3	94.0	12.8	125.6
湖 北	Hubei	21.6	82.2	39.8	84.5	102.1	12.7	121.0
湖 南	Hunan	12.5	78.4	17.4	86.5	99.7	8.9	113.4
重 庆	Chongqing	13.2	38.5	16.5	82.2	100.6	17.7	114.4
四 川	Sichuan	17.8	49.0	30.7	90.1	95.8	10.4	112.8
贵 州	Guizhou	19.6	53.1	13.1	93.6	86.4	6.4	100.0
云 南	Yunnan	25.3	76.4	18.5	83.2	79.7	11.5	102.6

6-18 续表 continued

地 区	Region	空 调 (台) Air Conditioner (set)	热水器 (台) Water Heater (set)	排油烟机 (台) Exhaust Fan (set)	移动电话 (部) Mobile Phone (set)	计算机 (台) Computer (set)	照相机 (台) Camera (set)
全 国	**National Average**	**65.2**	**68.7**	**26.0**	**257.0**	**26.9**	**2.5**
上 海	Shanghai	142.0	85.4	48.8	196.7	37.1	7.1
江 苏	Jiangsu	142.8	95.7	38.6	244.3	34.5	4.2
浙 江	Zhejiang	139.6	95.4	66.5	244.5	45.5	5.8
安 徽	Anhui	108.9	91.4	30.8	265.6	25.6	2.9
江 西	Jiangxi	62.6	76.1	28.0	272.6	23.6	1.6
湖 北	Hubei	86.2	84.7	30.4	268.1	31.9	2.6
湖 南	Hunan	65.8	73.7	28.3	285.6	27.4	2.2
重 庆	Chongqing	65.5	69.7	18.0	264.0	17.8	2.3
四 川	Sichuan	49.4	69.3	14.5	255.3	17.0	2.4
贵 州	Guizhou	5.0	52.8	7.7	287.5	11.1	0.8
云 南	Yunnan	1.7	71.3	8.6	278.8	10.0	1.5

七、财政 Government Finance

7-1 一般公共预算收入(2018 年)
General Public Budget Revenue(2018)

单位：亿元 (100 million yuan)

地区	Region	地方一般公共预算收入 General Public Budget Revenue	税收收入 Tax Revenue	国内增值税 Domestic Value-added Tax	企业所得税 Corporate Income Tax	个人所得税 Individual Income Tax	资源税 Resource Tax
地方合计	**Region Total**	**97903.38**	**75954.79**	**30777.45**	**13081.60**	**5547.55**	**1584.75**
上海	Shanghai	7108.15	6285.04	2624.82	1518.71	770.21	0.01
江苏	Jiangsu	8630.16	7263.65	3113.46	1312.65	468.41	13.95
浙江	Zhejiang	6598.21	5586.63	2408.84	972.46	465.86	12.83
安徽	Anhui	3048.67	2180.74	905.98	334.69	92.35	22.47
江西	Jiangxi	2373.01	1663.15	715.23	222.62	89.01	44.88
湖北	Hubei	3307.08	2463.52	937.57	394.37	135.87	16.01
湖南	Hunan	2860.84	1959.67	779.35	235.59	107.94	11.31
重庆	Chongqing	2265.54	1603.03	584.52	235.08	89.03	13.70
四川	Sichuan	3911.01	2819.77	1126.50	415.79	178.59	52.52
贵州	Guizhou	1726.85	1266.02	486.39	184.46	69.31	32.60
云南	Yunnan	1994.35	1423.25	611.66	180.67	87.44	29.43

7-1 续表 1 continued

单位：亿元 (100 million yuan)

地 区	Region	城市维护建设税 City Maintenance and Construction Tax	房产税 House Property Tax	印花税 Stamp Tax	城镇土地使用税 Urban Land Use Tax	土地增值税 Land Appreciation Tax	车船税 Tax on Vehicles and Boat Operation	耕地占用税 Farm Land Occupation Tax
地方合计	**Region Total**	**4680.67**	**2888.56**	**1222.48**	**2387.60**	**5641.38**	**831.19**	**1318.85**
上 海	Shanghai	275.91	213.84	97.55	43.99	421.84	25.69	5.71
江 苏	Jiangsu	478.54	310.82	105.78	199.22	494.48	55.55	54.17
浙 江	Zhejiang	370.55	233.29	90.19	127.65	342.20	55.02	45.63
安 徽	Anhui	140.25	65.10	30.99	122.52	147.88	23.98	52.99
江 西	Jiangxi	104.11	39.82	22.50	48.93	133.90	16.23	44.12
湖 北	Hubei	181.87	89.31	36.78	63.10	236.79	28.48	105.47
湖 南	Hunan	145.73	63.55	26.55	70.23	169.19	24.89	49.63
重 庆	Chongqing	95.42	67.33	30.71	110.32	121.06	13.87	36.18
四 川	Sichuan	174.98	106.78	46.41	81.66	215.52	38.22	89.11
贵 州	Guizhou	85.53	35.36	18.10	36.49	98.34	13.71	93.14
云 南	Yunnan	131.67	46.96	21.51	38.82	71.93	22.18	35.72

7-1 续表 2 continued

单位：亿元 (100 million yuan)

地区	Region	契税 Deed Tax	烟叶税 Tobacco Leaf Tax	环境保护税 Environment Protection Tax	其他税收收入 Other Tax Revenue	非税收入 Non-Tax Revenue	专项收入 Special Program Receipts	行政事业性收费收入 Charge of Administrative and Institutional Units	罚没收入 Penalty Receipts	国有资本经营收入 Operating Income from Government Capital	国有资源(资产)有偿使用收入 Income from Use of State-owned Resources (Assets)	其他收入 Other Revenue
地方合计	**Region Total**	**5729.94**	**111.35**	**151.38**	**0.04**	**21948.59**	**7197.44**	**3520.89**	**2492.18**	**356.26**	**6286.87**	**2094.95**
上海	Shanghai	284.95		1.81	0.00	823.11	437.32	71.57	48.31		229.01	36.90
江苏	Jiangsu	635.10		21.52		1366.51	478.74	299.85	141.53		328.78	117.61
浙江	Zhejiang	459.45	0.02	2.64		1011.58	529.78	96.75	172.45	-47.47	226.00	34.06
安徽	Anhui	237.65	0.93	2.96		867.93	280.97	140.64	77.99	40.24	269.56	58.52
江西	Jiangxi	177.89	1.53	2.36	0.01	709.86	145.92	152.29	106.54	2.85	251.45	50.82
湖北	Hubei	230.54	2.98	4.39		843.56	237.02	152.37	102.89	15.06	254.65	81.58
湖南	Hunan	264.52	8.06	3.13		901.18	232.25	141.01	114.28	2.11	250.22	161.30
重庆	Chongqing	200.69	2.97	2.14		662.51	118.34	238.41	50.61		183.18	71.97
四川	Sichuan	280.99	7.85	4.85		1091.24	255.17	171.70	84.40	27.90	399.49	152.58
贵州	Guizhou	96.11	11.90	4.57		460.84	125.22	73.12	48.32	18.28	145.04	50.86
云南	Yunnan	90.57	52.53	2.13		571.10	179.42	82.52	62.85	1.20	175.51	69.60

7-2 一般公共预算支出(2018 年)
General Public Expenditure(2018)

单位：亿元 (100 million yuan)

地 区	Region	地方一般公共预算支出 General Public Budget Expenditure	一般公共服务支出 Expenditure for General Public Services	外交支出 Expenditure for Foreign Affairs	国防支出 Expenditure for National Defense	公 共 安全支出 Expenditure for Public Security	教育支出 Expenditure for Education	科 学 技术支出 Expenditure for Science and Technology	文化体育与传媒支出 Expenditure for Culture, Sport and Media
地方合计	**Region Total**	**188196.32**	**16871.01**	**2.99**	**210.76**	**11739.97**	**30438.24**	**5206.38**	**3256.73**
上 海	Shanghai	8351.54	367.16		9.91	412.13	917.99	426.37	186.52
江 苏	Jiangsu	11657.35	1124.06		17.77	826.08	2055.56	507.31	197.22
浙 江	Zhejiang	8629.53	875.33		9.39	614.24	1572.47	379.66	174.59
安 徽	Anhui	6572.15	506.13		6.24	288.04	1113.26	294.81	79.77
江 西	Jiangxi	5667.52	525.27		6.64	300.60	1054.41	147.09	79.10
湖 北	Hubei	7258.27	739.21		4.61	428.99	1065.64	268.49	113.15
湖 南	Hunan	7479.61	797.30		12.50	419.18	1186.72	129.94	134.54
重 庆	Chongqing	4540.95	322.02	0.14	5.19	259.31	680.99	68.59	49.31
四 川	Sichuan	9707.50	897.00	0.06	13.54	528.35	1461.78	147.91	154.91
贵 州	Guizhou	5029.68	496.47		4.12	282.70	985.95	102.88	60.80
云 南	Yunnan	6075.03	643.28		5.66	386.41	1077.43	54.94	72.20

7-2 续表 1 continued

单位：亿元 (100 million yuan)

地 区	Region	社会保障和就业支出 Expenditure for Social Security and Employment	医疗卫生与计划生育支出 Expenditure for Medical and Health Care, Family Planning	节能环保支出 Expenditure for Energy Conservation and Environment Protection	城乡社区支出 Expenditure for Urban and Rural Community Affairs	农林水支出 Expenditure for Agriculture, Forestry and Water Conservancy	交通运输支出 Expenditure for Transportation	资源勘探信息等支出 Expenditures for Affairs of Resource Exploration and Information	商业服务业等支出 Expenditure for Affairs of Commerce and Services
地方合计	**Region Total**	**25827.54**	**15412.90**	**5870.05**	**22037.75**	**20493.29**	**9969.05**	**4694.90**	**1533.68**
上 海	Shanghai	933.38	470.12	233.39	2091.13	469.88	431.53	618.09	178.32
江 苏	Jiangsu	1316.55	845.32	317.99	1599.60	996.67	497.95	322.91	114.40
浙 江	Zhejiang	914.93	626.20	194.75	1158.88	724.46	391.23	215.71	154.62
安 徽	Anhui	954.67	627.10	209.32	998.56	704.86	220.78	103.91	36.65
江 西	Jiangxi	761.06	585.47	162.55	676.15	599.41	230.74	166.85	37.09
湖 北	Hubei	1172.00	575.74	211.30	848.56	785.55	370.64	124.61	32.31
湖 南	Hunan	1095.57	627.10	190.89	787.31	925.57	342.51	158.72	59.96
重 庆	Chongqing	772.13	372.79	160.19	766.54	366.77	272.17	101.65	47.68
四 川	Sichuan	1644.17	880.89	226.90	698.87	1310.89	623.97	298.58	77.50
贵 州	Guizhou	537.71	481.80	134.38	246.21	664.84	381.49	89.49	25.66
云 南	Yunnan	846.23	575.42	169.81	439.78	842.20	441.62	64.92	28.71

7-2 续表 2 continued

单位：亿元 (100 million yuan)

地 区	Region	金融支出 Expenditure for Financial Affairs	援助其他地区支出 Expenditure for Other Regional Assistance	国土海洋气象等支出 Expenditure for Affairs of Land, Ocean and Weather	住房保障支 出 Expenditure for Housing Security	粮油物资储备支出 Expenditure for Affairs of Management of Grain & Oil Reserves	债务付息支 出 Expenditure for Interest Payments on Debts	债务发行费用支出 Expenditure for Issuing Debts	其他支出 Other Expendi-ture
地方合计	**Region Total**	**534.03**	**442.16**	**1919.91**	**6299.92**	**685.11**	**3241.07**	**22.98**	**1485.90**
上 海	Shanghai	59.07	60.21	56.15	266.70	20.43	78.08	0.38	64.60
江 苏	Jiangsu	16.09	49.99	109.39	443.65	29.92	196.15	1.16	71.63
浙 江	Zhejiang	64.26	39.50	92.58	185.31	22.62	176.21	0.99	41.60
安 徽	Anhui	10.33	5.66	48.71	224.91	25.92	95.16	0.96	16.40
江 西	Jiangxi	2.35	3.10	38.44	137.59	16.82	73.51	0.67	62.60
湖 北	Hubei	3.10	7.57	97.47	213.62	32.51	107.43	0.52	55.27
湖 南	Hunan	10.23	5.81	97.09	256.47	34.23	174.38	1.09	32.50
重 庆	Chongqing	5.12	1.64	58.90	123.04	13.74	72.61	0.32	20.11
四 川	Sichuan	23.58	6.17	108.33	350.72	33.96	149.17	1.23	69.05
贵 州	Guizhou	0.67		46.67	275.59	11.29	150.87	1.38	48.71
云 南	Yunnan	4.53		51.47	224.21	12.52	125.70	0.79	7.23

八、资源与环境 Resources and Environment

8-1 主要河流基本情况
Major Rivers

名　称	River	流域面积 (平方公里) Drainage Area (sq.km)	河　长 (公里) Length (km)	年径流量 (亿立方米) Annual Flow (100 million cu.m)
长　江	Changjiang River (Yangtze River)	1782715	6300	9857
黄　河	Huanghe River (Yellow River)	752773	5464	592
松花江	Songhuajiang River	561222	2308	818
辽　河	Liaohe River	221097	1390	137
珠　江	Zhujiang River (Pearl River)	442527	2214	3381
海　河	Haihe River	265511	1090	163
淮　河	Huaihe River	268957	1000	595

注：本表数据由水利部提供，为2002年至2005年进行的第二次水资源评价数据。

a) Figures in this table are obtained from Ministry of Water Resources, and are from the second water resources evaluation between 2002 and 2005.

8-2 水资源情况(2018 年)
Water Resources(2018)

地 区	Region	水资源总量 (亿立方米) Total Amount of Water Resources (100 million cu.m)	地表水资源量 Surface Water Resources	地下水资源量 Groundwater Resources	地表水与地下水资源重复量 Duplicated Measurement Between Surface Water and Groundwater	人均水资源量 (立方米/人) Per Capita Water Resources (cu.m/person)
全 国	**National Total**	**27462.5**	**26323.2**	**8246.5**	**7107.2**	**1971.8**
上 海	Shanghai	38.7	32.0	9.6	2.9	159.9
江 苏	Jiangsu	378.4	274.9	119.7	16.2	470.6
浙 江	Zhejiang	866.2	848.3	213.9	196.0	1520.4
安 徽	Anhui	835.8	766.7	203.7	134.6	1328.9
江 西	Jiangxi	1149.1	1129.9	298.5	279.3	2479.2
湖 北	Hubei	857.0	825.9	257.7	226.6	1450.2
湖 南	Hunan	1342.9	1336.5	333.5	327.1	1952.0
重 庆	Chongqing	524.2	524.2	104.0	104.0	1697.2
四 川	Sichuan	2952.6	2951.5	635.1	634.0	3548.2
贵 州	Guizhou	978.7	978.7	252.7	252.7	2726.2
云 南	Yunnan	2206.5	2206.5	772.8	772.8	4582.3

8-3 供水用水情况(2018 年)
Water Supply and Water Use(2018)

地 区	Region	供水总量 (亿立方米) Water Supply (100 million cu.m)	地表水 Surface Water	地下水 Ground-water	其 他 Others	用水总量 (亿立方米) Water Use (100 million cu.m)	农 业 Agricul-ture	工 业 Industry	生 活 Consump-tion	生 态 Ecological Protection	人均用水量 (立方米/人) Per Capita Water Use (cu.m/person)
全 国	**National Total**	**6015.5**	**4952.7**	**976.4**	**86.4**	**6015.5**	**3693.1**	**1261.6**	**859.9**	**200.9**	**431.9**
上 海	Shanghai	103.4	103.4			103.4	16.5	61.6	24.5	0.8	427.1
江 苏	Jiangsu	592.0	575.5	7.9	8.7	592.0	273.3	255.2	61.0	2.5	736.3
浙 江	Zhejiang	173.8	170.4	0.8	2.6	173.8	77.1	44.0	47.2	5.5	305.1
安 徽	Anhui	285.8	251.5	29.8	4.5	285.8	154.0	91.0	34.1	6.7	454.4
江 西	Jiangxi	250.8	240.6	8.0	2.2	250.8	160.7	58.8	29.0	2.4	541.1
湖 北	Hubei	296.9	289.0	7.8		296.9	153.8	87.4	54.4	1.3	502.4
湖 南	Hunan	337.0	322.6	14.3	0.1	337.0	194.5	93.2	45.7	3.6	489.9
重 庆	Chongqing	77.2	75.9	1.1	0.2	77.2	25.4	29.1	21.5	1.2	250.0
四 川	Sichuan	259.1	248.1	10.3	0.7	259.1	156.6	42.5	54.4	5.6	311.4
贵 州	Guizhou	106.8	104.3	1.8	0.6	106.8	61.2	25.2	19.5	0.9	297.5
云 南	Yunnan	155.7	150.0	3.4	2.3	155.7	107.2	21.0	23.6	3.9	323.3

注：生态用水仅包括部分河湖、湿地人工补水和城市环境用水。
a) Water use by ecological protection only includes artificial supplement of river & lake, wetland and city entironment.

8-4 废水中主要污染物排放情况(2017 年)
Main Pollutant Emission in Waste Water(2017)

地 区	Region	废水排放总量(万吨) Total Waste Water Discharged (10 000 tons)	废水中主要污染物排放量 Main Pollutant Emission in Waste Water					
			化学需氧量(万吨) COD (10 000 tons)	氨氮(万吨) Ammonia Nitrogen (10 000 tons)	总氮(万吨) Total Nitrogen (10 000 tons)	总磷(万吨) Total Phosphorus (10 000 tons)	石油类(吨) Petroleum (ton)	挥发酚(吨) Volatile Phenol (ton)
全 国	**National Total**	**6996610**	**1021.97**	**139.51**	**216.46**	**11.84**	**5202.1**	**233.1**
上 海	Shanghai	211951	14.18	3.70	7.76	0.27	493.0	1.1
江 苏	Jiangsu	575196	74.42	10.12	17.08	0.93	348.4	35.3
浙 江	Zhejiang	453935	41.86	6.67	12.02	0.51	188.5	0.5
安 徽	Anhui	233838	49.56	5.76	8.40	0.45	222.3	12.3
江 西	Jiangxi	189362	51.95	5.77	8.08	0.50	159.7	6.2
湖 北	Hubei	272694	51.93	7.20	10.83	0.59	165.9	5.4
湖 南	Hunan	300563	57.58	8.30	10.33	0.57	331.5	3.6
重 庆	Chongqing	200677	25.27	3.49	5.00	0.31	117.9	0.3
四 川	Sichuan	362438	67.51	7.94	11.50	0.85	162.5	9.3
贵 州	Guizhou	118017	27.25	3.41	4.67	0.42	163.6	0.3
云 南	Yunnan	185112	33.07	4.14	5.92	0.47	40.0	10.2

注：本表数据为初步数。
a) Data in this table are preliminary data.

8-4 续表 continued

地区	Region	废水中主要污染物排放量 Main Pullutant Emission in Waste Water 铅（千克）Plumbum (kg)	汞（千克）Mercury (kg)	镉（千克）Cadmium (kg)	六价铬（千克）Hexavalent Chromium (kg)	总铬（千克）Total Chromium (kg)	砷（千克）Arsenic (kg)
全 国	**National Total**	**38348.2**	**880.2**	**7126.9**	**27711.5**	**100052.2**	**34317.0**
上 海	Shanghai	89.5	31.8	19.5	382.4	2313.2	219.5
江 苏	Jiangsu	588.4	1.0	32.6	5599.2	24134.5	110.3
浙 江	Zhejiang	549.9	7.5	76.5	4166.9	14703.5	302.5
安 徽	Anhui	639.6	29.4	83.5	472.0	1529.1	340.6
江 西	Jiangxi	7004.1	128.9	2941.6	2572.0	5967.0	10055.4
湖 北	Hubei	1462.1	4.4	100.9	6239.4	10824.9	1022.9
湖 南	Hunan	2975.8	39.5	701.6	585.6	1799.6	6766.3
重 庆	Chongqing	64.3	0.6	3.8	312.0	574.1	12.0
四 川	Sichuan	1378.2	86.5	132.4	588.7	2314.3	970.4
贵 州	Guizhou	209.3	3.4	29.6	397.1	973.5	65.7
云 南	Yunnan	7656.9	197.9	869.9	137.5	1095.5	4104.3

8-5 长江经济带主要城市废水中主要污染物排放情况(2017 年)
Main Pollutant Emission in Waste Water in Main Cities(2017)

城 市	City	工业废水排放量(万吨) Industrial Waste Water Discharged (10 000 tons)	工业化学需氧量排放量(吨) Industrial COD Emission (ton)	工业氨氮排放量(吨) Industrial Ammonia Nitrogen (ton)	城镇生活污水排放量(万吨) Urban Living Waste Water Discharged (10 000 tons)	生活化学需氧量排放量(吨) Living COD Emission (ton)	生活氨氮排放量(吨) Living Ammonia Nitrogen (ton)
上 海	Shanghai	31586	12890	889	179910	125842	35826
南 京	Nanjing	14922	5309	286	69102	88158	10203
杭 州	Hangzhou	24559	12639	507	68051	41314	7292
合 肥	Hefei	4389	1583	161	40232	68819	6213
南 昌	Nanchang	3861	4162	373	27891	50848	5939
武 汉	Wuhan	11931	3219	249	79472	65635	13167
长 沙	Changsha	4066	5021	403	73881	19748	8109
重 庆	Chongqing	19304	15606	1111	181252	235812	33606
成 都	Chengdu	8319	3992	265	139670	92907	9132
贵 阳	Guiyang	4452	2148	150	32258	14926	2808
昆 明	Kunming	2761	3444	218	71494	2063	1590

注：本表数据为初步数。
a) Data in this table are preliminary data.

8-6 废气中主要污染物排放情况(2017 年)
Main Pollutant Emission in Waste Gas(2017)

单位：万吨 (10 000 tons)

地 区	Region	二氧化硫 Sulphur Dioxide	氮氧化物 Nitrogen Oxides	烟(粉)尘 Smoke and Dust
全 国	**National Total**	**875.40**	**1258.83**	**796.26**
上 海	Shanghai	1.85	19.39	4.70
江 苏	Jiangsu	41.07	90.72	39.08
浙 江	Zhejiang	19.05	43.20	15.34
安 徽	Anhui	23.54	49.00	28.08
江 西	Jiangxi	21.55	35.54	27.95
湖 北	Hubei	22.01	37.67	18.80
湖 南	Hunan	21.46	36.47	20.71
重 庆	Chongqing	25.34	20.40	8.33
四 川	Sichuan	38.91	45.76	22.40
贵 州	Guizhou	68.75	35.97	19.68
云 南	Yunnan	38.44	26.88	22.42

注：本表数据为初步数。
a) Data in this table are preliminary data.

8-7 长江经济带主要城市废气中主要污染物排放情况(2017 年)
Main Pollutant Emission in Waste Gas in Main Cities(2017)

单位：吨 (ton)

城市	City	工业二氧化硫排放量 Volume of Industrial Sulphur Dioxide Emission	工业氮氧化物排放量 Volume of Industrial Nitrogen Oxides Emission	工业烟(粉)尘排放量 Volume of Industrial Smoke and Dust Emission	生活二氧化硫排放量 Volume of Sulphur Dioxide Emission by Consumption	生活氮氧化物排放量 Volume of Nitrogen Oxides Emission by Consumption	生活烟尘排放量 Volume of Consumption Soot Emission
上 海	Shanghai	12651	38335	30262	5838	3703	3091
南 京	Nanjing	15404	46249	44651	170	351	90
杭 州	Hangzhou	26497	31123	16343	428	226	305
合 肥	Hefei	9379	20099	13599	2166	547	1771
南 昌	Nanchang	12128	10605	23416	245	222	599
武 汉	Wuhan	14077	42107	42329	6936	2935	1800
长 沙	Changsha	3532	9825	7577	4827	612	284
重 庆	Chongqing	139880	86658	68731	113309	8286	4672
成 都	Chengdu	11181	22075	9936	10366	3400	1402
贵 阳	Guiyang	50631	20122	12983	28703	1956	8442
昆 明	Kunming	44515	35258	19673	5100	688	2428

注：本表数据为初步数。
a) Data in this table are preliminary data.

8-8 固体废物处理利用情况(2017 年)
Disposal and Utilization of Industrial Solid Wastes(2017)

单位：万吨 (10 000 tons)

地 区	Region	一般工业固体废物产生量 Common Industrial Solid Wastes Produced	一般工业固体废物综合利用量 Common Industrial Solid Wastes Comprehensively Utilized	一般工业固体废物处置量 Common Industrial Wastes Disposed	一般工业固体废物贮存量 Stock of Common Industrial Solid Wastes	一般工业固体废物倾倒丢弃量 Common Industrial Solid Wastes Discharged	危险废物产生量 Hazardous Wastes Produced	危险废物综合利用量 Hazardous Wastes Utilized	危险废物处置量 Hazardous Wastes Disposed	危险废物贮存量 Stock of Hazardous Wastes
全 国	**National Total**	**331592**	**181187**	**79798**	**78397**	**73.04**	**6936.89**	**4043.42**	**2551.56**	**870.87**
上 海	Shanghai	1630	1533	100	2	0.00	110.44	24.36	85.81	1.91
江 苏	Jiangsu	12002	11298	591	167	2.98	435.52	170.95	242.22	49.96
浙 江	Zhejiang	4485	4226	259	57	0.00	342.26	138.16	201.33	21.82
安 徽	Anhui	12002	11157	592	561		127.69	69.12	60.90	4.59
江 西	Jiangxi	12341	4594	839	6940	0.72	84.50	59.74	26.13	5.58
湖 北	Hubei	8112	4812	1021	2624	0.58	115.28	50.80	66.40	1.72
湖 南	Hunan	4354	3597	222	586	0.01	328.12	306.95	28.02	13.77
重 庆	Chongqing	1943	1372	457	124	0.82	60.49	30.08	23.69	9.27
四 川	Sichuan	13756	5466	3007	6634	2.68	341.19	176.91	152.28	19.44
贵 州	Guizhou	9353	5201	3139	1275	2.69	43.05	13.28	29.37	1.42
云 南	Yunnan	13725	5364	6155	2553	4.29	245.62	135.29	59.92	67.14

注：本表数据为初步数。
a) Data in this table are preliminary data.

8-9 长江经济带主要城市固体废物处理利用情况(2017 年)
Disposal and Utilization of Industrial Solid Wastes in Main Cities(2017)

单位：万吨 (10 000 tons)

城 市	City	一般工业固体废物产生量 Common Industrial Solid Wastes Produced	一般工业固体废物综合利用量 Common Industrial Solid Wastes Comprehensively Utilized	一般工业固体废物处置量 Common Industrial Solid Wastes Disposed	一般工业固体废物贮存量 Stock of Common Industrial Solid Wastes
上 海	Shanghai	1630.48	1532.71	99.98	2.37
南 京	Nanjing	1995.42	1798.49	78.14	119.59
杭 州	Hangzhou	389.39	300.47	112.43	5.19
合 肥	Hefei	846.42	713.58	15.86	117.68
南 昌	Nanchang	170.88	156.33	14.24	0.56
武 汉	Wuhan	1360.35	1205.98	164.72	42.47
长 沙	Changsha	113.13	78.32	17.86	16.99
重 庆	Chongqing	1943.20	1371.92	456.91	123.74
成 都	Chengdu	260.74	211.10	48.83	2.80
贵 阳	Guiyang	1629.25	555.47	1083.45	1.49
昆 明	Kunming	1998.88	717.63	1255.72	29.48

注：本表数据为初步数。
a) Data in this table are preliminary data.

8-10 长江经济带环保重点城市空气质量情况(2018 年)
Ambient Air Quality in Key Cities of Environmental Protection(2018)

城 市	City	二氧化硫年平均浓度 (μg/m³) Annual Average Concentration of SO_2 (μg/m³)	二氧化氮年平均浓度 (μg/m³) Annual Average Concentration of NO_2 (μg/m³)	可吸入颗粒物 (PM_{10})年平均浓度 (μg/m³) Annual Average Concentration of PM_{10} (μg/m³)	一氧化碳日均值第 95 百分位浓度 (mg/m³) 95th Percentile Daily Average Concentration of CO (mg/m³)	臭氧(O_3)日最大 8 小时第 90 百分位浓度 (μg/m³) 90th Percentile Daily Maximum 8 Hours Average Concentration of O_3(μg/m³)	细颗粒物($PM_{2.5}$)年平均浓度 (μg/m³) Annual Average Concentration of $PM_{2.5}$ (μg/m³)	空气质量达到及好于二级的天数 (天) Days of Air Quality Equal to or Above Grade II (day)
上 海	Shanghai	10	42	51	1.1	160	36	295
南 京	Nanjing	10	44	75	1.3	181	43	251
无 锡	Wuxi	12	43	75	1.6	179	43	258
徐 州	Xuzhou	17	42	104	1.6	184	62	205
常 州	Changzhou	15	49	77	1.6	194	53	225
苏 州	Suzhou	8	48	65	1.2	173	42	268
南 通	Nantong	17	36	62	1.2	160	41	291
连云港	Lianyungang	15	31	67	1.5	169	44	274
扬 州	Yangzhou	13	38	87	1.5	180	49	235
镇 江	Zhenjiang	10	38	74	1.3	177	54	230
杭 州	Hangzhou	10	43	68	1.3	181	40	269

8-10 续表 1 continued

城市	City	二氧化硫年平均浓度 ($\mu g/m^3$) Annual Average Concentration of SO_2 ($\mu g/m^3$)	二氧化氮年平均浓度 ($\mu g/m^3$) Annual Average Concentration of NO_2 ($\mu g/m^3$)	可吸入颗粒物 (PM_{10})年平均浓度 ($\mu g/m^3$) Annual Average Concentration of PM_{10} ($\mu g/m^3$)	一氧化碳日均值第95百分位浓度 (mg/m^3) 95th Percentile Daily Average Concentration of CO (mg/m^3)	臭氧(O_3)日最大8小时第90百分位浓度 ($\mu g/m^3$) 90th Percentile Daily Maximum 8 Hours Average Concentration of O_3($\mu g/m^3$)	细颗粒物($PM_{2.5}$)年平均浓度 ($\mu g/m^3$) Annual Average Concentration of $PM_{2.5}$ ($\mu g/m^3$)	空气质量达到及好于二级的天数 (天) Days of Air Quality Equal to or Above Grade II (day)
宁 波	Ningbo	9	36	52	1.2	152	33	320
温 州	Wenzhou	9	37	58	1.0	141	30	347
湖 州	Huzhou	13	38	60	1.3	189	36	259
绍 兴	Shaoxing	9	31	66	1.4	171	42	284
合 肥	Hefei	7	43	72	1.4	169	48	260
芜 湖	Wuhu	11	42	68	1.5	179	50	238
马鞍山	Maanshan	15	38	76	1.7	185	45	250
南 昌	Nanchang	11	36	64	1.5	144	30	327
九 江	Jiujiang	13	29	68	1.2	152	43	291
武 汉	Wuhan	9	47	73	1.6	164	49	249
宜 昌	Yichang	11	34	77	1.6	143	53	274
荆 州	Jingzhou	15	34	86	1.8	157	49	273
长 沙	Changsha	10	34	61	1.3	161	48	278
株 洲	Zhuzhou	18	33	71	1.4	148	45	288
湘 潭	Xiangtan	16	35	68	1.3	153	49	275
岳 阳	Yueyang	10	23	72	1.4	155	45	283
常 德	Changde	11	25	62	1.4	151	44	296
张家界	Zhangjiajie	7	22	58	1.4	130	32	340

8-10 续表 2 continued

城 市	City	二氧化硫年平均浓度 ($\mu g/m^3$) Annual Average Concentration of SO_2 ($\mu g/m^3$)	二氧化氮年平均浓度 ($\mu g/m^3$) Annual Average Concentration of NO_2 ($\mu g/m^3$)	可吸入颗粒物 (PM_{10})年平均浓度 ($\mu g/m^3$) Annual Average Concentration of PM_{10} ($\mu g/m^3$)	一氧化碳日均值第 95 百分位浓度 (mg/m^3) 95th Percentile Daily Average Concentration of CO (mg/m^3)	臭氧(O_3)日最大 8 小时第 90 百分位浓度 ($\mu g/m^3$) 90th Percentile Daily Maximum 8 Hours Average Concentration of O_3($\mu g/m^3$)	细颗粒物($PM_{2.5}$)年平均浓度 ($\mu g/m^3$) Annual Average Concentration of $PM_{2.5}$ ($\mu g/m^3$)	空气质量达到及好于二级的天数 (天) Days of Air Quality Equal to or Above Grade II (day)
重 庆	Chongqing	9	44	64	1.3	166	40	295
成 都	Chengdu	9	48	81	1.4	167	51	251
自 贡	Zigong	13	31	78	1.4	172	54	234
攀枝花	Panzhihua	40	39	64	2.5	140	36	357
泸 州	Luzhou	15	35	59	1.0	149	39	305
德 阳	Deyang	8	32	77	1.2	155	42	276
绵 阳	Mianyang	6	31	72	1.1	152	45	279
南 充	Nanchong	9	33	73	1.2	151	48	292
宜 宾	Yibin	16	36	75	1.4	159	52	260
贵 阳	Guiyang	11	25	57	1.0	118	32	357
遵 义	Zunyi	12	26	47	1.1	123	28	359
昆 明	Kunming	13	34	55	1.2	130	30	361
曲 靖	Qujing	14	19	53	1.4	128	30	364
玉 溪	Yuxi	12	22	55	2.2	128	26	364

8-11 城市生活垃圾清运和处理情况(2018 年)
Collection, Transport and Disposal of Consumption Wastes in Cities(2018)

地 区	Region	生活垃圾清运量(万吨) Consumption Wastes Collected and Transported (10 000 tons)	无害化处理厂数(座) Number of Factories for Wastes Treatment (unit)	卫生填埋 Landfill	焚 烧 Incinerate	其 他 Others	无害化处理能力(吨/日) Treatment Capacity (ton/day)	卫生填埋 Landfill	焚 烧 Incinerate	其 他 Others
全 国	**National Total**	**22801.8**	**1091**	**663**	**331**	**97**	**766195**	**373498**	**364595**	**28102**
上 海	Shanghai	784.7	15	5	9	1	29150	15350	13300	500
江 苏	Jiangsu	1718.0	72	28	35	9	60665	14935	44210	1520
浙 江	Zhejiang	1474.6	72	22	38	12	63626	16626	44585	2415
安 徽	Anhui	612.0	39	16	18	5	24595	8735	15110	750
江 西	Jiangxi	448.8	24	17	7		17318	12356	4962	
湖 北	Hubei	954.2	49	32	11	6	31397	14847	12350	4200
湖 南	Hunan	824.5	37	29	6	2	26647	16222	10300	125
重 庆	Chongqing	549.2	25	18	6	1	17697	7047	10500	150
四 川	Sichuan	1013.1	48	29	16	3	25441	9731	14810	900
贵 州	Guizhou	338.5	25	13	10	2	15821	7656	7750	415
云 南	Yunnan	435.8	30	20	10		12409	4479	7930	

8-11 续表 continued

地 区	Region	无害化处理量(万吨) Volume of Wastes Disposed (10 000 tons)	卫生填埋 Landfill	焚 烧 Incinerate	其 他 Others	生活垃圾无害化处理率(%) Treatment Rate of Consumption Wastes (%)
全 国	**National Total**	**22565.4**	**11706.0**	**10184.9**	**674.4**	**99.0**
上 海	Shanghai	784.7	394.3	386.0	4.4	100.0
江 苏	Jiangsu	1718.0	348.9	1328.7	40.5	100.0
浙 江	Zhejiang	1474.6	454.8	981.3	38.5	100.0
安 徽	Anhui	612.0	179.5	420.3	12.2	100.0
江 西	Jiangxi	448.8	335.0	113.8		100.0
湖 北	Hubei	954.0	501.6	409.3	43.1	100.0
湖 南	Hunan	824.1	508.9	311.5	3.7	100.0
重 庆	Chongqing	549.1	292.1	256.9		100.0
四 川	Sichuan	1006.0	439.7	558.2	8.0	99.3
贵 州	Guizhou	325.3	184.8	130.4	10.0	96.1
云 南	Yunnan	427.8	175.2	252.6		98.2

8-12 耕地面积
Area of Cultivated Land at Year-end

单位：千公顷 (1000 hectares)

地 区	Region	2012	2013	2014	2015	2016	2017
地方合计	**Region Total**	**135158.4**	**135163.4**	**135057.3**	**134998.7**	**134920.9**	**134881.2**
上 海	Shanghai	188.2	188.0	188.2	189.8	190.7	191.6
江 苏	Jiangsu	4584.7	4581.6	4574.2	4574.9	4571.1	4573.3
浙 江	Zhejiang	1979.4	1978.5	1976.6	1978.6	1974.7	1977.0
安 徽	Anhui	5881.3	5883.1	5872.1	5872.9	5867.5	5866.8
江 西	Jiangxi	3083.5	3087.3	3085.4	3082.7	3082.2	3086.0
湖 北	Hubei	5290.0	5281.8	5261.7	5255.0	5245.3	5235.9
湖 南	Hunan	4146.2	4149.5	4149.0	4150.2	4148.7	4151.0
重 庆	Chongqing	2451.3	2455.8	2454.6	2430.5	2382.5	2369.8
四 川	Sichuan	6732.1	6734.8	6734.2	6731.4	6732.9	6725.2
贵 州	Guizhou	4552.2	4548.1	4540.1	4537.4	4530.2	4518.8
云 南	Yunnan	6224.9	6219.8	6207.4	6208.5	6207.8	6213.3

注：本表数据来源于自然资源部，为当年全国土地变更调查数据。
a) Data in this table come from the Ministry of Land and Resources, and are from national land change survey that year.

8-13 土地利用情况(2017 年)
Land Use (2017)

单位：千公顷 (1000 hectares)

地区	Region	农用地 Land for Agriculture Use	#园地 Garden Land	#牧草地 Grass Land	建设用地 Land for Construction	居民点及工矿用地 Land for Inhabitation, Mining and Manufacturing	交通运输用地 Land for Transport Facilities	水利设施用地 Land for Water Conservancy Facilities
全国	**National Total**	**644863.6**	**14214.2**	**219320.3**	**39574.1**	**32131.0**	**3833.5**	**3609.5**
上海	Shanghai	313.4	16.5	0.0	308.8	274.9	30.7	3.2
江苏	Jiangsu	6470.4	297.2	0.1	2311.0	1914.6	232.8	163.6
浙江	Zhejiang	8588.9	574.3	0.3	1318.2	1024.1	151.7	142.5
安徽	Anhui	11121.9	346.5	0.5	2014.9	1660.5	149.4	205.0
江西	Jiangxi	14411.5	320.7	0.7	1306.2	988.0	115.8	202.4
湖北	Hubei	15729.6	480.2	2.0	1737.2	1332.2	131.7	273.3
湖南	Hunan	18166.6	653.1	13.6	1653.3	1352.4	148.3	152.5
重庆	Chongqing	7056.8	270.9	45.5	684.6	580.3	65.5	38.8
四川	Sichuan	42133.2	726.9	10956.6	1870.0	1581.3	157.2	131.5
贵州	Guizhou	14725.9	162.1	72.2	728.2	579.5	107.0	41.8
云南	Yunnan	32927.9	1628.2	147.0	1105.2	866.1	120.6	118.4

8-14　森林资源情况
Forest Resources

地　区	Region	林业用地面积 (万公顷) Area of Afforested Land (10 000 hectares)	森林面积 (万公顷) Forest Area (10 000 hectares)	#人工林 Man-made Forest	森林覆盖率 (%) Forest Coverage Rate (%)	活立木总蓄积量 (万立方米) Total Standing Forest Stock (10 000 cu.m)	森林蓄积量 (万立方米) Stock Volume of Forest (10 000 cu.m)
全　国	**National Total**	**32591.12**	**22044.62**	**8003.10**	**22.96**	**1900713.20**	**1756022.99**
上　海	Shanghai	10.19	8.90	8.90	14.04	664.32	449.59
江　苏	Jiangsu	174.98	155.99	150.83	15.20	9609.62	7044.48
浙　江	Zhejiang	659.77	604.99	244.65	59.43	31384.86	28114.67
安　徽	Anhui	449.33	395.85	232.91	28.65	26145.10	22186.55
江　西	Jiangxi	1079.90	1021.02	368.70	61.16	57564.29	50665.83
湖　北	Hubei	876.09	736.27	197.42	39.61	39579.82	36507.91
湖　南	Hunan	1257.59	1052.58	501.51	49.69	46141.03	40715.73
重　庆	Chongqing	421.71	354.97	95.93	43.11	24412.17	20678.18
四　川	Sichuan	2454.52	1839.77	502.22	38.03	197201.77	186099.00
贵　州	Guizhou	927.96	771.03	315.45	43.77	44464.57	39182.90
云　南	Yunnan	2599.44	2106.16	507.68	55.04	213244.99	197265.84

注：本表为第九次全国森林资源清查（2014—2018)资料。
a) Data in the table are the figures of the Ninth National Forestry Survey (2014-2018).

8-15 造林面积(2018 年)
Area of Afforestation(2018)

单位：公顷 (hectare)

地区	Region	造林总面积 Total Area of Afforestation	按造林方式分 By Approach				
			人工造林 Manual Planting	飞播造林 Airplane Planting	新封山育林 New Closing Hillsides for Afforestation	退化林修复 Restoration of Degraded Forest	人工更新 Artificial Regeneration
全 国	**National Total**	**7299473**	**3677952**	**135429**	**1785067**	**1329166**	**371859**
上 海	Shanghai	3183	3183				
江 苏	Jiangsu	43356	41283			124	1949
浙 江	Zhejiang	63643	7462		1798	46964	7419
安 徽	Anhui	138493	55718		39965	38815	3995
江 西	Jiangxi	308143	88556		70193	144835	4559
湖 北	Hubei	330657	143803		63178	119578	4098
湖 南	Hunan	584316	188114		168002	223819	4381
重 庆	Chongqing	270003	110058		62225	89521	8199
四 川	Sichuan	436816	257961		70746	96135	11974
贵 州	Guizhou	346676	205917		84347	56412	
云 南	Yunnan	374796	261079		67692	45937	88

8-16 草原建设利用情况(2017 年)
Grassland Construction and Utilization(2017)

单位：千公顷 (1000 hectares)

地区	Region	草原总面积 Area of Grassland	累计种草保留面积 Accumulated Grass Reserved	当年新增种草面积 Newly Increased Grassland This Year	草原鼠害 Rodent Pests in Grassland		草原虫害 Insect Pests in Grassland		草原火灾受害面积(公顷) Area Affected by Fire (hectare)
					危害面积 Area Harmed	治理面积 Area Harnessed	危害面积 Area Harmed	治理面积 Area Harnessed	
全 国	**National Total**	**392832.7**	**19036.0**	**6119.1**	**28446.0**	**7464.7**	**12960.0**	**4382.0**	**3051.9**
上 海	Shanghai	73.3							
江 苏	Jiangsu	412.7	18.6	16.4					
浙 江	Zhejiang	3169.9							
安 徽	Anhui	1663.2	76.5	64.8					
江 西	Jiangxi	4442.3	179.4	105.9					
湖 北	Hubei	6352.2	199.8	65.7					
湖 南	Hunan	6372.7	230.1	85.1					
重 庆	Chongqing	2158.4	78.1	39.3					
四 川	Sichuan	20380.4	2875.3	610.6	2716.0	384.0	794.7	238.7	400.7
贵 州	Guizhou	4287.3	302.6	131.8					
云 南	Yunnan	15308.4	1443.2	326.3					

8-17 湿地面积
Area of Wetlands

地 区	Region	湿地面积（千公顷） Area of Wetlands (1 000 hectares)	自然湿地 Natural Wetlands	近海与海岸 Coasts and Seashores	河 流 Rivers	湖 泊 Lakes	沼 泽 Marshland	人工湿地 Man-made Wetlands	湿地面积占辖区面积比重 (%) Proportion of Wetlands in Total Area of Territory (%)
全 国	**National Total**	**53602.6**	**46674.7**	**5795.9**	**10552.1**	**8593.8**	**21732.9**	**6745.9**	**5.58**
上 海	Shanghai	464.6	409.0	386.6	7.3	5.8	9.3	55.6	73.27
江 苏	Jiangsu	2822.8	1948.8	1087.5	296.6	536.7	28.0	874.0	27.51
浙 江	Zhejiang	1110.1	843.3	692.5	141.2	8.9	0.7	266.8	10.91
安 徽	Anhui	1041.8	713.6		309.6	361.1	42.9	328.2	7.46
江 西	Jiangxi	910.1	710.7		310.8	374.1	25.8	199.4	5.45
湖 北	Hubei	1445.0	764.2		450.4	276.9	36.9	680.8	7.77
湖 南	Hunan	1019.7	813.5		398.4	385.8	29.3	206.2	4.81
重 庆	Chongqing	207.2	87.7		87.3	0.3	0.1	119.5	2.51
四 川	Sichuan	1747.8	1665.6		452.3	37.4	1175.9	82.2	3.61
贵 州	Guizhou	209.7	151.6		138.1	2.5	11.0	58.1	1.19
云 南	Yunnan	563.5	392.5		241.8	118.5	32.2	171.0	1.43

注：本表为中国第二次湿地调查(2009—2013)资料。
a) Data in the table are the figures of China Second Wetlands Survey (2009-2013).

8-18 自然保护基本情况(2017 年)
Basic Situation of Natural Protection(2017)

地 区	Region	自然保护区个数(个) Number of Nature Reserves (unit)	自然保护区面积(万公顷) Area of Nature Reserves (10 000 hectares)	保护区面积占辖区面积比重(%) Area of Nature Reserves as Percentage of Area of Jurisdiction (%)
全 国	**National Total**	**2750**	**14716.7**	**14.3**
上 海	Shanghai	4	13.7	5.3
江 苏	Jiangsu	31	53.6	3.8
浙 江	Zhejiang	37	21.2	1.7
安 徽	Anhui	106	50.6	3.6
江 西	Jiangxi	200	122.4	7.3
湖 北	Hubei	80	106.3	5.7
湖 南	Hunan	128	122.5	5.8
重 庆	Chongqing	57	80.2	9.6
四 川	Sichuan	169	830.1	17.1
贵 州	Guizhou	124	89.4	5.1
云 南	Yunnan	160	288.2	7.3

8-19 自然灾害损失情况(2018 年)
Loss Caused by Natural Disasters(2018)

单位：千公顷 (1000 hectares)

地 区	Region	农作物受灾面积合计 Total Areas Affected of Farm Crops		旱 灾 Drought		洪涝、山体滑坡、泥石流和台风 Flood, Waterlogging, Landslides and Debris Flow, Typhoon		风雹灾害 Wind and Hail	
		受灾 Area Affected	绝收 Total Crop Failure	受灾 Area Affected	绝收 Total Crop Failure	受灾 Area Affected	绝收 Total Crop Failure	受灾 Area Affected	绝收 Total Crop Failure
全 国	**National Total**	**20814.3**	**2585.0**	**7711.8**	**922.4**	**7283.1**	**1009.9**	**2406.8**	**196.6**
上 海	Shanghai	7.3				7.3			
江 苏	Jiangsu	380.0	34.7	5.8	0.2	258.1	31.5	99.4	2.8
浙 江	Zhejiang	168.6	1.7			46.0	1.5	3.4	
安 徽	Anhui	863.2	111.5			559.4	99.8	36.9	0.5
江 西	Jiangxi	530.7	60.4	309.7	29.7	167.0	28.1	19.4	0.9
湖 北	Hubei	1076.1	89.0	515.1	54.2	147.1	10.6	19.2	3.7
湖 南	Hunan	625.6	60.9	342.9	30.9	90.0	9.7	37.3	4.4
重 庆	Chongqing	70.9	12.2	1.7	0.2	30.5	7.2	33.9	4.7
四 川	Sichuan	484.0	65.4	98.7	7.8	357.7	56.0	27.3	1.5
贵 州	Guizhou	291.7	56.3	132.2	24.3	39.8	6.4	98.3	24.7
云 南	Yunnan	274.8	46.1			171.1	34.1	33.5	5.7

8-19 续表 continued

单位：千公顷 (1000 hectares)

地 区	Region	低温冷冻和雪灾 Low-temperature, Freezing and Snow Disaster		人口受灾 Population		直接经济损失(亿元) Direct Economic Loss (100 million yuan)
		受灾 Area Affected	绝收 Total Crop Failure	受灾人口(万人次) Population Affected (10 000 person-times)	死亡人口(含失踪)(人) Deaths (including missing) (person)	
全 国	**National Total**	**3412.6**	**456.1**	**13553.9**	**589**	**2644.6**
上 海	Shanghai			40.8		0.9
江 苏	Jiangsu	16.7	0.2	348.3	17	41.3
浙 江	Zhejiang	119.2	0.2	139.9	2	36.8
安 徽	Anhui	266.9	11.2	728.3	35	138.2
江 西	Jiangxi	34.6	1.7	621.1	37	58.8
湖 北	Hubei	394.7	20.5	1026.3	11	81.1
湖 南	Hunan	155.4	15.9	698.5	26	64.5
重 庆	Chongqing	4.8	0.1	148.2	26	18.6
四 川	Sichuan	0.3	0.1	836.8	34	340.5
贵 州	Guizhou	21.4	0.9	508.2	9	39.1
云 南	Yunnan	70.2	6.3	480.2	64	162.9

注：农作物受灾面积合计、受灾人口、死亡人口(含失踪)和直接经济损失含地震、森林、海洋等灾害。

a) Total areas affected of farm crops, population affected, deaths (including missing) and direct economic loss include earthquake, forest disasters and sea disasters

8-20 地质灾害及防治情况(2018 年)
Geological Disasters and Prevention and Cure(2018)

地 区	Region	发生地质灾害数量(处) Geological Disasters (unit)	#滑 坡 Land-slide	#崩 塌 Collapse	#泥石流 Mud-rock Flow	#地面塌陷 Land Subside	人员伤亡(人) Casualties (person)	#死亡人数 Deaths	直 接 经济损失 (万元) Direct Economic Losses (10 000 yuan)	地质灾害防治项目数 (个) Number of Projects of Prevention of Geological Disasters (unit)	地质灾害防治投资 (万元) Investment of Projects of Prevention of Geological Disasters (10 000 yuan)
全 国	**National Total**	**2966**	**1631**	**858**	**339**	**122**	**185**	**105**	**147128**		
上 海	Shanghai										
江 苏	Jiangsu	8	3	3		2			830		
浙 江	Zhejiang	32	12	16	3	1			445		
安 徽	Anhui	109	38	67	3	1			433		
江 西	Jiangxi	133	89	23	6	15	2		555		
湖 北	Hubei	39	20	14		5	6	5	1328		
湖 南	Hunan	276	208	31	4	29	20	9	6565		
重 庆	Chongqing	157	53	97	3	4	21	14	4263		
四 川	Sichuan	563	238	199	125	1	24	6	37955		
贵 州	Guizhou	22	17	3		2	1		1612		
云 南	Yunnan	235	183	14	33	3	23	8	18214		

注：本表数据为初步数。
a) Data in this table are preliminary data.

8-21 森林火灾情况(2018 年) Forest Fires(2018)

地区	Region	森林火灾次数(次) Forest Fires (time)	一般火灾 Ordinary Fires	较大火灾 Major Fires	重大火灾 Severe Fires	特别重大火灾 Especially Severe Fires	火场总面积(公顷) Total Area of Fires (hectare)	受害森林面积(公顷) Destructed Forest Area (hectare)	伤亡人数(人) Casualties (person)	其他损失折款(万元) Economic Loss (10 000 yuan)
全国	**National Total**	**2478**	**1579**	**894**	**3**	**2**	**28595**	**16309**	**39**	**20444.7**
上海	Shanghai									
江苏	Jiangsu	16	16				19	3		5.4
浙江	Zhejiang	45	17	28			289	117		173.8
安徽	Anhui	42	38	4			48	17		2.2
江西	Jiangxi	58	24	34			804	479	1	472.3
湖北	Hubei	153	108	45			1078	194	2	24.4
湖南	Hunan	290	185	105			1526	649	1	178.3
重庆	Chongqing	13	10	3			52	36		42.1
四川	Sichuan	229	201	26	2		3589	1540	2	16286.2
贵州	Guizhou	29	14	15			321	75		5.0
云南	Yunnan	60	24	36			1390	562	10	861.9

8-22 林业有害生物防治情况(2018 年)
Prevention of Forest Biological Disasters(2018)

单位：万公顷 (10 000 hectares)

地 区	Region	合 计 Total			森林病害 Forest Diseases	
		发生面积 Area of Occurrence	防治面积 Area of Prevention	防治率 (%) Prevention Rate (%)	发生面积 Area of Occurrence	防治面积 Area of Prevention
全 国	**National Total**	**1219.52**	**948.93**	**77.8**	**176.87**	**134.54**
上 海	Shanghai	1.26	1.20	95.2	0.12	0.12
江 苏	Jiangsu	15.10	14.58	96.6	0.64	0.64
浙 江	Zhejiang	21.14	19.80	93.7	5.83	5.45
安 徽	Anhui	41.98	38.50	91.7	7.15	6.11
江 西	Jiangxi	31.07	28.90	93.0	10.50	9.97
湖 北	Hubei	53.53	39.35	73.5	13.25	9.44
湖 南	Hunan	42.28	27.85	65.9	3.12	2.00
重 庆	Chongqing	41.37	41.31	99.9	14.66	14.65
四 川	Sichuan	69.26	45.11	65.1	8.80	4.78
贵 州	Guizhou	20.50	19.57	95.5	1.93	1.88
云 南	Yunnan	45.25	44.69	98.8	7.23	7.13

8-22 续表 continued

单位：万公顷 (10 000 hectares)

地 区	Region	森林虫害 Forest Pest Plague		森林鼠害 Forest Rat Plague		有害植物 Harmful Plants	
		发生面积 Area of Occurrence	防治面积 Area of Prevention	发生面积 Area of Occurrence	防治面积 Area of Prevention	发生面积 Area of Occurrence	防治面积 Area of Prevention
全 国	**National Total**	**840.41**	**665.25**	**184.40**	**138.60**	**17.85**	**10.54**
上 海	Shanghai	1.15	1.09				
江 苏	Jiangsu	14.31	13.80			0.14	0.14
浙 江	Zhejiang	15.31	14.34				
安 徽	Anhui	34.82	32.40				
江 西	Jiangxi	20.58	18.93			0.00	0.00
湖 北	Hubei	31.15	25.30	0.39	0.36	8.74	4.25
湖 南	Hunan	39.11	25.80	0.01	0.01	0.03	0.03
重 庆	Chongqing	23.71	23.66	2.99	2.98	0.01	0.01
四 川	Sichuan	56.78	37.33	3.68	3.00	0.00	0.00
贵 州	Guizhou	17.28	16.60	0.38	0.36	0.92	0.73
云 南	Yunnan	35.51	35.17	0.71	0.70	1.79	1.70

8-23 突发环境事件情况(2018 年)
Environmental Emergencies(2018)

地 区	Region	突发环境事件次数(次) Number of Environmental Emergencies (time)	特别重大环境事件 Extraordinarily Serious Environmental Emergencies	重 大 环境事件 Serious Environmental Emergencies	较 大 环境事件 Comparatively Serious Environmental Emergencies	一 般 环境事件 Ordinary Environmental Emergencies
全 国	**National Total**	**286**		**2**	**6**	**278**
上 海	Shanghai	1				1
江 苏	Jiangsu	5				5
浙 江	Zhejiang	11				11
安 徽	Anhui	4				4
江 西	Jiangxi	4			1	3
湖 北	Hubei	17			1	16
湖 南	Hunan	16				16
重 庆	Chongqing	7				7
四 川	Sichuan	20			1	19
贵 州	Guizhou	8			1	7
云 南	Yunnan					

8-24 工业污染治理投资完成情况(2017 年)
Investment Completed in the Treatment of Industrial Pollution(2017)

单位：万元 (10 000 yuan)

地 区	Region	工业污染治理完成投资 Investment Completed in the Treatment of Industrial Pollution	治理废水 Treatment of Waste Water	治理废气 Treatment of Waste Gas	治理固体废物 Treatment of Solid Waste	治理噪声 Treatment of Noise Pollution	治理其他 Treatment of Other Pollution
全 国	**National Total**	**6815345**	**763760**	**4462628**	**127419**	**12862**	**1448676**
上 海	Shanghai	448240	99490	133451	66443	62	148794
江 苏	Jiangsu	447999	80959	229915	29207	1317	106601
浙 江	Zhejiang	369011	62112	240301	434	1601	64563
安 徽	Anhui	258955	19816	197684	4183	1828	35443
江 西	Jiangxi	106395	25987	72928	280	240	6960
湖 北	Hubei	174632	31296	124206	5542	637	12951
湖 南	Hunan	86090	14036	66139	212	610	5093
重 庆	Chongqing	60702	1508	49957	66	242	8929
四 川	Sichuan	126934	21085	87975	4840	555	12479
贵 州	Guizhou	53360	13694	31706	1244	65	6651
云 南	Yunnan	59617	5584	33682	1775	548	18028

8-25 林业投资完成情况(2018 年)
Forestry Investment Completed(2018)

单位：万元 (10 000 yuan)

地 区	Region	本年完成投资 Investment Completed During the Year	国家投资 State Investment	生态建设与保护 Ecological Construction	林业支撑与保障 Forestry Support	林业产业发展 Forestry Development	其他投资 Other Investment
全 国	**National Total**	**48171343**	**24324902**	**21257493**	**6084415**	**19263251**	**1566184**
上 海	Shanghai	164947	164947	131023	26176	3389	4359
江 苏	Jiangsu	867269	453634	516943	71717	253197	25412
浙 江	Zhejiang	796396	597899	302641	316504	116459	60792
安 徽	Anhui	1021252	516373	554984	143988	300493	21787
江 西	Jiangxi	1149215	621891	389464	300186	314228	145337
湖 北	Hubei	1966414	506061	657741	155098	1122312	31263
湖 南	Hunan	3233334	942342	850945	428409	1905204	48776
重 庆	Chongqing	819216	625064	424090	177869	200761	16496
四 川	Sichuan	2790807	1130728	946125	149219	1643333	52130
贵 州	Guizhou	2535121	1011309	1155027	167043	1124933	88118
云 南	Yunnan	1383232	1323988	952081	324940	78648	27563

九、能源 Energy

9-1 电力消费量
Electricity Consumption

单位：亿千瓦小时 (100 million kWh)

地 区	Region	1995	2000	2005	2010	2015	2017	2018
上 海	Shanghai	403	559	922	1296	1406	1527	1567
江 苏	Jiangsu	685	971	2193	3864	5115	5808	6128
浙 江	Zhejiang	440	738	1642	2821	3554	4193	4533
安 徽	Anhui	289	339	582	1078	1640	1921	2135
江 西	Jiangxi	181	208	392	701	1087	1294	1429
湖 北	Hubei	415	503	789	1330	1665	1869	2071
湖 南	Hunan	375	406	674	1172	1448	1582	1745
重 庆	Chongqing		308	348	626	875	997	1114
四 川	Sichuan	583	521	943	1549	1992	2205	2459
贵 州	Guizhou	204	288	487	835	1174	1385	1482
云 南	Yunnan	224	274	557	1004	1439	1538	1679

注：数据来源于中国电力企业联合会，2018年为快报数。
a) The data are from China Electricity Council, the data of 2018 are preliminary statistics.

十、固定资产投资 Investment in Fixed Assets

10-1 按领域分固定资产投资(不含农户)比上年增长情况(2018 年)
Growth Rate of Total Investment (Excluding Rural Households) over Preceding Year by Field(2018)

单位：% (%)

地 区	Region	全部投资 Total Investment	#基础设施 Infrastructure	制造业 Manufacturing	房地产开发 Real Estate Development
全 国	**National Total**	**5.9**	**3.8**	**9.5**	**9.5**
上 海	Shanghai	5.2	-0.2	14.8	4.6
江 苏	Jiangsu	5.5	0.7	11.2	14.1
浙 江	Zhejiang	7.1	14.4	4.9	20.9
安 徽	Anhui	11.8	7.0	33.3	6.4
江 西	Jiangxi	11.1	17.7	18.2	8.0
湖 北	Hubei	11.0	13.1	15.6	2.6
湖 南	Hunan	10.0	-10.1	35.0	15.2
重 庆	Chongqing	7.0	12.4	9.3	6.8
四 川	Sichuan	10.2	17.2	-3.9	10.6
贵 州	Guizhou	15.8	10.8	12.5	6.7
云 南	Yunnan	11.6	10.3	14.3	16.5

10-2 实际到位资金比上年增长情况(2018 年)
Growth Rate of Actual Funds for Investment over Preceding Year(2018)

单位：% (%)

地 区	Region	本年实际到位资金 Actual Funds for Investment	国家预算资金 State Budget	国内贷款 Domestic Loans	利用外资 Foreign Investment	自筹资金 Self-raising Funds	其他资金 Other Funds
全 国	**National**	**3.2**	**0.1**	**-6.1**	**-2.7**	**3.9**	**8.0**
上 海	Shanghai	2.8	11.1	-1.0	-30.1	17.7	-12.4
江 苏	Jiangsu	-0.2	0.8	-8.1	1.4	-1.8	5.6
浙 江	Zhejiang	1.7	-4.1	22.0	42.2	-3.8	1.1
安 徽	Anhui	13.2	38.4	-3.8	-34.6	6.3	27.2
江 西	Jiangxi	7.6	-18.3	-5.7	124.5	9.7	13.8
湖 北	Hubei	10.4	0.2	7.2	-9.3	11.7	11.9
湖 南	Hunan	-3.8	-22.2	-15.0	-21.5	-5.4	11.6
重 庆	Chongqing	7.1	-18.4	4.7	43.1	2.1	15.9
四 川	Sichuan	-5.6	2.2	-18.2	-15.6	-11.2	13.0
贵 州	Guizhou	5.4	1.4	-0.4	-44.6	1.0	22.2
云 南	Yunnan	14.9	14.4	-15.0	-89.7	18.4	39.3

10-3 按构成分固定资产投资(不含农户)比上年增长情况(2018 年)
Growth Rate of Total Investment in Fixed Assets (Excluding Rural Households) over Preceding Year by Composition of Funds(2018)

单位：% (%)

地 区	Region	全部投资 Total Investment	建筑安装工 程 Construction and Installation	设备工器具购置 Purchase of Equipment and Instruments	其他费用 Other Expenses
全 国	**National Total**	**5.9**	**3.6**	**2.6**	**20.0**
上 海	Shanghai	5.2	-3.0	36.3	7.3
江 苏	Jiangsu	5.5	3.8	-0.7	24.1
浙 江	Zhejiang	7.1	-5.9	-9.2	37.1
安 徽	Anhui	11.8	8.6	14.5	25.2
江 西	Jiangxi	11.1	10.8	4.2	25.1
湖 北	Hubei	11.0	9.5	16.2	15.1
湖 南	Hunan	10.0	7.9	26.9	9.2
重 庆	Chongqing	7.0	-2.0	4.6	48.9
四 川	Sichuan	10.2	9.0	6.5	20.6
贵 州	Guizhou	15.8	14.8	24.3	19.9
云 南	Yunnan	11.6	11.9	-1.6	14.1

10-4 按建设性质分固定资产投资(不含农户)比上年增长情况(2018 年)
Growth Rate of Fixed Assets (Excluding Rural Households) over Preceding Year by Type of Construction(2018)

单位：%　　(%)

地 区	Region	全部投资 Total Investment	#新 建 New Construction	扩 建 Expansion	改建和技术改造 Reconstruction and Technical Transformation
全 国	**National Total**	**5.9**	**6.8**	**-5.1**	**12.4**
上 海	Shanghai	5.2	0.4	8.9	29.0
江 苏	Jiangsu	5.5	-1.5	30.9	18.1
浙 江	Zhejiang	7.1	14.3	-18.8	-15.1
安 徽	Anhui	11.8	8.5	-3.4	48.0
江 西	Jiangxi	11.1	10.2	3.7	24.5
湖 北	Hubei	11.0	8.4	7.6	32.6
湖 南	Hunan	10.0	7.3	1.8	35.7
重 庆	Chongqing	7.0	5.4	-7.4	49.3
四 川	Sichuan	10.2	10.7	29.2	2.1
贵 州	Guizhou	15.8	16.3	-6.1	46.2
云 南	Yunnan	11.6	22.6	-24.0	-7.4

10-5 按隶属关系分固定资产投资(不含农户)比上年增长情况(2018 年)
Growth Rate of Fixed Assets (Excluding Rural Households) over Preceding Year by Jurisdiction of Management(2018)

单位：% (%)

地 区	Region	全部投资 Total Investment	中央项目 Central Investment	地方项目 Local Investment
全 国	**National Total**	**5.9**	**-4.1**	**6.5**
上 海	Shanghai	5.2	43.1	2.1
江 苏	Jiangsu	5.5	-1.2	5.6
浙 江	Zhejiang	7.1	1.3	7.3
安 徽	Anhui	11.8	-7.4	12.2
江 西	Jiangxi	11.1	-29.6	11.6
湖 北	Hubei	11.0	3.0	11.2
湖 南	Hunan	10.0	25.8	9.8
重 庆	Chongqing	7.0	-7.1	7.6
四 川	Sichuan	10.2	8.5	10.3
贵 州	Guizhou	15.8	-11.7	16.2
云 南	Yunnan	11.6	-5.5	12.6

10-6 按登记注册类型分固定资产投资(不含农户)比上年增长情况(2018 年)

Growth Rate of Fixed Assets (Excluding Rural Households) over Preceding Year by Registration Status(2018)

单位：% (%)

地 区	Region	全部投资 Total Investment	#内资 Domestic Funded	港澳台商投资 Funds from Hong Kong, Macao and Taiwan	外商投资 Foreign Funded
全 国	**National Total**	**5.9**	**6.5**	**-11.5**	**6.1**
上 海	Shanghai	5.2	8.1	-15.4	-6.7
江 苏	Jiangsu	5.5	6.0	2.1	-0.6
浙 江	Zhejiang	7.1	7.3	-0.6	17.1
安 徽	Anhui	11.8	12.0	-24.6	45.2
江 西	Jiangxi	11.1	11.3	0.5	31.9
湖 北	Hubei	11.0	11.5	-4.3	0.4
湖 南	Hunan	10.0	10.0	-8.6	33.8
重 庆	Chongqing	7.0	8.7	-40.1	27.5
四 川	Sichuan	10.2	10.8	-27.3	-6.6
贵 州	Guizhou	15.8	16.8	-63.9	44.6
云 南	Yunnan	11.6	12.0	-0.2	-39.2

10-7 按控股情况类型分固定资产投资(不含农户)比上年增长情况(2018 年)

Growth Rate of Fixed Assets (Excluding Rural Households) over Preceding Year by Holding Type(2018)

单位：%　　(%)

地 区	Region	全部投资 Total Investment	#国有控股 State-holding	集体控股 Collective-holding	私人控股 Private-holding
全 国	**National Total**	**5.9**	**1.9**	**-8.7**	**8.8**
上 海	Shanghai	5.2	5.6	18.2	12.8
江 苏	Jiangsu	5.5	-4.4	18.9	10.6
浙 江	Zhejiang	7.1	-8.5	-22.0	21.1
安 徽	Anhui	11.8	1.6	23.3	18.4
江 西	Jiangxi	11.1	8.2	34.0	7.4
湖 北	Hubei	11.0	9.0	-23.6	5.3
湖 南	Hunan	10.0	-7.0	-31.2	23.1
重 庆	Chongqing	7.0	1.0	9.2	12.9
四 川	Sichuan	10.2	10.7	6.6	9.6
贵 州	Guizhou	15.8	16.4	-4.7	13.3
云 南	Yunnan	11.6	7.9	-44.2	17.7

10-8 按行业分固定资产投资(不含农户)比上年增长情况(2018 年)
Growth Rate of Total Investment in Fixed Assets (Excluding Rural Households) over Preceding Year by Sector(2018)

单位：% (%)

地 区	Region	合 计 Total	农、林、牧、渔业 Agriculture, Forestry, Animal Husbandry and Fishery	采矿业 Mining	制造业 Manufacturing	电力、热力、燃气及水生产和供应业 Production and Supply of Electricity, Heat, Gas and Water	建筑业 Construction	批发和零售业 Wholesale and Retail Trades
全 国	**National Total**	**5.9**	**12.3**	**4.1**	**9.5**	**-6.7**	**-13.9**	**-21.5**
上 海	Shanghai	5.2			14.8	28.0	-95.1	0.7
江 苏	Jiangsu	5.5	2.2	-34.3	11.2	-25.0	-7.8	-35.9
浙 江	Zhejiang	7.1	-60.4	18.8	4.9	-24.5	-81.1	-31.8
安 徽	Anhui	11.8	33.0	80.6	33.3	-19.4	2.3	5.0
江 西	Jiangxi	11.1	17.2	-23.8	18.2	-25.1	1.6	-12.7
湖 北	Hubei	11.0	-1.4	68.0	15.6	9.5	-32.7	16.6
湖 南	Hunan	10.0	27.6	31.2	35.0	14.4	-32.8	-33.9
重 庆	Chongqing	7.0	-9.5	-26.6	9.3	3.5	-17.3	-45.5
四 川	Sichuan	10.2	95.3	62.7	-3.9	1.7	-33.0	-14.8
贵 州	Guizhou	15.8	99.2	66.8	12.5	-1.9	-70.4	-32.1
云 南	Yunnan	11.6	26.4	-13.0	14.3	16.3	-25.1	10.7

10-8 续表 1 continued

单位：% (%)

地 区	Region	交通运输、仓储和邮政业 Transport, Storage and Post	住宿和餐饮业 Hotels and Catering Services	信息传输、软件和信息技术服务业 Information Transmission, Software and Information Technology	金融业 Financial Intermediation	房地产业 Real Estate	租赁和商务服务业 Leasing and Business Services	科学研究和技术服务业 Scientific Research and Technical Services
全 国	**National Total**	**3.9**	**-3.4**	**4.0**	**-13.1**	**8.3**	**14.2**	**13.6**
上 海	Shanghai	9.6	72.5	14.1	12.6	4.6	-37.2	10.4
江 苏	Jiangsu	-2.0	-15.5	-11.5	-12.5	13.1	-13.7	6.8
浙 江	Zhejiang	21.8	-16.6	2.8	-40.8	14.3	-19.2	40.7
安 徽	Anhui	2.3	6.9	-14.8	-14.2	5.8	27.3	15.9
江 西	Jiangxi	14.1	0.1	-6.0	-38.4	4.4	12.4	62.1
湖 北	Hubei	11.2	7.7	55.3	13.4	3.5	-28.1	14.3
湖 南	Hunan	9.3	-2.6	0.3	33.0	8.6	43.6	99.7
重 庆	Chongqing	11.2	8.5	-52.7	-68.8	5.3	40.5	19.2
四 川	Sichuan	17.2	-1.0	33.8	1.8	4.6	3.8	54.6
贵 州	Guizhou	10.8	34.6	49.7	-68.3	13.3	164.2	1.8
云 南	Yunnan	13.5	1.8	-8.2	-34.3	12.7	160.7	39.6

10-8 续表 2 continued

单位：% (%)

地 区	Region	水利、环境和公共设施管理业 Management of Water Conservancy, Environment and Public Facilities	居民服务、修理和其他服务业 Service to Households, Repair and Other Services	教 育 Education	卫生和社会工作 Health and Social Service	文化、体育和娱乐业 Culture, Sports and Entertainment	公共管理、社会保障和社会组织 Public Management, Social Security and Social Organization	国际组织 International Organizations
全 国	**National Total**	**3.3**	**-14.4**	**7.2**	**8.4**	**21.2**	**-18.0**	
上 海	Shanghai	-15.1	56.1	31.1	41.9	6.0	34.0	
江 苏	Jiangsu	2.4	-29.9	-7.5	-30.8	8.5	-11.0	
浙 江	Zhejiang	4.7	-64.4	12.4	-5.0	-17.7	-48.3	
安 徽	Anhui	10.0	8.2	-0.2	-8.9	8.8	-16.8	
江 西	Jiangxi	19.4	-40.4	42.2	-11.2	37.3	-5.0	
湖 北	Hubei	12.1	-18.4	28.0	33.7	159.8	-33.4	
湖 南	Hunan	-14.1	22.9	19.9	16.7	29.0	-44.3	
重 庆	Chongqing	15.3	-49.1	-11.1	19.4	44.7	72.7	
四 川	Sichuan	15.1	52.7	24.4	29.6	78.8	95.3	
贵 州	Guizhou	8.2	30.6	29.6	32.3	13.7	54.2	
云 南	Yunnan	6.7	54.2	-0.4	14.7	28.1	-13.9	

10-9 农村农户固定资产投资比上年增长情况(2018 年)
Growth Rate of Investment in Fixed Assets of Rural Households over Preceding Year(2018)

单位：% (%)

地 区	Region	全部投资 Total Investment	#竣工房屋投资 Investment in Buildings Completed	#住宅投资 Investment in Residential Buildings
全 国	**National**	**5.1**	**-1.2**	**-0.2**
上 海	Shanghai	15.6	8.4	19.1
江 苏	Jiangsu	-6.8	-10.6	-9.5
浙 江	Zhejiang	51.5	20.6	20.3
安 徽	Anhui	21.0	1.7	21.4
江 西	Jiangxi	-2.0	19.2	16.4
湖 北	Hubei	22.5	28.7	29.8
湖 南	Hunan	11.8	-1.9	1.2
重 庆	Chongqing	-1.0	-19.7	-22.6
四 川	Sichuan	1.9	8.9	5.0
贵 州	Guizhou	29.9	28.9	28.8
云 南	Yunnan	1.9	-0.8	-1.9

十一、对外经济贸易 Foreign Trade and Economic Cooperation

11-1 货物进出口总额(2018 年)
Total Value of Imports and Exports of Goods(2018)

单位：亿元人民币 (RMB 100 million)

地 区	Region	按收发货人所在地分 By Location of Importers/Exporters			按境内目的地和货源地分 By Place of Destination or Origin in China		
		进出口 Total	出 口 Exports	进 口 Imports	进出口 Total	出 口 Exports	进 口 Imports
全 国	**National Total**	**305008.1**	**164127.8**	**140880.3**	**305008.1**	**164127.8**	**140880.3**
上 海	Shanghai	34012.1	13665.1	20346.9	32052.3	11938.1	20114.2
江 苏	Jiangsu	43793.5	26653.0	17140.5	47301.3	27520.0	19781.3
浙 江	Zhejiang	28511.6	21174.5	7337.1	29115.5	21628.0	7487.5
安 徽	Anhui	4141.9	2385.8	1756.2	3916.5	2406.4	1510.1
江 西	Jiangxi	3161.7	2223.0	938.8	2714.3	1776.2	938.1
湖 北	Hubei	3485.8	2252.1	1233.8	3384.5	2089.8	1294.7
湖 南	Hunan	3075.7	2024.5	1051.2	2341.9	1389.5	952.4
重 庆	Chongqing	5221.0	3393.7	1827.3	4505.9	3037.2	1468.7
四 川	Sichuan	5946.7	3332.7	2614.1	6153.4	3158.0	2995.3
贵 州	Guizhou	500.9	337.6	163.3	550.6	378.6	172.0
云 南	Yunnan	1970.6	847.6	1123.1	1792.7	695.3	1097.4

11-2 货物进出口总额(2018 年)
Total Value of Imports and Exports of Goods(2018)

单位：亿美元 (USD 100 million)

地 区	Region	按收发货人所在地分 By Location of Importers/Exporters			按境内目的地和货源地分 By Place of Destination or Origin in China		
		进出口 Total	出 口 Exports	进 口 Imports	进出口 Total	出 口 Exports	进 口 Imports
全 国	**National Total**	**46224.2**	**24866.8**	**21357.3**	**46224.2**	**24866.8**	**21357.3**
上 海	Shanghai	5156.8	2071.4	3085.4	4858.6	1810.2	3048.4
江 苏	Jiangsu	6639.1	4039.7	2599.4	7171.3	4171.6	2999.7
浙 江	Zhejiang	4323.6	3210.4	1113.2	4414.5	3279.4	1135.1
安 徽	Anhui	628.4	362.0	266.4	594.0	364.9	229.2
江 西	Jiangxi	481.9	339.4	142.4	411.7	269.4	142.3
湖 北	Hubei	527.8	340.7	187.1	513.0	316.6	196.4
湖 南	Hunan	464.7	305.4	159.3	354.6	210.3	144.3
重 庆	Chongqing	790.2	513.5	276.6	681.9	459.7	222.2
四 川	Sichuan	899.2	503.7	395.5	932.3	477.8	454.5
贵 州	Guizhou	76.0	51.2	24.8	83.6	57.4	26.1
云 南	Yunnan	298.6	128.1	170.5	271.8	105.3	166.5

11-3 外商投资企业货物进出口总额(2018年)
Value of Imports and Exports of Goods of Foreign-funded Enterprises(2018)

地 区	Region	万元人民币 (RMB 10 000)			万美元 (USD 10 000)		
		进出口 Total	出 口 Exports	进 口 Imports	进出口 Total	出 口 Exports	进 口 Imports
全 国	**National Total**	**1298843699**	**683957837**	**614885862**	**196766370**	**103584415**	**93181955**
上 海	Shanghai	219407781	88696369	130711413	33261367	13439929	19821438
江 苏	Jiangsu	269334963	148087799	121247164	40821044	22433651	18387393
浙 江	Zhejiang	57332947	35071257	22261690	8698799	5321123	3377676
安 徽	Anhui	12808271	7072051	5736220	1942993	1072883	870111
江 西	Jiangxi	9329148	4767710	4561438	1414425	722239	692187
湖 北	Hubei	8965703	4770928	4194776	1361031	724425	636606
湖 南	Hunan	6004405	3088675	2915730	911056	467557	443499
重 庆	Chongqing	29498655	21311712	8186943	4464749	3226430	1238318
四 川	Sichuan	38932746	21563217	17369529	5888002	3261237	2626764
贵 州	Guizhou	1443591	789120	654471	219940	120274	99666
云 南	Yunnan	389815	218075	171740	58665	32854	25812

11-4 外商投资企业年底注册登记情况
Registration Status of Foreign Funded Enterprises at Year-end

地 区	Region	企业数（户）Number of Enterprises (unit)		投资总额（亿美元）Total Investment (100 million USD)		注册资本（亿美元）Registered Capital (100 million USD)		#外 方 Foreign Investor	
		2017	2018	2017	2018	2017	2018	2017	2018
全 国	**National Total**	**539345**	**593276**	**68992**	**77738**	**37107**	**42739**	**28266**	**32342**
上 海	Shanghai	84007	87300	7982	8849	5473	5961	4174	4506
江 苏	Jiangsu	58577	59308	9658	10560	5226	5640	4364	4639
浙 江	Zhejiang	37422	40191	3734	4458	2286	2842	1756	2103
安 徽	Anhui	6135	6611	866	1130	489	595	352	434
江 西	Jiangxi	6059	6137	808	877	566	613	424	463
湖 北	Hubei	10962	11761	1151	1423	611	767	461	584
湖 南	Hunan	7733	8765	1634	1832	684	800	533	628
重 庆	Chongqing	5739	6299	946	1107	602	697	454	530
四 川	Sichuan	11462	12502	1128	1256	658	709	448	486
贵 州	Guizhou	1671	1891	313	453	167	243	135	202
云 南	Yunnan	4366	4343	374	544	214	291	160	230

十二、农业 Agriculture

12-1 农、林、牧、渔业总产值及指数(2018 年)
Gross Output Value of Agriculture, Forestry, Animal Husbandry and Fishery and Related Indices(2018)

地 区	Region	绝对数 (亿元) Gross Output Value (100 million yuan)					指 数 (上年=100) Indices of Gross Output (preceding year=100)				
		农林牧渔业总产值 Total	#农 业 Farming	#林 业 Forestry	#牧 业 Animal Husbandry	#渔 业 Fishery	农林牧渔业总产值 Total	#农 业 Farming	#林 业 Forestry	#牧 业 Animal Husbandry	#渔 业 Fishery
全 国	**National Total**	**113579.5**	**61452.6**	**5432.6**	**28697.4**	**12131.5**	**103.5**	**103.9**	**106.5**	**101.7**	**102.7**
上 海	Shanghai	289.6	150.1	15.8	48.3	56.2	97.7	100.7	96.6	82.6	93.0
江 苏	Jiangsu	7192.5	3735.0	147.3	1091.3	1707.9	100.9	100.8	105.5	97.2	102.4
浙 江	Zhejiang	3157.3	1518.0	177.0	331.8	1043.3	101.7	102.9	105.9	92.0	102.1
安 徽	Anhui	4672.7	2253.7	332.9	1315.8	505.7	102.6	102.1	103.1	101.9	103.2
江 西	Jiangxi	3148.6	1549.2	319.6	672.2	473.9	103.5	104.2	106.0	100.8	102.4
湖 北	Hubei	6207.8	3033.8	235.2	1386.5	1106.0	103.4	103.8	109.1	102.5	99.8
湖 南	Hunan	5361.6	2664.3	387.1	1464.6	417.2	103.6	103.2	109.4	101.1	107.5
重 庆	Chongqing	2052.4	1292.7	101.1	520.1	100.4	102.5	102.2	100.1	104.7	97.4
四 川	Sichuan	7195.6	4153.7	358.7	2246.1	247.9	103.9	104.6	101.7	102.4	104.9
贵 州	Guizhou	3619.5	2288.7	253.3	846.3	54.8	107.0	108.4	108.4	104.5	95.2
云 南	Yunnan	4108.9	2234.7	396.9	1237.1	98.3	106.3	106.8	109.9	104.2	109.8

注：本表绝对数按当年价格计算，指数按可比价格计算。
a) Data in value terms in this table are calculated at current prices, while the indices are calculated at constant prices.

12-2 主要农业机械拥有量(2018 年底)
Major Agricultural Machinery at Year-end(2018)

地 区	Region	农业机械总动力(万千瓦) Total Power of Agricultural Machinery (10 000 kW)	大中型拖拉机 Large and Medium-sized Tractors 数量(万台) Number (10 000 units)	配套农具(万部) Towing Farm Machinery (10 000 units)	小型拖拉机 Small Tractors 数量(万台) Number (10 000 units)	配套农具(万部) Towing Farm Machinery (10 000 units)	农用排灌柴油机 Diesel Engines 数量(万台) Number (10 000 units)
全 国	**National Total**	**100371.7**	**422.00**	**422.57**	**1818.26**		
上 海	Shanghai	94.0	0.74	0.38	0.26		
江 苏	Jiangsu	5017.7	16.54	25.76	67.44		
浙 江	Zhejiang	2009.3	1.31	0.57	10.25		
安 徽	Anhui	6543.8	22.76	40.20	207.87		
江 西	Jiangxi	2382.0	3.84	3.31	34.07		
湖 北	Hubei	4424.6	16.17	18.40	116.49		
湖 南	Hunan	6338.6	11.27	4.26	28.43		
重 庆	Chongqing	1428.1	0.20	0.18	0.48		
四 川	Sichuan	4603.9	7.44	2.34	15.34		
贵 州	Guizhou	2376.7	1.81	0.17	12.41		
云 南	Yunnan	2693.5	7.92	3.46	30.54		

12-3 耕地灌溉面积和农用化肥施用量(2018 年)
Irrigated Area of Cultivated Land and Consumption of Chemical Fertilizers(2018)

地区	Region	耕地灌溉面积(千公顷) Irrigated Area of Cultivated Land (1 000 hectares)	农用化肥施用量(万吨) Consumption of Chemical Fertilizers (10 000 tons)	氮肥 Nitrogenous Fertilizer	磷肥 Phosphate Fertilizer	钾肥 Potash Fertilizer	复合肥 Compound Fertilizer
全国	**National Total**	**68271.6**	**5653.4**	**2065.4**	**728.9**	**590.3**	**2268.8**
上海	Shanghai	190.8	8.4	3.8	0.6	0.3	3.8
江苏	Jiangsu	4179.8	292.5	145.6	34.0	17.2	95.7
浙江	Zhejiang	1440.8	77.8	40.1	8.6	6.1	22.9
安徽	Anhui	4538.3	311.8	95.6	28.2	27.9	160.1
江西	Jiangxi	2032.0	123.2	34.0	18.5	17.9	52.9
湖北	Hubei	2931.9	295.8	113.1	46.0	29.1	107.7
湖南	Hunan	3164.0	242.6	94.1	25.5	41.6	81.4
重庆	Chongqing	696.9	93.2	45.9	16.6	5.3	25.4
四川	Sichuan	2932.5	235.2	112.1	45.4	17.4	60.3
贵州	Guizhou	1132.2	89.5	40.1	10.6	8.9	29.8
云南	Yunnan	1898.1	217.4	105.0	31.3	24.6	56.5

12-4 水利设施和除涝面积(2018 年)
Water Conservancy Facilities and Area with Flood Prevention Measures(2018)

地区	Region	水库数 (座) Number of Reservoirs (unit)	水库总库容量 (亿立方米) Capacity of Reservoirs (100 million cu.m)	除涝面积 (千公顷) Area with Flood Prevention Measures (1000 hectares)	水土流失治理面积 (千公顷) Area of Soil Erosion under Control (1000 hectares)
全国	**National Total**	**98822**	**8952.9**	**24261.7**	**131531.6**
上海	Shanghai			60.3	
江苏	Jiangsu	952	35.3	4315.5	930.2
浙江	Zhejiang	4308	445.6	556.4	3692.5
安徽	Anhui	6063	203.8	2414.1	1989.2
江西	Jiangxi	10809	321.7	431.2	5917.9
湖北	Hubei	6946	1263.7	1482.1	6134.7
湖南	Hunan	14092	514.1	438.4	3745.5
重庆	Chongqing	3076	126.2		3580.1
四川	Sichuan	8239	522.9	102.3	9961.8
贵州	Guizhou	2414	444.6	124.1	7053.0
云南	Yunnan	6702	757.1	293.2	9517.7

12-5 农作物播种面积(2018 年)
Sown Areas of Farm Crops(2018)

单位：千公顷 (1000 hectares)

地 区	Region	农作物总播种面积 Total Sown Area	粮食作物播种面积 Sown Area of Grain Crops	谷 物 Cereal	#稻 谷 Rice	#小 麦 Wheat	#玉 米 Corn	豆 类 Soybeans
全 国	**National Total**	**165902**	**117038**	**99671**	**30189**	**24266**	**42130**	**10186**
上 海	Shanghai	282.3	129.9	128.6	103.6	21.3	1.8	0.6
江 苏	Jiangsu	7520.2	5475.9	5183.2	2214.7	2404.0	515.8	257.1
浙 江	Zhejiang	1978.7	975.7	789.9	651.1	85.4	49.3	113.1
安 徽	Anhui	8771.1	7316.3	6568.6	2544.8	2875.9	1138.6	687.6
江 西	Jiangxi	5555.8	3721.3	3491.7	3436.2	14.6	35.0	127.6
湖 北	Hubei	7952.9	4847.0	4291.8	2391.0	1105.0	781.2	247.1
湖 南	Hunan	8111.1	4747.9	4411.2	4009.0	23.4	359.2	148.2
重 庆	Chongqing	3348.5	2017.8	1143.9	656.4	24.8	442.3	201.4
四 川	Sichuan	9615.3	6265.6	4479.5	1874.0	635.0	1856.0	524.9
贵 州	Guizhou	5477.2	2740.2	1513.2	671.8	141.6	602.1	325.1
云 南	Yunnan	6890.8	4174.6	3173.5	849.6	339.2	1785.2	469.4

12-5 续表 1 continued

单位：千公顷 (1000 hectares)

地 区	Region	薯 类 Tubers	棉 花 Cotton	油 料 Oil-bearing Crops	#花 生 Peanuts	#油菜籽 Rapeseeds	麻 类 Fiber Crops	#黄红麻 Jute and Ambary Hemp	糖 料 Sugar Crops
全 国	**National Total**	**7180**	**3354**	**12872**	**4620**	**6551**	**57**	**6**	**1623**
上 海	Shanghai	0.6	0.1	2.8	0.6	2.1			0.1
江 苏	Jiangsu	35.7	16.6	262.8	98.4	159.1	0.2		0.9
浙 江	Zhejiang	72.7	5.7	128.5	15.8	104.9	0.0	0.0	6.2
安 徽	Anhui	60.2	86.3	520.2	144.2	357.0	1.0	0.3	2.6
江 西	Jiangxi	102.0	46.7	680.1	167.3	483.0	3.6	0.0	14.3
湖 北	Hubei	308.1	159.3	1255.8	232.6	933.0	1.7	0.0	6.5
湖 南	Hunan	188.6	63.9	1344.7	109.2	1222.2	1.8	0.1	7.4
重 庆	Chongqing	672.6		325.1	62.8	250.2	3.8	0.0	2.2
四 川	Sichuan	1261.2	4.0	1491.2	263.5	1218.5	17.0	0.2	9.4
贵 州	Guizhou	902.0	0.7	651.9	51.9	497.7	0.3		10.7
云 南	Yunnan	531.6	0.0	309.5	41.0	256.1	0.1		260.0

12-5 续表 2 continued

单位：千公顷 (1000 hectares)

地 区	Region	#甘 蔗 Sugarcane	#甜 菜 Beetroots	烟 叶 Tobacco	#烤 烟 Flue-cured Tobacco	蔬 菜 Vegetables	茶 园 Tea Plantations	果 园 Orchards
全 国	**National Total**	**1406**	**216**	**1058**	**1003**	**20439**	**2986**	**11875**
上 海	Shanghai	0.1				94.3	0.1	14.5
江 苏	Jiangsu	0.9	0.0			1425.0	33.7	204.5
浙 江	Zhejiang	6.2		0.5		639.0	200.5	323.5
安 徽	Anhui	1.7		8.1	8.0	652.2	176.3	142.0
江 西	Jiangxi	14.3		17.4	16.8	632.9	103.5	411.7
湖 北	Hubei	6.5	0.0	37.5	33.6	1224.3	321.5	366.2
湖 南	Hunan	7.4		86.6	85.4	1264.9	165.0	517.0
重 庆	Chongqing	2.2		32.4	28.1	739.2	42.4	307.4
四 川	Sichuan	9.3	0.1	76.5	67.7	1369.2	375.4	744.5
贵 州	Guizhou	10.6	0.0	145.7	134.5	1401.0	465.8	580.3
云 南	Yunnan	260.0		412.3	401.6	1131.9	466.6	599.8

12-6 主要农产品产量(2018 年)
Output of Major Farm Products(2018)

单位：万吨 (10 000 tons)

地 区	Region	粮 食 Grain	谷 物 Cereal	#稻 谷 Rice	#小 麦 Wheat	#玉 米 Corn	豆 类 Beans	薯 类 Tubers	棉 花 Cotton
全 国	**National Total**	**65789.2**	**61003.6**	**21212.9**	**13144.0**	**25717.4**	**1920.3**	**2865.4**	**610.3**
上 海	Shanghai	103.7	103.2	88.0	13.0	1.3	0.2	0.4	0.0
江 苏	Jiangsu	3660.3	3572.5	1958.0	1289.1	300.0	65.0	22.8	2.1
浙 江	Zhejiang	599.1	535.7	477.4	35.8	20.6	28.2	35.2	0.8
安 徽	Anhui	4007.3	3889.3	1681.2	1607.5	595.6	103.0	14.9	8.9
江 西	Jiangxi	2190.7	2112.2	2092.2	3.2	15.7	29.4	49.1	7.2
湖 北	Hubei	2839.5	2704.0	1965.6	410.4	323.4	38.4	97.0	14.9
湖 南	Hunan	3022.9	2891.5	2674.0	8.0	202.8	36.3	95.0	8.6
重 庆	Chongqing	1079.3	753.6	486.9	8.2	251.3	40.9	284.9	
四 川	Sichuan	3493.7	2830.9	1478.6	247.3	1066.3	121.5	541.3	0.4
贵 州	Guizhou	1059.7	739.2	420.7	33.2	259.0	29.3	291.2	0.1
云 南	Yunnan	1860.5	1581.7	527.7	74.3	926.0	118.1	160.7	0.0

12-6 续表 1 continued

单位：万吨 (10 000 tons)

地 区	Region	油 料 Oil-bearing Crops	#花 生 Peanuts	#油菜籽 Rapeseeds	#芝 麻 Sesame	麻 类 Fiber Crops	#黄红麻 Jute and Ambary Hemp	甘 蔗 Sugarcane	甜 菜 Beetroots
全 国	**National Total**	**3433.4**	**1733.2**	**1328.1**	**43.1**	**20.3**	**2.9**	**10809.7**	**1127.7**
上 海	Shanghai	0.7	0.2	0.5	0.0			0.2	
江 苏	Jiangsu	86.0	39.3	45.7	1.0	0.1		5.3	0.0
浙 江	Zhejiang	29.4	4.7	23.3	0.9	0.0	0.0	40.6	
安 徽	Anhui	158.0	71.1	84.3	1.1	0.3	0.1	10.1	
江 西	Jiangxi	120.8	48.1	69.1	3.7	0.6	0.0	64.6	
湖 北	Hubei	302.5	80.7	205.3	11.4	0.5	0.0	27.7	0.1
湖 南	Hunan	234.4	28.5	204.2	1.5	0.4	0.0	33.8	
重 庆	Chongqing	63.7	13.6	48.6	0.4	0.6	0.0	9.1	
四 川	Sichuan	362.5	67.7	292.2	0.2	3.1	0.0	36.2	0.2
贵 州	Guizhou	112.6	11.5	86.2	0.1	0.0		62.5	0.0
云 南	Yunnan	61.0	7.0	52.5	0.0	0.0		1640.1	

12-6 续表 2 continued

单位：万吨 (10 000 tons)

地 区	Region	烟 叶 Tobacco	#烤 烟 Flue-cured Tobacco	蚕 茧 Silkworm Cocoons	#桑蚕茧 Mulberry Silkworm Cocoons	茶 叶 Tea	水 果 Fruits	#苹 果 Apples	#柑 桔 Citrus	#梨 Pears	#葡 萄 Grapes	#香 蕉 Bananas
全 国	**National Total**	**224.1**	**211.0**	**83.1**	**76.4**	**261.0**	**25688.4**	**3923.3**	**4138.1**	**1607.8**	**1366.7**	**1122.2**
上 海	Shanghai					0.0	54.3		10.7	3.8	6.6	
江 苏	Jiangsu			3.9	3.9	1.4	934.1	40.5	3.0	70.4	67.1	
浙 江	Zhejiang	0.1		2.2	2.2	17.5	743.6		183.7	38.3	76.8	
安 徽	Anhui	2.0	2.0	2.9	2.9	11.2	643.8	36.4	2.3	122.6	48.2	
江 西	Jiangxi	3.6	3.4	0.6	0.6	6.5	684.4		410.8	16.3	8.6	
湖 北	Hubei	6.6	5.6	0.4	0.4	33.0	998.0	1.0	488.1	37.3	27.9	
湖 南	Hunan	19.1	18.8			21.5	1016.8		528.6	19.7	18.5	
重 庆	Chongqing	6.2	5.2	1.4	1.4	4.2	431.3	0.4	261.2	29.0	11.7	0.1
四 川	Sichuan	16.2	14.0	9.2	9.2	30.1	1080.7	72.6	433.0	94.7	37.6	4.9
贵 州	Guizhou	25.1	22.8	0.1	0.1	18.0	369.5	9.1	47.9	35.9	31.3	4.0
云 南	Yunnan	84.5	82.3	3.7	3.7	42.3	813.4	51.9	98.1	57.6	101.3	203.5

12-7　主要农产品单位面积产量(2018 年)
Output of Major Farm Products per Hectare(2018)

单位：公斤/公顷　　(kg/hectare)

地　区	Region	谷　物 Cereals	棉　花 Cotton	花　生 Peanuts	油菜籽 Rapeseeds	芝　麻 Sesame	黄红麻 Jute and Ambary Hemp	甘　蔗 Sugarcane	甜　菜 Beetroots	烤　烟 Flue-cured Tobacco
全　国	**National Total**	**6120**	**1819**	**3752**	**2027**	**1645**	**5608**	**76891**	**52174**	**2103**
上　海	Shanghai	8023	1177	2786	2563	1427		33356		
江　苏	Jiangsu	6892	1241	3998	2873	1907		61918		
浙　江	Zhejiang	6782	1422	2992	2225	1810	3243	65994		
安　徽	Anhui	5921	1026	4929	2361	1541	4017	58059		2472
江　西	Jiangxi	6049	1545	2873	1430	1226	4217	45026		2034
湖　北	Hubei	6300	938	3468	2201	1683	2800	42940	34450	1658
湖　南	Hunan	6555	1341	2609	1671	1379	2011	45781		2205
重　庆	Chongqing	6588		2163	1943	1077	1835	41573		1851
四　川	Sichuan	6320	991	2568	2398	1563	1882	38735	17352	2063
贵　州	Guizhou	4885	990	2207	1732	1337		59047		1693
云　南	Yunnan	4984	378	1696	2050	832		63068		2049

12-8 主要林产品产量(2018 年)
Output of Major Forest Products(2018)

地 区	Region	木 材 (万立方米) Timber (10 000 cu.m)	橡 胶 (吨) Rubber (ton)	松 脂 (吨) Pine Resin (ton)	生 漆 (吨) Lacquer (ton)	油桐籽 (吨) Tung-oil Seeds (ton)	油茶籽 (吨) Tea-oil Seeds (ton)
全 国	**National Total**	**8810.9**	**824093**	**1375367**	**18882**	**348173**	**2629796**
上 海	Shanghai						
江 苏	Jiangsu	133.9					260
浙 江	Zhejiang	123.4		272	20	178	68523
安 徽	Anhui	450.5		14880	110	1729	97267
江 西	Jiangxi	257.0		119760	195	13563	455454
湖 北	Hubei	209.8		13280	2664	21400	194836
湖 南	Hunan	286.1		47434	1120	26663	1010844
重 庆	Chongqing	59.5		80	1458	4318	10518
四 川	Sichuan	230.7		240	293	5238	23119
贵 州	Guizhou	278.3		16708	7392	44470	83090
云 南	Yunnan	550.7	454776	108490	130	15766	20043

12-9 牲畜饲养情况(2018 年)
Number of Livestock(2018)

单位：万头、万只 (10 000 heads)

地 区	Region	大牲畜年底头数 Large Animals (year-end)	牛 Cattle and Buffaloes	马 Horses	驴 Donkeys	骡 Mules	骆驼 Camels
全 国	**National Total**	**9625.5**	**8915.3**	**347.3**	**253.3**	**75.8**	**33.8**
上 海	Shanghai	5.8	5.8	0.0			
江 苏	Jiangsu	31.7	29.2	0.2	1.7	0.6	
浙 江	Zhejiang	13.7	13.7				
安 徽	Anhui	80.0	79.6	0.1	0.3	0.0	
江 西	Jiangxi	246.5	246.5				
湖 北	Hubei	241.5	241.1	0.3	0.1	0.0	
湖 南	Hunan	387.0	385.4	1.4	0.1	0.1	
重 庆	Chongqing	105.6	103.7	1.4	0.1	0.4	
四 川	Sichuan	916.0	824.3	74.3	8.5	8.9	
贵 州	Guizhou	483.0	465.3	17.1	0.1	0.5	
云 南	Yunnan	859.6	811.9	14.3	13.2	20.2	

12-9 续表 continued

单位：万头、万只 (10 000 heads)

地 区	Region	肉猪出栏头数 Slaughtered Fattened Hogs	猪年底头数 Hogs (year-end)	羊年底只数 Sheep and Goats (year-end)	山 羊 Goats	绵 羊 Sheep
全 国	**National Total**	**69382.4**	**42817.1**	**29713.5**	**13574.7**	**16138.8**
上 海	Shanghai	148.9	96.5	13.7	12.9	0.9
江 苏	Jiangsu	2680.9	1552.0	390.2	380.7	9.5
浙 江	Zhejiang	911.6	516.8	125.9	40.8	85.0
安 徽	Anhui	2837.4	1356.3	500.6	499.8	0.8
江 西	Jiangxi	3124.0	1587.3	100.3	100.3	
湖 北	Hubei	4363.5	2521.8	546.8	546.8	
湖 南	Hunan	5993.7	3822.0	668.3	668.3	
重 庆	Chongqing	1758.2	1167.2	323.2	323.0	0.2
四 川	Sichuan	6638.3	4258.5	1462.9	1303.5	159.4
贵 州	Guizhou	1869.9	1549.3	401.5	379.1	22.5
云 南	Yunnan	3850.5	3055.5	1268.9	1175.3	93.6

12-10 畜产品产量(2018 年)
Output of Livestock Products(2018)

地 区	Region	肉 类 (万吨) Output of Meat (10 000 tons)	#猪牛羊肉 Output of Pork, Beef and Mutton	猪 肉 Pork	牛 肉 Beef	羊 肉 Mutton	奶 类 (万吨) Milk (10 000 tons)	#牛 奶 Cow Milk
全 国	**National Total**	**8624.6**	**6522.9**	**5403.7**	**644.1**	**475.1**	**3176.8**	**3074.6**
上 海	Shanghai	13.5	11.6	11.3	0.0	0.3	33.4	33.4
江 苏	Jiangsu	328.5	216.1	205.5	2.8	7.8	50.0	50.0
浙 江	Zhejiang	104.6	77.5	74.0	1.2	2.3	15.8	15.7
安 徽	Anhui	421.7	269.7	243.9	8.7	17.1	30.8	30.8
江 西	Jiangxi	325.7	260.9	246.3	12.5	2.1	9.6	9.6
湖 北	Hubei	430.9	358.8	333.2	15.8	9.7	12.8	12.8
湖 南	Hunan	541.7	479.6	446.8	17.9	14.9	6.2	6.2
重 庆	Chongqing	182.3	146.1	132.2	7.2	6.8	4.9	4.9
四 川	Sichuan	664.7	542.0	481.2	34.5	26.3	64.3	64.2
贵 州	Guizhou	213.7	189.8	164.8	19.9	5.0	4.6	4.6
云 南	Yunnan	427.2	378.5	323.8	36.0	18.6	65.7	58.2

12-10 续表 continued

地 区	Region	绵羊毛 (吨) Sheep Wool (ton)	#细羊毛 Fine Wool	#半细羊毛 Semi-Fine Wool	山羊粗毛 (吨) Goat Wool (ton)	山羊绒 (吨) Cashmere (ton)	禽 蛋 (万吨) Poultry Eggs (10 000 tons)	蜂 蜜 (万吨) Honey (10 000 tons)
全 国	**National Total**	**356608**	**117891**	**120430**	**26965**	**15438**	**3128.3**	**44.7**
上 海	Shanghai	3.2			73.8		3.2	0.1
江 苏	Jiangsu	344.3	77.8	266.6	8.6	0.0	178.0	0.5
浙 江	Zhejiang	1687.2		1687.2	391.9		31.5	6.6
安 徽	Anhui	132.0	95.0	37.0	23.0		158.3	2.1
江 西	Jiangxi						47.0	1.8
湖 北	Hubei	9.0		5.0	48.0		171.5	2.3
湖 南	Hunan				2.0	1.0	105.4	1.0
重 庆	Chongqing	1.4		1.4			41.5	2.2
四 川	Sichuan	5475.0	1719.0	2847.0	558.0	140.0	148.8	5.4
贵 州	Guizhou	600.2	166.3	433.9	84.6	8.1	20.0	0.4
云 南	Yunnan	1534.0	304.0	1005.0	102.0	6.0	32.7	1.2

12-11　水产品产量(2018 年)
Output of Aquatic Products (2018)

单位：万吨　　(10 000 tons)

地 区	Region	水产品总产量 Total Aquatic Products	海水产品 Seawater Aquatic Products	天然生产 Naturally Grown	人工养殖 Artificially Cultured	鱼 类 Fish	虾蟹类 Shrimps, Prawns and Crabs	贝 类 Shellfish	藻 类 Algae	其 他 Others
全 国	**National Total**	**6457.7**	**3301.4**	**1270.2**	**2031.2**	**1091.5**	**368.2**	**1487.0**	**236.2**	**118.5**
上 海	Shanghai	26.3	16.7	16.7		15.9	0.8	0.0		0.0
江 苏	Jiangsu	494.8	140.8	49.0	91.8	35.7	25.4	70.8	4.3	4.6
浙 江	Zhejiang	589.6	463.2	342.3	120.9	254.2	86.4	98.0	8.9	15.7
安 徽	Anhui	225.0								
江 西	Jiangxi	255.9								
湖 北	Hubei	458.4								
湖 南	Hunan	246.9								
重 庆	Chongqing	53.0								
四 川	Sichuan	153.5								
贵 州	Guizhou	23.7								
云 南	Yunnan	63.8								

12-11 续表 continued

单位：万吨 (10 000 tons)

地 区	Region	淡水产品 Freshwater Aquatic Products	天然生产 Naturally Grown	人工养殖 Artificially Cultured	鱼 类 Fish	虾蟹类 Shrimps, Prawns and Crabs	贝 类 Shellfish	其 他 Others
全 国	**National Total**	**3156.2**	**196.4**	**2959.8**	**2691.4**	**369.7**	**40.8**	**54.4**
上 海	Shanghai	9.6	0.2	9.4	6.4	3.2		0.0
江 苏	Jiangsu	354.0	28.7	325.3	252.5	89.4	9.0	3.2
浙 江	Zhejiang	126.4	13.1	113.3	95.9	14.6	3.4	12.5
安 徽	Anhui	225.0	25.9	199.0	169.8	42.5	8.0	4.7
江 西	Jiangxi	255.9	22.4	233.5	222.7	18.8	6.5	7.9
湖 北	Hubei	458.4	18.1	440.3	349.3	101.7	0.8	6.6
湖 南	Hunan	246.9	9.0	238.0	213.7	26.9	1.7	4.7
重 庆	Chongqing	53.0	1.9	51.1	51.7	0.8	0.0	0.5
四 川	Sichuan	153.5	4.5	148.9	150.4	1.9	0.3	0.9
贵 州	Guizhou	23.7	1.1	22.6	23.4	0.2	0.0	0.1
云 南	Yunnan	63.8	3.1	60.6	63.0	0.5	0.2	0.1

12-12 人均主要农产品产量(2018 年)
Per Capita Output of Major Farm Products(2018)

单位：公斤 (kg)

地 区	Region	粮 食 Grain	谷 物 Cereal	棉 花 Cotton	油 料 Oil-bearing Crops	猪牛羊肉 Pork, Beef and Mutton	水产品 Total Aquatic Products	牛 奶 Milk
全 国	**National Total**	**472**	**438**	**4.4**	**24.7**	**46.8**	**46.4**	**22.1**
上 海	Shanghai	43	43	0.0	0.3	4.8	10.8	13.8
江 苏	Jiangsu	455	444	0.3	10.7	26.9	61.5	6.2
浙 江	Zhejiang	105	94	0.1	5.2	13.6	103.5	2.8
安 徽	Anhui	637	618	1.4	25.1	42.9	35.8	4.9
江 西	Jiangxi	473	456	1.6	26.1	56.3	55.2	2.1
湖 北	Hubei	480	458	2.5	51.2	60.7	77.6	2.2
湖 南	Hunan	439	420	1.2	34.1	69.7	35.9	0.9
重 庆	Chongqing	349	244		20.6	47.3	17.1	1.6
四 川	Sichuan	420	340	0.0	43.6	65.1	18.4	7.7
贵 州	Guizhou	295	206	0.0	31.4	52.9	6.6	1.3
云 南	Yunnan	386	328	0.0	12.7	78.6	13.2	12.1

十三、工业 Industry

13-1 规模以上工业企业主要指标(2018年)
Main Indicators of Industrial Enterprises above Designated Size(2018)

单位：亿元 (100 million yuan)

地区	Region	企业单位数(个) Number of Enterprises (unit)	资产总计 Total Assets	流动资产合计 Total Current Assets	应收账款 Accounts Receivable	存货 Inventories	#产成品 Finished Goods	负债合计 Total Liabilities
全国	**National Total**	**378440**	**1134382.2**	**554165.1**	**143418.2**	**116671.3**	**43119.1**	**641273.8**
上海	Shanghai	8130	42661.8	24768.0	7365.6	5228.8	1650.1	20060.7
江苏	Jiangsu	45675	119590.9	66896.9	22059.9	14426.7	5534.3	62924.3
浙江	Zhejiang	40586	77666.7	42716.0	12840.7	9056.6	3665.2	43113.7
安徽	Anhui	19421	37599.7	18564.2	5802.1	3808.6	1501.0	21612.4
江西	Jiangxi	11630	24085.5	11391.4	2798.0	2585.8	990.4	12454.3
湖北	Hubei	15598	39895.1	18555.4	4734.4	4051.0	1591.1	20307.7
湖南	Hunan	16055	27195.3	12443.9	3589.3	3060.5	1012.2	14011.6
重庆	Chongqing	6772	19172.5	8982.2	2990.7	1775.1	699.4	11053.7
四川	Sichuan	14205	44075.9	19059.7	5107.4	3860.8	1429.9	24885.2
贵州	Guizhou	5583	15068.0	6723.3	1039.5	1345.0	338.2	9293.4
云南	Yunnan	4260	20562.1	7528.1	1230.3	2397.7	559.2	12479.4

13-1 续表 continued

单位：亿元 (100 million yuan)

地　区	Region	营业收入 Business Revenue	营业成本 Business Cost	销售费用 Selling Expenses	管理费用 Administrative Expenses	财务费用 Financial Expenses	利润总额 Total Profits	平　均 用工人数 (万人) Annual Average Employees (10 000 persons)
全　国	**National Total**	**1049490.5**	**881200.2**	**30924.4**	**46125.1**	**11904.9**	**66351.4**	**7942.3**
上　海	Shanghai	39814.8	32032.8	1465.4	2633.0	96.6	3338.4	192.5
江　苏	Jiangsu	132155.4	112306.3	3755.3	5761.7	1047.2	8491.9	926.1
浙　江	Zhejiang	71445.8	59962.6	2161.7	3949.2	759.9	4452.1	652.7
安　徽	Anhui	40004.8	34180.7	1017.2	1545.2	442.6	2448.2	288.6
江　西	Jiangxi	32304.8	27979.3	660.4	998.6	223.4	2157.8	233.8
湖　北	Hubei	43271.6	36286.8	1287.6	1812.4	405.7	2755.4	293.0
湖　南	Hunan	35420.9	29488.1	1137.7	1708.4	383.9	1726.9	297.8
重　庆	Chongqing	20052.5	17012.5	615.7	845.2	193.9	1218.7	154.8
四　川	Sichuan	41246.8	34321.7	1363.8	1674.1	561.6	2717.9	295.0
贵　州	Guizhou	9538.6	7243.8	335.9	403.8	214.5	879.2	82.5
云　南	Yunnan	13640.5	10634.6	382.9	503.1	302.0	925.2	83.0

13-2 国有控股工业企业主要指标(2018年)
Main Indicators of State-holding Industrial Enterprises(2018)

单位：亿元 (100 million yuan)

地 区	Region	企业单位数(个) Number of Enterprises (unit)	资产总计 Total Assets	流动资产合计 Total Current Assets	应收账款 Accounts Receivable	存货 Inventories	#产成品 Finished Goods	负债合计 Total Liabilities
全 国	**National Total**	**18670**	**439908.8**	**158240.5**	**29417.4**	**32598.0**	**9389.1**	**258245.7**
上 海	Shanghai	652	20081.3	9203.8	1616.4	1801.5	413.4	8666.3
江 苏	Jiangsu	1065	22054.7	9173.6	2372.5	2088.2	571.8	12305.7
浙 江	Zhejiang	813	13019.2	4774.6	1454.6	973.9	236.0	7268.4
安 徽	Anhui	688	15235.4	5528.6	1053.7	1067.9	326.4	9426.5
江 西	Jiangxi	464	7084.6	3338.9	598.9	710.5	189.9	4348.2
湖 北	Hubei	716	17465.5	6826.0	1468.6	1290.4	413.4	8885.5
湖 南	Hunan	715	10299.2	4589.2	1142.1	1247.8	254.8	6080.0
重 庆	Chongqing	492	7495.9	2768.6	663.5	533.6	171.4	4521.2
四 川	Sichuan	952	20718.5	6598.9	1477.1	1278.8	378.0	12409.6
贵 州	Guizhou	485	9229.1	3777.7	320.4	797.0	134.1	5816.5
云 南	Yunnan	601	14097.9	4085.4	569.4	1545.2	223.3	8700.8

13-2 续表 continued

单位：亿元 (100 million yuan)

地 区	Region	营业收入 Business Revenue	营业成本 Business Cost	销售费用 Selling Expenses	管理费用 Administrative Expenses	财务费用 Financial Expenses	利润总额 Total Profits	平 均 用工人数 (万人) Annual Average Employees (10 000 persons)
全 国	**National Total**	**284730.4**	**232075.5**	**6018.9**	**11694.8**	**4918.8**	**18583.1**	**1418.1**
上 海	Shanghai	16270.1	12843.7	325.4	993.1	20.3	1765.3	34.3
江 苏	Jiangsu	18427.7	15309.9	325.6	637.2	176.9	1327.1	60.2
浙 江	Zhejiang	11636.2	9642.9	215.5	360.5	121.3	804.4	30.3
安 徽	Anhui	11657.2	9801.0	206.4	457.1	221.7	634.4	62.7
江 西	Jiangxi	7625.1	6671.1	103.2	220.6	65.6	330.8	31.8
湖 北	Hubei	11390.4	9072.0	262.2	583.0	108.3	862.5	56.8
湖 南	Hunan	8127.4	6375.0	177.0	368.6	127.0	396.2	41.1
重 庆	Chongqing	4954.5	4093.2	219.1	280.3	84.8	171.3	27.9
四 川	Sichuan	10628.6	8407.4	297.6	498.9	260.3	818.6	63.8
贵 州	Guizhou	4213.9	2790.5	101.3	171.7	148.2	604.2	29.9
云 南	Yunnan	7475.2	5479.4	124.1	266.8	218.5	543.0	29.8

13-3 私营工业企业主要指标(2018 年)
Main Indicators of Private Industrial Enterprises(2018)

单位：亿元 (100 million yuan)

地 区	Region	企业单位数(个) Number of Enterprises (unit)	资产总计 Total Assets	流动资产合计 Total Current Assets	应收账款 Accounts Receivable	存货 Inventories	#产成品 Finished Goods	负债合计 Total Liabilities
全 国	**National Total**	**220628**	**239288.8**	**134355.0**	**37983.8**	**31183.7**	**13019.2**	**134884.7**
上 海	Shanghai	3551	5449.1	3776.4	1333.9	826.2	330.8	2811.8
江 苏	Jiangsu	28747	34479.7	20438.0	6873.4	4602.7	1952.3	19127.7
浙 江	Zhejiang	28745	25547.3	16000.1	5101.3	3657.4	1558.1	16098.0
安 徽	Anhui	13550	10031.9	5701.2	1994.6	1360.6	614.7	5179.8
江 西	Jiangxi	6300	6858.2	3088.5	829.9	748.6	321.5	3102.0
湖 北	Hubei	9054	8592.8	4269.1	1160.1	1139.7	524.6	4057.3
湖 南	Hunan	12303	10140.5	4470.7	1346.7	1087.7	460.3	4396.8
重 庆	Chongqing	4321	5350.7	2604.8	835.6	536.6	250.0	2840.8
四 川	Sichuan	8127	8067.8	4097.7	1138.9	1012.1	443.2	4062.0
贵 州	Guizhou	3580	2716.8	1410.4	362.0	277.8	111.0	1546.0
云 南	Yunnan	2159	2710.1	1516.9	298.6	387.8	158.1	1596.8

13-3 续表 continued

单位：亿元 (100 million yuan)

地 区	Region	营业收入 Business Revenue	营业成本 Business Cost	销售费用 Selling Expenses	管理费用 Administrative Expenses	财务费用 Financial Expenses	利润总额 Total Profits	平均用工人数（万人） Annual Average Employees (10 000 persons)
全 国	**National Total**	**311970.0**	**269614.6**	**8255.2**	**12724.3**	**3046.2**	**17137.0**	**2840.7**
上 海	Shanghai	4616.0	3726.8	216.3	396.8	30.1	279.6	44.5
江 苏	Jiangsu	47302.5	41098.2	1004.4	1888.2	430.4	2709.0	379.2
浙 江	Zhejiang	27395.5	23543.4	752.9	1651.3	341.9	1180.9	349.6
安 徽	Anhui	15979.0	13850.7	401.5	566.6	128.9	987.4	133.3
江 西	Jiangxi	11394.1	9900.8	268.7	332.8	69.8	789.4	93.7
湖 北	Hubei	15475.9	13367.2	445.3	544.9	161.0	826.2	115.0
湖 南	Hunan	19324.4	16442.0	630.5	917.7	176.3	907.7	176.0
重 庆	Chongqing	7212.6	6004.8	208.3	297.3	57.0	608.9	72.7
四 川	Sichuan	14665.4	12563.6	462.7	534.0	133.2	862.8	110.1
贵 州	Guizhou	3056.8	2579.5	106.9	130.2	29.6	161.4	31.5
云 南	Yunnan	2922.7	2525.3	80.9	105.7	32.2	163.2	27.8

13-4 外商投资和港澳台商投资工业企业主要指标(2018 年)
Main Indicators of Industrial Enterprises with Hong Kong, Macao, Taiwan and Foreign Funds(2018)

单位：亿元 (100 million yuan)

地 区	Region	企业单位数(个) Number of Enterprises (unit)	资产总计 Total Assets	流动资产合计 Total Current Assets	应收账款 Accounts Receivable	存货 Inventories	#产成品 Finished Goods	负债合计 Total Liabilities
全 国	**National Total**	**47736**	**224353.2**	**136202.7**	**44509.0**	**27717.0**	**10437.7**	**121399.2**
上 海	Shanghai	3397	18949.8	12535.7	4222.2	2800.7	956.3	10040.2
江 苏	Jiangsu	9578	41846.2	25012.4	9204.9	5252.1	1959.9	20559.9
浙 江	Zhejiang	4920	16741.9	10314.3	3109.1	2176.0	913.6	8348.6
安 徽	Anhui	777	4266.5	2663.3	1413.9	372.0	150.6	2574.4
江 西	Jiangxi	744	2965.1	1443.2	424.5	300.9	130.2	1522.1
湖 北	Hubei	814	6366.7	3430.6	850.3	552.4	231.9	3642.1
湖 南	Hunan	548	3123.4	1619.6	708.2	253.3	112.2	1902.2
重 庆	Chongqing	414	3917.4	2246.1	1010.6	430.4	159.6	2567.3
四 川	Sichuan	576	5087.4	3223.2	1418.3	438.9	165.8	3270.2
贵 州	Guizhou	110	580.1	266.7	73.3	47.2	13.6	362.3
云 南	Yunnan	168	812.1	317.1	62.3	92.9	30.2	433.5

13-4 续表 continued

单位：亿元 (100 million yuan)

地 区	Region	营业收入 Business Revenue	营业成本 Business Cost	销售费用 Selling Expenses	管理费用 Administrative Expenses	财务费用 Financial Expenses	利润总额 Total Profits	平均用工人数（万人） Annual Average Employees (10 000 persons)
全 国	**National Total**	**244478.0**	**205575.6**	**8515.8**	**11479.3**	**1314.1**	**16775.5**	**1887.0**
上 海	Shanghai	24118.2	19481.2	897.2	1598.9	26.7	1920.3	110.5
江 苏	Jiangsu	46701.9	39690.7	1422.1	2197.9	233.0	3151.3	347.9
浙 江	Zhejiang	15594.8	12806.9	591.7	937.8	131.0	1177.0	133.3
安 徽	Anhui	4571.2	4001.9	123.8	167.5	22.4	262.8	27.1
江 西	Jiangxi	3474.3	2953.2	75.9	129.7	29.4	277.4	33.5
湖 北	Hubei	7473.9	6212.8	247.7	318.1	22.6	567.8	39.5
湖 南	Hunan	2959.3	2494.5	108.4	157.7	23.9	158.4	37.0
重 庆	Chongqing	5052.7	4538.2	138.4	195.3	27.0	134.7	26.5
四 川	Sichuan	5261.2	4619.6	98.4	141.6	23.0	303.5	30.2
贵 州	Guizhou	430.8	365.6	12.9	16.3	7.1	30.0	3.3
云 南	Yunnan	580.0	433.5	54.2	31.5	8.2	33.2	5.1

13-5 大中型工业企业主要指标(2018 年)
Main Indicators of Large and Medium-sized Industrial Enterprises(2018)

单位：亿元 (100 million yuan)

地 区	Region	企业单位数(个) Number of Enterprises (unit)	资产总计 Total Assets	流动资产合计 Total Current Assets	应收账款 Accounts Receivable	存货 Inventories	#产成品 Finished Goods	负债合计 Total Liabilities
全 国	**National Total**	**58881**	**805653.2**	**385328.8**	**91729.9**	**79300.9**	**28134.6**	**454734.2**
上 海	Shanghai	1325	31664.3	17353.6	4849.0	3588.2	1025.9	14549.6
江 苏	Jiangsu	6790	80236.7	43745.6	13761.5	9398.9	3526.1	41764.5
浙 江	Zhejiang	4748	45350.1	24156.0	6939.1	4703.8	2025.9	23561.7
安 徽	Anhui	1595	25131.0	11832.2	3517.9	2234.8	805.9	15024.9
江 西	Jiangxi	1775	15025.2	7266.7	1533.5	1652.2	573.2	8081.7
湖 北	Hubei	1998	26713.5	12323.6	2963.6	2520.5	907.6	14082.2
湖 南	Hunan	2247	18082.9	8665.2	2338.9	2211.3	642.3	9807.4
重 庆	Chongqing	1282	12825.4	6252.1	2152.7	1215.0	480.6	7530.3
四 川	Sichuan	2090	28596.4	13099.3	3433.0	2613.3	879.4	15717.6
贵 州	Guizhou	546	10183.4	4564.6	443.6	981.0	184.6	6288.9
云 南	Yunnan	578	13851.9	4819.0	605.9	1813.6	296.8	8063.4

13-5 续表 continued

单位：亿元 (100 million yuan)

地 区	Region	营业收入 Business Revenue	营业成本 Business Cost	销售费用 Selling Expenses	管理费用 Administrative Expenses	财务费用 Financial Expenses	利润总额 Total Profits	平均用工人数(万人) Annual Average Employees (10 000 persons)
全 国	**National Total**	**697466.7**	**578443.5**	**21458.0**	**30658.3**	**7760.0**	**47649.8**	**4962.6**
上 海	Shanghai	29454.7	23521.7	1059.4	1861.2	39.7	2659.3	123.9
江 苏	Jiangsu	84414.6	71161.0	2584.3	3534.1	607.6	5864.3	552.1
浙 江	Zhejiang	40573.3	33721.4	1370.5	2153.4	348.6	3080.1	319.0
安 徽	Anhui	20991.4	17599.1	551.9	875.8	276.0	1358.4	148.0
江 西	Jiangxi	18400.3	15785.7	375.6	612.9	129.4	1240.9	132.3
湖 北	Hubei	23733.2	19476.6	721.1	1071.7	215.4	1682.7	163.0
湖 南	Hunan	17774.9	14311.4	611.3	911.9	230.6	958.7	155.3
重 庆	Chongqing	13021.6	11160.2	429.2	548.6	109.7	656.8	94.3
四 川	Sichuan	23695.7	19355.7	820.7	996.2	283.1	1757.1	177.2
贵 州	Guizhou	5426.4	3773.0	184.7	225.8	148.6	679.0	46.0
云 南	Yunnan	8973.8	6723.0	253.1	325.2	180.0	613.9	47.5

13-6 工业产品产量(2018 年)
Output of Industrial Products(2018)

地 区	Region	原 煤 (亿吨) Coal (100 million tons)	天然气 (亿立方米) Natural Gas (100 million cu.m)	原 盐 (万吨) Salt (10 000 tons)	成品糖 (万吨) Refined Sugar (10 000 tons)	啤 酒 (万千升) Beer (10 000 kiloliter)	卷 烟 (亿支) Cigarettes (100 million pieces)	布 (亿米) Cloth (100 million m)
全 国	**National Total**	**36.83**	**1602.65**	**5836.17**	**1524.14**	**3812.24**	**23358.69**	**657.26**
上 海	Shanghai		14.54			49.96	892.70	0.92
江 苏	Jiangsu	0.12	9.97	939.06	0.66	173.11	1031.02	117.83
浙 江	Zhejiang				0.53	237.31	939.47	167.35
安 徽	Anhui	1.15	2.25	139.00	0.30	52.84	1114.41	11.16
江 西	Jiangxi	0.06	0.20	212.44	0.15	83.62	638.01	7.94
湖 北	Hubei	0.01	5.13	416.74	0.08	171.04	1275.84	57.86
湖 南	Hunan	0.19		323.17	2.54	56.34	1635.56	3.20
重 庆	Chongqing	0.12	61.17	213.86	1.16	70.61	520.00	2.22
四 川	Sichuan	0.37	369.85	494.45	1.86	221.36	755.19	16.04
贵 州	Guizhou	1.43	2.98		3.25	95.60	1075.79	0.40
云 南	Yunnan	0.47		160.13	243.18	72.82	3501.52	

13-6 续表 1 continued

地 区	Region	机制纸及纸板 (万吨) Machine-made Paper and Paperboards (10 000 tons)	焦 炭 (万吨) Coke (10 000 tons)	硫 酸 (万吨) Sulfuric Acid (10 000 tons)	烧 碱 (万吨) Caustic Soda (10 000 tons)	纯 碱 (万吨) Soda Ash (10 000 tons)	乙 烯 (万吨) Ethylene (10 000 tons)	农用氮、磷、钾化肥 (万吨) Chemical Fertilizer (10 000 tons)
全 国	**National Total**	**11660.58**	**43819.96**	**9129.76**	**3420.18**	**2620.49**	**1840.97**	**5418.00**
上 海	Shanghai	16.79	544.91	15.92	71.13		172.88	1.02
江 苏	Jiangsu	1140.97	1472.71	246.80	320.55	437.84	161.20	168.04
浙 江	Zhejiang	1869.05	203.02	306.19	189.96	33.61	119.97	19.92
安 徽	Anhui	353.70	1109.34	643.91	80.68	37.34		217.15
江 西	Jiangxi	214.50	573.94	272.58	43.47			5.32
湖 北	Hubei	325.91	873.98	1211.95	83.09	137.48	88.40	637.69
湖 南	Hunan	348.33	656.21	176.72	44.76	16.66	5.40	52.69
重 庆	Chongqing	308.47	251.14	171.04	32.85	106.10		146.91
四 川	Sichuan	261.47	1126.87	495.18	104.60	140.48		370.54
贵 州	Guizhou	17.34	402.71	800.99				487.13
云 南	Yunnan	88.51	907.43	1442.32	27.55	13.27		305.16

13-6 续表 2 continued

地 区	Region	化学农药原药(万吨) Chemical Pesticide (10 000 tons)	初级形态的塑料(万吨) Primary Plastic (10 000 tons)	化学纤维(万吨) Chemical Fiber (10 000 tons)	水 泥(万吨) Cement (10 000 tons)	平板玻璃(万重量箱) Plate Glass (10 000 weight cases)	生 铁(万吨) Pig Iron (10 000 tons)	粗 钢(万吨) Crude Steel (10 000 tons)	钢 材(万吨) Rolled Steel (10 000 tons)
全 国	**National Total**	**208.28**	**8558.02**	**5011.09**	**220770.68**	**86863.51**	**77105.44**	**92800.90**	**110551.65**
上 海	Shanghai	1.06	335.39	39.70	414.52		1476.75	1630.09	1983.32
江 苏	Jiangsu	80.20	930.78	1370.47	14717.81	3812.67	6796.05	10422.10	12146.72
浙 江	Zhejiang	21.75	926.21	2282.30	12323.46	4336.85	873.75	1266.51	3048.69
安 徽	Anhui	10.95	148.25	39.61	13248.19	3310.17	2422.01	3103.87	3194.95
江 西	Jiangxi	4.93	33.31	54.62	8884.30	320.30	2204.17	2499.18	2571.34
湖 北	Hubei	16.77	191.26	25.49	10695.31	9326.86	2514.59	3071.80	3649.87
湖 南	Hunan	5.90	49.10	10.77	10997.43	2499.51	1963.17	2307.59	2374.69
重 庆	Chongqing	1.29	37.00	10.01	6583.06	1592.68	580.43	638.16	1187.66
四 川	Sichuan	21.10	236.25	86.16	13752.78	5384.12	1978.55	2400.70	2896.74
贵 州	Guizhou		10.50	1.27	11121.78	1646.48	342.01	418.41	554.28
云 南	Yunnan	0.01	42.90	6.22	12119.76	1024.29	1572.36	1925.04	1940.74

13-6 续表 3 continued

地 区	Region	金属切削机床(万台) Metal-cutting Machine Tools (10 000 units)	大中型拖拉机(万台) Large and Medium-sized Tractors (10 000 units)	汽 车(万辆) Motor Vehicles (10 000 units)	#轿 车 Cars	发电机组(万千瓦) Power Generation Equipment (10 000 kW)	家用电冰箱(万台) Household Refrigerators (10 000 units)	房间空气调节器(万台) Air Conditioners (10 000 units)
全 国	**National Total**	**48.86**	**24.35**	**2781.90**	**1160.07**	**10600.49**	**7993.23**	**20485.97**
上 海	Shanghai	0.60		297.76	194.77	3235.62	46.08	382.84
江 苏	Jiangsu	8.49	3.48	121.89	58.67	668.98	956.33	512.39
浙 江	Zhejiang	11.97	2.01	119.22	87.72	536.16	618.28	1613.24
安 徽	Anhui	2.84	0.38	82.43	17.85		2631.08	3210.33
江 西	Jiangxi	0.47		54.98	7.02	15.74	89.13	582.48
湖 北	Hubei	0.69	0.05	241.87	99.73	165.02	488.80	1842.86
湖 南	Hunan	0.46		52.90	20.71	80.54		
重 庆	Chongqing	0.65		172.64	46.40	141.05	139.65	1848.86
四 川	Sichuan	0.61	0.01	74.71	1.92	2312.25	85.34	263.18
贵 州	Guizhou	0.14		0.45			143.12	
云 南	Yunnan	2.03	3.15	15.88		58.76		

13-6 续表 4 continued

地 区	Region	家用洗衣机(万台) Household Washing Machines (10 000 units)	移动通信手持机(万台) Mobile Telephones (10 000 units)	微型计算机设备(万台) Micro-Computer Equipment (10 000 units)	集成电路(亿块) Integrated Circuit (100 million units)	彩色电视机(万台) Color Television Sets (10 000 units)	发电量(亿千瓦小时) Electricity (100 million kWh)	#水 电 Hydropower
全 国	**National Total**	**7268.04**	**179846.37**	**30700.19**	**1739.47**	**18834.82**	**71117.73**	**12342.28**
上 海	Shanghai	140.07	4729.04	1448.81	233.48	144.38	839.70	
江 苏	Jiangsu	1891.56	4924.60	6215.03	564.24	1312.84	5085.08	33.22
浙 江	Zhejiang	1153.43	5317.57	204.07	65.36	722.19	3438.44	180.04
安 徽	Anhui	2126.03	70.04	2022.34	1.25	1779.19	2734.49	53.84
江 西	Jiangxi	20.84	4648.55	96.55	0.01	23.21	1281.29	120.92
湖 北	Hubei		4373.56	1111.45	3.29	575.79	2835.82	1484.08
湖 南	Hunan		1614.73	67.10	4.72	1.12	1532.73	537.23
重 庆	Chongqing	362.04	18868.17	7074.08	5.41	1.91	799.53	246.14
四 川	Sichuan	178.00	9437.02	5903.64	76.59	1001.54	3687.00	3156.91
贵 州	Guizhou		1956.02	1.97	0.38	132.74	2015.98	711.24
云 南	Yunnan		1897.64	72.42	3.67	69.73	3240.99	2698.48

十四、建筑业 Construction

14-1 建筑业劳动生产率(2018 年)
Labor Productivity of Construction(2018)

单位：元/人 (yuan/person)

地 区	Region	按建筑业总产值计算的劳动生产率 Overall Labor Productivity in Terms of Total Output Value	#国 有 State-owned	#集 体 Collective-owned
全 国	**National Average**	**373193**	**531442**	**277453**
上 海	Shanghai	583972	881533	165288
江 苏	Jiangsu	335803	426531	268724
浙 江	Zhejiang	360809	452897	322850
安 徽	Anhui	421813	739544	224558
江 西	Jiangxi	353687	541096	346209
湖 北	Hubei	595205	1334902	266966
湖 南	Hunan	348142	461601	284186
重 庆	Chongqing	327437	519733	329411
四 川	Sichuan	317667	351858	291124
贵 州	Guizhou	362686	414949	184367
云 南	Yunnan	312495	609453	192457

14-2 按登记注册类型分建筑业企业单位数(2018 年)
Number of Construction Enterprises by Registration Status(2018)

单位：个 (unit)

地区	Region	合计 Total	内资企业 Domestic Funded	#国有 State-owned	#集体 Collective-owned	港澳台商投资企业 Funded from Hong Kong, Macao and Taiwan	#港澳台商独资企业 Solely Owned	外商投资企业 Foreign Funded	#外商独资企业 Solely Owned
全国	**National Total**	**95400**	**94937**	**3080**	**2430**	**272**	**83**	**191**	**69**
上海	Shanghai	2445	2350	71	25	53	24	42	21
江苏	Jiangsu	9292	9221	160	81	32	11	39	19
浙江	Zhejiang	6769	6742	78	68	22	6	5	1
安徽	Anhui	3813	3810	84	61	2		1	
江西	Jiangxi	2632	2625	89	120	5	1	2	1
湖北	Hubei	4196	4183	171	58	7	4	6	1
湖南	Hunan	2580	2576	142	131	3	1	1	1
重庆	Chongqing	2770	2765	86	44	3	2	2	1
四川	Sichuan	5230	5228	259	102	1	1	1	
贵州	Guizhou	1202	1201	91	50	1			
云南	Yunnan	2843	2842	85	105	1			

14-3 按登记注册类型分建筑业企业从业人员(2018 年)
Number of Staff and Workers in Construction Enterprises by Registration Status(2018)

单位：人 (person)

地 区	Region	合 计 Total	内资企业 Domestic Funded	#国 有 State-owned	#集 体 Collective-owned	港澳台商投资企业 Funded from Hong Kong, Macao and Taiwan	#港澳台商独资企业 Solely Owned	外商投资企业 Foreign Funded	#外商独资企业 Solely Owned
全 国	**National Total**	**55632995**	**55399086**	**4278309**	**1313691**	**137800**	**36216**	**96109**	**28197**
上 海	Shanghai	853592	833070	201970	9652	8673	3559	11849	6919
江 苏	Jiangsu	8110275	8091341	173103	31177	9025	4133	9909	4700
浙 江	Zhejiang	7949311	7888394	59968	98666	37326	10943	23591	50
安 徽	Anhui	1867934	1866697	176743	30194	1182		55	
江 西	Jiangxi	1601389	1599637	59565	78074	1159	15	593	251
湖 北	Hubei	2434219	2425379	139278	22146	953	54	7887	247
湖 南	Hunan	2601713	2593009	365910	83221	4095	685	4609	4609
重 庆	Chongqing	2264748	2263711	120314	32669	388	263	649	29
四 川	Sichuan	3529179	3528807	518193	115473	56	56	316	
贵 州	Guizhou	813874	813849	161336	22833	25			
云 南	Yunnan	1287401	1287376	144868	37595	25			

14-4　建筑业企业技术装备情况(2018 年)
Number and Power of Machinery and Equipment Owned by Construction Enterprises(2018)

地 区	Region	自有施工机械设备年末总台数 (台) Number of Machinery and Equipment Owned (set)	自有施工机械设备年末总功率 (万千瓦) Total Power of Machinery and Equipment Owned (10 000 kW)	自有施工机械设备年末净值 (万元) Net Value of Machinery and Equipment Owned (10 000 yuan)	技术装备率 (元/人) Value of Machines per Laborer (yuan/person)	动力装备率 (千瓦/人) Power of Machines per Laborer (kW/person)
全 国	**National Total**	**10923709**	**25757.7**	**62464586**	**11228**	**4.6**
上 海	Shanghai	59352	217.8	1011593	11851	2.6
江 苏	Jiangsu	1355826	3903.5	8004105	9869	4.8
浙 江	Zhejiang	1974765	1881.7	4230025	5321	2.4
安 徽	Anhui	359511	1000.7	1582093	8470	5.4
江 西	Jiangxi	250540	663.5	1399533	8739	4.1
湖 北	Hubei	775683	1575.5	3239232	13307	6.5
湖 南	Hunan	791785	1039.5	3024343	11624	4.0
重 庆	Chongqing	180892	430.8	1055573	4661	1.9
四 川	Sichuan	561560	1179.8	2481447	7031	3.3
贵 州	Guizhou	79568	404.5	695475	8545	5.0
云 南	Yunnan	172438	844.4	4422957	34356	6.6

14-5　建筑业总产值(2018 年)
Total Output Value of Construction(2018)

单位：亿元　(100 million yuan)

地　区	Region	建筑业总产值 Total Output Value	建筑工程产值 Output Value of Construction	安装工程产值 Output Value of Installation	其　他 Others
全　国	**National Total**	**235085.53**	**207586.45**	**19630.16**	**7868.91**
上　海	Shanghai	7072.21	5971.92	940.18	160.11
江　苏	Jiangsu	30846.66	28827.45	1761.57	257.64
浙　江	Zhejiang	28756.20	25838.03	2104.88	813.28
安　徽	Anhui	7888.45	6728.64	620.98	538.84
江　西	Jiangxi	6993.40	5990.83	541.04	461.54
湖　北	Hubei	15133.87	13466.39	1233.15	434.32
湖　南	Hunan	9581.44	8231.78	764.41	585.25
重　庆	Chongqing	7819.42	7070.06	481.50	267.86
四　川	Sichuan	12983.75	11095.62	1177.78	710.35
贵　州	Guizhou	3329.98	2849.80	301.62	178.56
云　南	Yunnan	5458.52	4935.93	353.29	169.30

14-6 按登记注册类型分建筑业总产值(2018 年)
Total Output Value of Construction by Registration Status(2018)

单位：万元 (10 000 yuan)

地 区	Region	合 计 Total	内资企业 Domestic Funded	#国 有 State-owned	#集 体 Collective-owned	港澳台商投资企业 Funded from Hong Kong, Macao and Taiwan	#港澳台商独资企业 Solely Owned	外商投资企业 Foreign Funded	#外商独资企业 Solely Owned
全 国	**National Total**	**2350855278**	**2335582533**	**262642657**	**38126749**	**7417162**	**1970235**	**7855583**	**3600470**
上 海	Shanghai	70722106	68961839	20203935	168379	746688	251703	1013579	620704
江 苏	Jiangsu	308466606	306444294	8880849	942011	421034	124584	1601278	1158385
浙 江	Zhejiang	287561963	283891357	2857010	3236834	2357650	418214	1312955	1472
安 徽	Anhui	78884540	78868432	12625427	668396	15134		974	
江 西	Jiangxi	69934025	69749313	3299766	2839746	39811	260	144901	4030
湖 北	Hubei	151338712	150791611	19161446	554835	44532	744	502569	15435
湖 南	Hunan	95814427	95413900	17038884	2615078	279886	25120	120641	120641
重 庆	Chongqing	78194241	78059481	6782353	1100167	91688	89188	43072	390
四 川	Sichuan	129837518	129824304	21676002	3530757	1270	1270	11944	
贵 州	Guizhou	33299817	33299267	8454843	554557	550			
云 南	Yunnan	54585218	54584380	12081867	1086783	838			

14-7 按行业分建筑业总产值(2018 年)
Total Output Value of Construction by Branch(2018)

单位：万元 (10 000 yuan)

地 区	Region	建筑业总产值 Total Output Value of Construction	房屋建筑业 Construction of Buildings	土木工程建筑业 Civil Engineering	建筑安装业 Construction Installation	建筑装饰、装修和其他建筑业 Building Decoration and Other Construction
全 国	**National Total**	**2350855278**	**1488295317**	**634165311**	**119528717**	**108865933**
上 海	Shanghai	70722106	38443055	19338326	6433709	6507016
江 苏	Jiangsu	308466606	227685770	43319521	19764364	17696952
浙 江	Zhejiang	287561963	207118838	59553763	8828098	12061264
安 徽	Anhui	78884540	46113419	26217463	3800884	2752773
江 西	Jiangxi	69934025	45054934	19444624	2409572	3024894
湖 北	Hubei	151338712	93513623	48413370	5329107	4082613
湖 南	Hunan	95814427	69166074	21321150	3626861	1700342
重 庆	Chongqing	78194241	57584329	15431204	2421384	2757325
四 川	Sichuan	129837518	87119496	34511467	5172938	3033616
贵 州	Guizhou	33299817	18992653	10990910	2491267	824988
云 南	Yunnan	54585218	34144910	17603100	1596812	1240396

14-8 建筑业企业签订合同和承包工程完成情况(2018 年)
Contracts Signed and Completion of Contracted Projects by Construction Enterprises(2018)

单位：万元 (10 000 yuan)

地区	Region	合同总额 Total Value of Contracts	上年结转合同额 Value from Contracts Signed in Last Year	本年新签合同额 Value from New Contracts Signed in This Year	直接从建设单位承揽工程完成的产值 Completed Output Value of Projects Contracted Directly from Investors	自行完成施工产值 Own-completed Output Value	分包出去工程的产值 Output Value of Out-sourced Projects	从建设单位以外承揽工程完成的产值 Completed Output Value of Projects Contracted from Non-investors
全　国	**National Total**	**4944090455**	**2215549827**	**2728540628**	**2311232003**	**2240856981**	**70375022**	**109998297**
上　海	Shanghai	228079395	111513134	116566261	73134755	63171714	9963040	7550391
江　苏	Jiangsu	504946449	207484258	297462190	288401824	287142230	1259594	21324376
浙　江	Zhejiang	483750970	179393499	304357471	281101104	277208647	3892457	10353316
安　徽	Anhui	149052289	62479630	86572660	78107733	77382879	724854	1501661
江　西	Jiangxi	126293225	55773251	70519974	67548905	66440679	1108226	3493346
湖　北	Hubei	339180988	158209456	180971532	150444539	148653025	1791515	2685688
湖　南	Hunan	215948534	103905464	112043070	94039827	93170959	868869	2643468
重　庆	Chongqing	140485223	61765897	78719326	77159063	75420218	1738846	2774024
四　川	Sichuan	267576430	122614607	144961823	124890447	122761498	2128949	7076020
贵　州	Guizhou	86900976	42288928	44612048	33087920	32785904	302016	513913
云　南	Yunnan	115165644	43920645	71244999	53617353	52962351	655002	1622867

14-9 按登记注册类型分建筑业企业实收资本(2018 年)
Paid-up Capitals of Construction Enterprises by Registration Status(2018)

单位：万元　　　　(10 000 yuan)

地 区	Region	合 计 Total	内资企业 Domestic Funded	#国 有 State-owned	#集 体 Collective-owned	港澳台商投资企业 Funded from Hong Kong, Macao and Taiwan	#港澳台商独资企业 Solely Owned	外商投资企业 Foreign Funded	#外商独资企业 Solely Owned
全 国	**National Total**	**390831729**	**387854881**	**44131495**	**4744197**	**1640568**	**709648**	**1336281**	**780310**
上 海	Shanghai	13415074	13033611	2643881	43187	250635	104083	130829	88263
江 苏	Jiangsu	35518037	35174756	1573770	135421	104016	30925	239265	90387
浙 江	Zhejiang	26788534	26626751	480629	162935	143606	20565	18176	2000
安 徽	Anhui	11776441	11762765	1164512	71414	10476	9576	3200	
江 西	Jiangxi	11967556	11836207	550084	310337	129693	95	1656	
湖 北	Hubei	17906686	17833614	2803344	106530	9752	137	63320	
湖 南	Hunan	13150668	13136917	2601069	258896	8060	698	5691	5691
重 庆	Chongqing	9532439	9331558	992445	62309	187072	185223	13810	810
四 川	Sichuan	23885811	23878873	2877067	194949	586	586	6352	352
贵 州	Guizhou	5577295	5577295	1611012	114725				
云 南	Yunnan	10955072	10951072	707620	196624	2000		2000	

14-10 建筑业企业资产(2018 年)
Assets of Construction Enterprises(2018)

单位：万元 (10 000 yuan)

地 区	Region	资产总计 Total Assets	#流动资产 Circulating Funds	#固定资产 Fixed Assets	#在建工程 Under Construction
全 国	**National Total**	**2340024586**	**1826661724**	**216275992**	**25702323**
上 海	Shanghai	109091893	90201524	7973289	366829
江 苏	Jiangsu	207319041	173185868	23714741	1448506
浙 江	Zhejiang	137191479	112972704	14591234	1113552
安 徽	Anhui	70763065	54728645	7155129	1027867
江 西	Jiangxi	59185090	49204952	4684890	650170
湖 北	Hubei	130326577	99819527	15737928	3862181
湖 南	Hunan	62934066	45668975	6913524	1279230
重 庆	Chongqing	60763821	49510405	4801870	761479
四 川	Sichuan	122746880	95808611	10097325	2424286
贵 州	Guizhou	52697818	42754179	2092764	956385
云 南	Yunnan	60863005	43453967	5578636	597386

14-11　建筑业企业负债及所有者权益(2018 年)
Liabilities and Owners' Equity of Construction Enterprises(2018)

单位：万元　　(10 000 yuan)

地　区	Region	负债合计 Total Liabilities	流动负债合　计 Liquid Liabilities	非流动负债合　计 Non-current Liabilities	所有者权益 Owners' Equity	#实收资本 Paid-in Capitals
全　国	**National Total**	**1592180956**	**1417577496**	**116471738**	**747618672**	**390831729**
上　海	Shanghai	84609129	78683343	2654869	24483273	13415074
江　苏	Jiangsu	118739537	109461319	6606653	88579503	35518037
浙　江	Zhejiang	84776552	80205322	2585685	52414927	26788534
安　徽	Anhui	47716400	41840776	4017167	23046664	11776441
江　西	Jiangxi	40370977	23686039	1556965	18845094	11967556
湖　北	Hubei	90236671	78147385	10819827	39821776	17906686
湖　南	Hunan	39350165	32846580	4709130	23583901	13150668
重　庆	Chongqing	42989098	37538865	3436312	17774723	9532439
四　川	Sichuan	84661554	73286059	7969025	38079190	23885811
贵　州	Guizhou	38717507	32040321	5225833	13980312	5577295
云　南	Yunnan	40682034	35158983	4656655	20179869	10955072

14-12 按登记注册类型分建筑业企业资产(2018 年)
Assets of Construction Enterprises by Registration Status(2018)

单位：万元 (10 000 yuan)

地 区	Region	合 计 Total	内资企业 Domestic Funded	#国 有 State-owned	#集 体 Collective-owned	港澳台商投资企业 Funded from Hong Kong, Macao and Taiwan	#港澳台商独资企业 Solely Owned	外商投资企业 Foreign Funded	#外商独资企业 Solely Owned
全 国	**National Total**	**2340024586**	**2314426429**	**392244738**	**22309443**	**13589924**	**3948333**	**12008234**	**8242692**
上 海	Shanghai	109091893	106295837	30085323	158441	1573068	472410	1222988	820517
江 苏	Jiangsu	207319041	204981770	15853509	772640	652807	129130	1684464	824123
浙 江	Zhejiang	137191479	135812787	3971386	893566	1253533	106299	125160	25169
安 徽	Anhui	70763065	70652303	13122770	278313	107290	103577	3471	
江 西	Jiangxi	59185090	56967419	3816949	1300716	2209061	401	8610	
湖 北	Hubei	130326577	130121196	46779786	336554	30497	178	174884	
湖 南	Hunan	62934066	62686776	12441903	820560	97631	3627	149659	149659
重 庆	Chongqing	60763821	59640150	8940767	284421	1015659	999574	108012	4152
四 川	Sichuan	122746880	122715202	21043230	847037	1095	1095	30583	408
贵 州	Guizhou	52697818	52697818	21507726	483421				
云 南	Yunnan	60863005	60857552	7562591	709320	2277		3176	

14-13 按登记注册类型分建筑业企业负债(2018 年)
Liabilities of Construction Enterprises by Registration Status(2018)

单位：万元 (10 000 yuan)

地 区	Region	合 计 Total	内资企业 Domestic Funded	#国 有 State-owned	#集 体 Collective-owned	港澳台商投资企业 Funded from Hong Kong, Macao and Taiwan	#港澳台商独资企业 Solely Owned	外商投资企业 Foreign Funded	#外商独资企业 Solely Owned
全 国	**National Total**	**1592180956**	**1574300062**	**305349132**	**14169831**	**9243728**	**2812088**	**8637166**	**6112136**
上 海	Shanghai	84609129	82679320	24272395	90322	1077107	304484	852703	562911
江 苏	Jiangsu	118739537	117319298	12266374	447248	435606	74722	984634	569384
浙 江	Zhejiang	84776552	83755965	3005276	545173	950639	81414	69949	28751
安 徽	Anhui	47716400	47625231	10592290	137375	91138	88323	32	
江 西	Jiangxi	40370977	38533697	3047465	721971	1836334	306.4	946	
湖 北	Hubei	90236671	90129958	36483468	165518	13408	41	93306	
湖 南	Hunan	39350165	39171430	8636521	431751	78755	2929	99979	99979
重 庆	Chongqing	42989098	42087507	7275583	188328	822582	812092	79009	878
四 川	Sichuan	84661554	84651531	15545876	537933	326	326	9697	56
贵 州	Guizhou	38717507	38717507	15779653	333539				
云 南	Yunnan	40682034	40680888	5692316	296630	15		1132	

14-14 按登记注册类型分建筑业企业所有者权益(2018 年)
Owners' Equity of Construction Enterprises by Registration Status(2018)

单位：万元 (10 000 yuan)

地 区	Region	合 计 Total	内资企业 Domestic Funded	#国 有 State-owned	#集 体 Collective-owned	港澳台商投资企业 Funded from Hong Kong, Macao and Taiwan	#港澳台商独资企业 Solely Owned	外商投资企 业 Foreign Funded	#外商独资企业 Solely Owned
全 国	**National Total**	**747618672**	**739901363**	**86926587**	**8139243**	**4346241**	**1136245**	**3371068**	**2130556**
上 海	Shanghai	24483273	23617026	5812929	68119	495961	167926	370286	257606
江 苏	Jiangsu	88579503	87662472	3587135	325392	217201	54408	699830	254739
浙 江	Zhejiang	52414927	52056822	966109	348394	302894	24885	55210	-3582
安 徽	Anhui	23046664	23027073	2530480	140938	16153	15253	3439	
江 西	Jiangxi	18845094	18464703	800466	578745	372727	95	7664	
湖 北	Hubei	39821776	39723063	10296318	171035	17135	137	81579	
湖 南	Hunan	23583901	23515346	3805383	388809	18876	698	49679	49679
重 庆	Chongqing	17774723	17552643	1665183	96094	193077	187482	29003	3275
四 川	Sichuan	38079190	38057535	5497354	309105	769	769	20886	352
贵 州	Guizhou	13980312	13980312	5728073	149882				
云 南	Yunnan	20179869	20175563	1870275	412690	2261		2044	

14-15 建筑业企业营业收入(2018 年)
Business Revenue of Construction Enterprises(2018)

单位：万元 (10 000 yuan)

地 区	Region	营业收入 Business Revenue	主营业务收入 Revenue from Principal Business	#主营业务成本 Costs of Principal Business	#主营业务利润 Profits from Principal Business	其他业务收入 Revenue from Other Businesses	#其他业务利润 Profits from Other Businesses
全 国	**National Total**	**2119917042**	**2093388310**	**1902472326**	**77885880**	**26528731**	**1850399**
上 海	Shanghai	90845359	90230114	83594611	2065449	615245	111818
江 苏	Jiangsu	257786987	256163448	231065512	11390975	1623539	201250
浙 江	Zhejiang	170798343	168950614	157349189	4657953	1847729	194510
安 徽	Anhui	69021632	68276932	61998897	2479621	744700	42931
江 西	Jiangxi	57698841	56808434	51597678	2289364	890407	20011
湖 北	Hubei	143573627	142498707	126525418	7257887	1074920	77758
湖 南	Hunan	86954077	86358016	78179567	3122793	596061	68695
重 庆	Chongqing	63539556	62562759	56001131	2912437	976796	67172
四 川	Sichuan	115299485	112662141	100855128	4773087	2637343	68551
贵 州	Guizhou	32811423	32141438	29452951	1190285	669985	16776
云 南	Yunnan	46752074	46189216	41196929	2324730	562859	30272

14-16 按登记注册类型分建筑业企业营业收入(2018 年)
Business Revenue of Construction by Registration Status(2018)

单位：万元 (10 000 yuan)

地 区	Region	合 计 Total	内资企业 Domestic Funded	#国 有 State-owned	#集 体 Collective-owned	港澳台商投资企业 Funded from Hong Kong, Macao and Taiwan	#港澳台商独资企业 Solely Owned	外商投资企业 Foreign Funded	#外商独资企业 Solely Owned
全 国	**National Total**	**2119917042**	**2104573245**	**286537329**	**33686160**	**7525574**	**2002334**	**7818222**	**4935400**
上 海	Shanghai	90845359	88165660	25905116	357640	981901	326426	1697798	1298003
江 苏	Jiangsu	257786987	255673597	11273168	799738	337567	111715	1775823	1332780
浙 江	Zhejiang	170798343	169168058	2755870	1032271	1315708	89606	314576	2784
安 徽	Anhui	69021632	68968774	11909099	690138	52531	48597	326	
江 西	Jiangxi	57698841	56394144	3829524	2453593	1299276	140	5421	
湖 北	Hubei	143573627	143098196	32777931	667291	20081	107	455350	
湖 南	Hunan	86954077	86604343	15434299	2075955	228701	25120	121034	121034
重 庆	Chongqing	63539556	63343439	4948117	815945	135322	128134	60795	953
四 川	Sichuan	115299485	115285468	13729957	2786491	1208	1208	12809	192
贵 州	Guizhou	32811423	32811423	8125752	707508				
云 南	Yunnan	46752074	46748737	5787332	1055787	838		2500	

14-17 建筑业企业利税总额(2018 年)
Total Pre-tax Profits of Construction Enterprises(2018)

地 区	Region	利税总额 合 计 (万元) Total Pre-tax Profits (10 000 yuan)	利润总额 Total Profits	税金总额 Total Tax	产值利税率 (%) Ratio of Pre-tax Profits to Output Value (%)	资产利税率 (%) Ratio of Pre-tax Profits to Assets (%)
全 国	**National Total**	**154776743**	**79748233**	**75028510**	**6.6**	**6.6**
上 海	Shanghai	4011440	2266242	1745198	5.7	3.7
江 苏	Jiangsu	22842235	11617738	11224497	7.4	11.0
浙 江	Zhejiang	10261230	4943850	5317380	3.6	7.5
安 徽	Anhui	5034891	2548747	2486144	6.4	7.1
江 西	Jiangxi	4560910	2279996	2280914	6.5	7.7
湖 北	Hubei	13276337	7339060	5937277	8.8	10.2
湖 南	Hunan	7076268	3175943	3900325	7.4	11.2
重 庆	Chongqing	5717873	2954295	2763577	7.3	9.4
四 川	Sichuan	9529940	4841238	4688702	7.3	7.8
贵 州	Guizhou	2250700	1218511	1032190	6.8	4.3
云 南	Yunnan	4318247	2374615	1943632	7.9	7.1

14-18 按登记注册类型分建筑业企业税金总额(2018 年)
Taxes of Construction Enterprises by Registration Status(2018)

单位：万元 (10 000 yuan)

地 区	Region	合 计 Total	内资企业 Domestic Funded	#国 有 State-owned	#集 体 Collective-owned	港澳台商投资企业 Funded from Hong Kong, Macao and Taiwan	#港澳台商独资企业 Solely Owned	外商投资企 业 Foreign Funded	#外商独资企业 Solely Owned
全 国	**National Total**	**75028510**	**74682099**	**7007726**	**2204196**	**158873**	**38447**	**187537**	**90311**
上 海	Shanghai	1745198	1681462	302875	11119	17145	6772	46591	35595
江 苏	Jiangsu	11224497	11189870	375851	56876	12664	2864	21962	15089
浙 江	Zhejiang	5317380	5266389	80825	42035	32226	2688	18765	364
安 徽	Anhui	2486144	2485064	289522	56570	1069	1049	11	
江 西	Jiangxi	2280914	2266623	141210	173518	14003	13	288	
湖 北	Hubei	5937277	5912593	995661	44686	525	1	24158	
湖 南	Hunan	3900325	3882799	506676	173090	8292	807	9234	9234
重 庆	Chongqing	2763577	2760976	163219	46466	621	316	1980	42
四 川	Sichuan	4688702	4688430	442465	165969	5	5	267	6
贵 州	Guizhou	1032190	1032190	228317	60115				
云 南	Yunnan	1943632	1943445	164838	88174	102		85	

14-19 按登记注册类型分建筑业企业利润总额(2018 年)
Total Profits of Construction Enterprises by Registration Status(2018)

单位：万元 (10 000 yuan)

地 区	Region	合 计 Total	内资企业 Domestic Funded	#国 有 State-owned	#集 体 Collective-owned	港澳台商投资企业 Funded from Hong Kong, Macao and Taiwan	#港澳台商独资企业 Solely Owned	外商投资企业 Foreign Funded	#外商独资企业 Solely Owned
全 国	**National Total**	**79748233**	**78888552**	**8134639**	**1334351**	**375132**	**132633**	**484549**	**327117**
上 海	Shanghai	2266242	2122800	603402	2743	39594	18342	103848	94951
江 苏	Jiangsu	11617738	11454597	317592	37125	20369	8182	142772	97324
浙 江	Zhejiang	4943850	4893965	101073	29785	41388	1453	8497	485
安 徽	Anhui	2548747	2546367	246331	14452	2758	2698	-377	
江 西	Jiangxi	2279996	2193718	62049	95892	86108	-39.8	170.2	
湖 北	Hubei	7339060	7313292	1386172	58717	1331	-3	24437	
湖 南	Hunan	3175943	3144625	481295	86254	2776	339	28542	28542
重 庆	Chongqing	2954295	2954973	182754	43180	-1890	-4717	1212	36
四 川	Sichuan	4841238	4839696	527719	139739	12	12	1529	-19
贵 州	Guizhou	1218511	1218511	380259	31314				
云 南	Yunnan	2374615	2374358	253010	67598	3		254	

14-20 按登记注册类型分建筑业企业主营业务利润(2018 年)
Profits of Project Settlement Accounts of Construction Enterprises by Registration Status(2018)

单位：万元 (10 000 yuan)

地 区	Region	合 计 Total	内资企业 Domestic Funded	#国 有 State-owned	#集 体 Collective-owned	港澳台商投资企业 Funded from Hong Kong, Macao and Taiwan	#港澳台商独资企业 Solely Owned	外商投资企业 Foreign Funded	#外商独资企业 Solely Owned
全 国	**National Total**	**77885880**	**77056623**	**7694823**	**1280426**	**338434**	**111136**	**490824**	**337370**
上 海	Shanghai	2065449	1939702	574937	1168	24398	13996	101349	93651
江 苏	Jiangsu	11390975	11227681	300134	36906	20044	7876	143251	98841
浙 江	Zhejiang	4657953	4608843	94868	25516	40748	1529	8363	343
安 徽	Anhui	2479621	2477240	229660	14397	2758	2698	-377	
江 西	Jiangxi	2289364	2202492	61600	93882	86704	-40	168.2	
湖 北	Hubei	7257887	7232048	1308715	59179	1338	-3	24501	
湖 南	Hunan	3122793	3090814	466289	85000	2476	339	29503	29503
重 庆	Chongqing	2912437	2913093	186506	29123	-1840	-4673	1184	36
四 川	Sichuan	4773087	4771558	506250	138113	-9	-9	1538	-19
贵 州	Guizhou	1190285	1190285	350338	30182				
云 南	Yunnan	2324730	2324473	245723	63581	3		254	

14-21 建筑业企业房屋建筑面积(2018 年)
Floor Space of Buildings Constructed by Construction Enterprises(2018)

单位：万平方米 (10 000 sq.m)

地区	Region	房屋建筑面积 Floor Space of Buildings		#国有 State-owned		#集体 Collective-owned	
		施工面积 Floor Space under Construction	竣工面积 Floor Space Completed	施工面积 Floor Space under Construction	竣工面积 Floor Space Completed	施工面积 Floor Space under Construction	竣工面积 Floor Space Completed
全国	**National Total**	**1408920.4**	**413508.8**	**131070.5**	**21894.1**	**26813.2**	**12222.9**
上海	Shanghai	47577.4	7960.1	14141.8	1659.6	75.8	44.7
江苏	Jiangsu	249176.8	74806.3	2620.1	551.5	716.7	305.0
浙江	Zhejiang	214499.4	62123.3	359.7	98.3	2223.4	964.6
安徽	Anhui	46758.4	15894.5	7521.9	1193.8	375.6	290.9
江西	Jiangxi	33274.7	15638.5	1431.6	543.6	1969.5	1064.6
湖北	Hubei	88238.1	32691.9	6260.8	1126.8	420.9	254.8
湖南	Hunan	59247.4	19929.3	8809.8	1692.5	2327.5	1320.0
重庆	Chongqing	35140.0	13780.1	1555.6	368.9	372.3	240.9
四川	Sichuan	58007.4	20876.7	12773.8	2065.6	1200.8	757.4
贵州	Guizhou	16660.9	4904.3	1985.3	541.7	448.7	163.3
云南	Yunnan	19224.4	7514.7	2903.3	418.2	406.8	278.7

14-22 勘察设计单位基本情况(2018 年)
Conditions of Prospecting and Designing Institutions(2018)

地 区	Region	单位数 (个) Number of Institutions (unit)	年末从业人员数 (人) Number of Staff & Workers at Year-end (person)	#高级职称 Senior Title	#中级职称 Middle Title	#初级职称 Junior Title	营业收入 (万元) Business Revenue (10 000 yuan)
全 国	**National Total**	**23183**	**4472817**	**400485**	**676946**	**559094**	**519152163**
上 海	Shanghai	1120	277212	26817	55056	64305	62497017
江 苏	Jiangsu	1821	574401	22928	47902	44198	48276940
浙 江	Zhejiang	1128	463948	19130	36118	28376	33772892
安 徽	Anhui	1094	145546	11177	20986	19303	16827157
江 西	Jiangxi	349	168068	5410	8985	7600	10047889
湖 北	Hubei	913	165307	22971	31951	27431	26141821
湖 南	Hunan	719	171438	13005	28005	30328	28504540
重 庆	Chongqing	517	48539	9039	13677	6957	4815192
四 川	Sichuan	1447	179381	23799	40470	25395	17692048
贵 州	Guizhou	311	93690	7375	10445	10258	12101830
云 南	Yunnan	745	55697	9607	14946	11677	3755771

14-23 工程招标代理机构基本情况(2018 年)
Conditions of Project Bidding Agencies(2018)

地 区	Region	企业单位数(个) Number of Enterprises (unit)	期末企业人员(人) Personnel of Enterprises at Year-end (person)	#专业技术人员 Technical Personnel	#年末注册执业人数 Registered Professionals	#招标代理人员 Project Bidding Personnel	营业收入(万元) Business Revenue (10 000 yuan)
全 国	**National Total**	**7717**	**617584**	**463950**	**140223**	**112726**	**45203789**
上 海	Shanghai	150	33931	21967	6693	2851	1430051
江 苏	Jiangsu	528	41954	34755	15019	6950	1529491
浙 江	Zhejiang	362	45157	37105	10678	5907	2518168
安 徽	Anhui	258	21656	16258	4713	3957	636029
江 西	Jiangxi	206	12627	10485	2767	2370	394485
湖 北	Hubei	241	15779	12220	3856	3512	2305970
湖 南	Hunan	314	22691	15756	5140	3909	485421
重 庆	Chongqing	88	10290	7440	2473	1782	401840
四 川	Sichuan	268	33071	22806	9362	4988	808156
贵 州	Guizhou	127	9484	6009	1998	1927	360933
云 南	Yunnan	270	9030	6306	1594	3738	2152513

14-24 建设工程监理企业基本情况(2018 年)
Conditions of Construction Project Supervision Enterprises(2018)

地 区	Region	企业单位数(个) Number of Enterprises (unit)	年末从业人数(人) Persons Engaged (year-end) (person)		年末注册执业人数(人) Registered Professionals (year-end) (person)		营业收入(万元) Business Revenue (10 000 yuan)
				#高、中级职称人员 Persons with Senior or Middle Certificates		#注册监理工程师 Registered Supervisory Engineers	
全 国	**National Total**	**8393**	**1169275**	**547718**	**310670**	**178173**	**43144242**
上 海	Shanghai	215	51492	23295	12863	7945	1985916
江 苏	Jiangsu	754	94147	44912	39747	18386	4147412
浙 江	Zhejiang	525	76717	30398	22179	14003	2940690
安 徽	Anhui	344	37790	17989	11126	5981	1203351
江 西	Jiangxi	182	28353	8698	5385	3014	1109212
湖 北	Hubei	272	36722	20126	9330	5746	1213119
湖 南	Hunan	271	51179	23175	11665	6823	1840019
重 庆	Chongqing	118	29667	13810	8007	4008	1283992
四 川	Sichuan	421	86130	38073	23653	12176	5062321
贵 州	Guizhou	191	18675	8417	4987	2488	969896
云 南	Yunnan	176	30581	11565	3598	2660	386628

十五、批发和零售业 Wholesale and Retail Trades

15-1 限额以上批发业企业主要指标(2018 年)
Main Indicators of Enterprises above Designated Size of Wholesale Trade(2018)

单位：亿元 (100 million yuan)

地 区	Region	法人企业(个) Number of Corporation Enterprises (unit)	年末从业人数(人) Engaged Persons at Year-end (person)	商品购进额 Total Purchases Value	#进口 Imports	商品销售额 Total Sales Value	#出口 Exports	期末商品库存额 Stock (year-end)
全 国	**National Total**	**113696**	**5268895**	**516111.6**	**42219.2**	**566174.2**	**26158.0**	**31202.1**
上 海	Shanghai	5159	506410	83679.8	12621.6	92361.8	4454.7	5809.0
江 苏	Jiangsu	13717	459142	51268.6	2832.3	55428.7	3474.3	2480.6
浙 江	Zhejiang	13795	419663	51875.0	2826.8	56362.3	4882.9	2063.0
安 徽	Anhui	2434	118638	7647.8	509.8	8680.7	237.5	525.9
江 西	Jiangxi	1348	94107	2793.2	30.8	3748.6	113.7	212.7
湖 北	Hubei	3241	205023	12379.3	49.6	13852.6	366.6	676.6
湖 南	Hunan	2529	122447	5909.4	72.4	6229.4	97.0	390.9
重 庆	Chongqing	2289	103311	8675.1	387.6	9676.5	266.2	349.4
四 川	Sichuan	2545	153857	8960.0	158.0	9522.5	147.5	516.6
贵 州	Guizhou	1232	65559	2843.0	18.3	3899.8	77.1	231.9
云 南	Yunnan	1270	80511	7153.8	224.6	8058.7	255.8	508.4

15-1 续表 continued

单位：亿元 (100 million yuan)

地 区	Region	资产总计 Total Assets	#流动资产合计 Total Current Assets	#固定资产合计 Total Fixed Assets	负债合计 Total Liabilities	所有者权益合计 Total Owners' Equities	主营业务收入 Revenue from Principal Business	主营业务成本 Cost of Principal Business	主营业务税金及附加 Taxes and Other Charges on Principal Business	主营业务利润 Profits from Principal Business
全 国	**National Total**	**247653.8**	**195796.5**	**8381.5**	**180250.7**	**67474.7**	**499369.4**	**466270.0**	**2540.4**	**30559.0**
上 海	Shanghai	29459.1	23730.6	600.9	20678.5	8780.8	80607.8	74842.6	117.0	5648.2
江 苏	Jiangsu	20219.3	16881.7	719.3	15167.4	5040.8	49324.0	45725.0	181.8	3417.2
浙 江	Zhejiang	21346.6	16379.3	572.5	15694.2	5652.2	50353.6	48164.3	176.1	2013.2
安 徽	Anhui	4153.8	3437.5	169.2	2971.7	1182.0	7588.4	6878.4	92.2	617.9
江 西	Jiangxi	1801.0	1420.9	153.0	1240.0	561.1	3354.0	2942.9	63.7	347.4
湖 北	Hubei	5057.4	3960.4	460.8	3661.9	1395.5	12046.1	10885.4	106.4	1054.3
湖 南	Hunan	2338.7	1781.4	191.4	1558.5	780.2	5481.2	4815.0	119.9	546.3
重 庆	Chongqing	3546.9	2965.1	153.2	2479.0	1067.9	8755.0	8071.6	102.1	581.2
四 川	Sichuan	4131.9	3444.2	204.0	3048.5	1083.4	8414.1	7664.4	111.6	638.1
贵 州	Guizhou	2995.6	2578.3	90.2	1912.6	1083.0	3691.7	2866.6	71.9	753.2
云 南	Yunnan	3499.1	2708.4	153.6	2129.6	1369.5	7076.5	6444.1	74.6	557.8

15-2 限额以上零售业企业主要指标(2018 年)
Main Indicators of Enterprises above Designated Size of Retail Trade(2018)

单位：亿元 (100 million yuan)

地区	Region	法人企业(个) Number of Corporation Enterprises (unit)	年末从业人数(人) Engaged Persons at Year-end (person)	商品购进额 Total Purchases Value	#进口 Imports	商品销售额 Total Sales Value	#出口 Exports	期末商品库存额 Stock (year-end)
全 国	**National Total**	**97819**	**6576341**	**100439.8**	**2902.2**	**124987.9**	**80.6**	**10915.1**
上 海	Shanghai	1924	365852	6372.4	436.0	8155.2	0.9	890.1
江 苏	Jiangsu	8585	514100	9857.0	218.0	11737.1	3.0	914.5
浙 江	Zhejiang	5808	381283	7169.2	338.8	9189.2	3.1	808.2
安 徽	Anhui	5000	255570	3558.5	65.4	4320.2	3.9	696.3
江 西	Jiangxi	3134	148933	1636.3	21.7	2101.2	1.2	200.5
湖 北	Hubei	4904	325998	4842.3	65.4	6409.1	1.3	417.1
湖 南	Hunan	5883	293885	3575.8	83.2	4773.1	1.1	348.2
重 庆	Chongqing	3203	198651	2796.5	71.2	3349.9	11.5	205.7
四 川	Sichuan	4385	309161	5298.7	127.1	6104.3	0.1	427.1
贵 州	Guizhou	2451	104969	1528.6	34.0	2062.6	0.1	175.6
云 南	Yunnan	2311	141355	1656.4	39.3	2268.0	5.5	210.3

15-2 续表 continued

单位：亿元 (100 million yuan)

地区	Region	资产总计 Total Assets	#流动资产合计 Total Current Assets	#固定资产合计 Total Fixed Assets	负债合计 Total Liabilities	所有者权益合计 Total Owners' Equities	主营业务收入 Revenue from Principal Business	主营业务成本 Cost of Principal Business	主营业务税金及附加 Taxes and Other Charges on Principal Business	主营业务利润 Profits from Principal Business
全国	**National Total**	**61828.3**	**43283.3**	**7536.7**	**43032.8**	**18863.1**	**108313.9**	**94602.2**	**430.1**	**13281.6**
上海	Shanghai	3777.7	2852.2	378.8	2704.7	1080.9	7171.5	5703.0	31.0	1437.5
江苏	Jiangsu	6423.3	4094.2	741.6	4184.8	2239.2	10379.5	9107.4	39.3	1232.9
浙江	Zhejiang	3792.4	2718.0	434.9	2990.3	988.9	7419.5	6581.0	23.8	814.7
安徽	Anhui	1975.0	1356.2	276.2	1267.5	707.5	3762.3	3313.2	13.9	435.2
江西	Jiangxi	1106.9	784.1	129.8	742.4	364.5	1890.0	1657.8	8.0	224.2
湖北	Hubei	2937.0	1894.4	517.0	1931.1	1007.4	5216.3	4460.1	29.7	726.5
湖南	Hunan	2307.5	1304.4	428.2	1414.1	893.4	4373.8	3800.1	28.1	545.6
重庆	Chongqing	1315.1	810.9	212.6	891.7	420.0	3199.4	2810.3	10.0	379.1
四川	Sichuan	2369.4	1548.2	316.0	1534.0	835.4	5425.7	4785.2	20.3	620.1
贵州	Guizhou	1344.9	1031.9	113.4	900.5	443.5	1812.1	1578.6	5.3	228.2
云南	Yunnan	1175.9	770.2	151.1	735.6	440.3	1992.6	1754.7	5.2	232.7

15-3 连锁零售企业基本情况(2018 年)
Basic Conditions of Chain Retail Enterprises (2018)

地 区	Region	总店数 (个) Number of Head Stores (unit)	门店总数 (个) Number of Stores (unit)	年末从业人数 (万人) Engaged Persons at Year-end (10 000 persons)	年末零售营业面积 (万平方米) Operating Area of Retail Enterprises at Year-end (10 000 sq.m)	商品销售额 (亿元) Total Sales of Commodities (100 million yuan)	商品购进总额 (亿元) Total Purchases Value (100 million yuan)	统一配送商品购进额 (亿元) Centralized Purchase and Delivery (100 million yuan)
全 国	**National Total**	**2934**	**249711**	**239.0**	**17924.7**	**38012.7**	**32133.0**	**24294.4**
上 海	Shanghai	136	23079	27.9	1305.9	4187.8	3328.1	2666.7
江 苏	Jiangsu	191	22353	27.6	1932.5	4635.2	4348.6	3833.3
浙 江	Zhejiang	221	23443	12.2	1105.8	2337.7	2132.8	1805.8
安 徽	Anhui	75	11603	9.2	676.3	1690.9	1602.3	1156.7
江 西	Jiangxi	75	5744	4.9	370.8	1025.7	562.8	463.8
湖 北	Hubei	144	10667	12.8	730.9	2196.6	1931.4	1037.5
湖 南	Hunan	121	10766	9.3	902.7	1364.5	847.6	717.0
重 庆	Chongqing	79	9218	8.3	467.9	980.4	746.3	600.2
四 川	Sichuan	146	13581	9.7	481.7	854.7	751.6	461.0
贵 州	Guizhou	29	1558	1.2	64.3	76.9	75.1	69.3
云 南	Yunnan	32	6136	3.8	144.7	473.8	250.6	214.9

注：门店总数全国总计中包括开设在港澳台地区和国外的门店。
a)Total number of stores includes that from Hong Kong, Macao and Taiwan province and foreign countries.

15-4 亿元以上商品交易市场基本情况(2018 年)
Basic Statistics on Commodity Exchange Markets of Transaction Value over 100 Million Yuan (2018)

地 区	Region	市场数量(个) Number of Markets (unit)	摊位数(个) Number of Booths (unit)	营业面积(万平方米) Operating Area (10 000 sq.m)	成交额(亿元) Turnover (100 million yuan)	批发市场 Wholesale	零售市场 Retail
全 国	**National Total**	**4296**	**3178423**	**29190.6**	**109373.3**	**95323.2**	**14050.1**
上 海	Shanghai	127	52589	442.9	9483.2	8898.3	584.9
江 苏	Jiangsu	469	338172	3615.6	20730.0	18804.7	1925.4
浙 江	Zhejiang	703	432187	3177.8	17960.4	15165.9	2794.5
安 徽	Anhui	124	122370	1272.7	3023.0	2683.8	339.1
江 西	Jiangxi	105	96172	754.8	2083.1	1799.4	283.7
湖 北	Hubei	129	72517	679.2	2080.6	1460.2	620.4
湖 南	Hunan	309	181972	1129.7	4030.9	3113.6	917.3
重 庆	Chongqing	141	95190	769.4	3596.6	3163.0	433.6
四 川	Sichuan	112	127893	1220.4	2980.7	2779.9	200.8
贵 州	Guizhou	58	49952	568.9	1362.2	1137.9	224.3
云 南	Yunnan	32	49513	203.5	422.1	337.4	84.8

15-5 社会消费品零售总额
Total Retail Sales of Consumer Goods

地区	Region	2017 社会消费品零售总额（亿元）Total Retail Sales of Consumer Goods (100 million yuan)	2017 增长（%）Growth Rate (%)	2018 社会消费品零售总额（亿元）Total Retail Sales of Consumer Goods (100 million yuan)	2018 增长（%）Growth Rate (%)
全国	**National Total**	**366261.6**	**10.2**	**380986.9**	**9.0**
上海	Shanghai	11830.3	8.1	12668.7	7.9
江苏	Jiangsu	31737.4	10.6	33230.4	7.9
浙江	Zhejiang	24308.5	10.6	25007.9	9.0
安徽	Anhui	11192.6	11.9	12100.1	11.6
江西	Jiangxi	7448.1	12.3	7566.4	11.0
湖北	Hubei	17394.1	11.1	18333.6	10.9
湖南	Hunan	14854.9	10.6	15638.3	10.0
重庆	Chongqing	8067.7	11.0	7977.0	8.7
四川	Sichuan	17480.5	12.0	18254.5	11.1
贵州	Guizhou	4154.0	12.0	3971.2	8.2
云南	Yunnan	6423.1	12.2	6826.0	11.1

注：2018年增速计算使用的上年社会消费品零售总额根据第三次全国农业普查结果及有关制度规定进行了修订，增速按照可比口径计算。
a) The last year's data used in calculating the growth rate of total retail sales of consumer goods in 2018 were revised according to the results of the Third National Agricultural Census and the relevant regulations, and the growth rate was calculated at comparable coverage.

15-6 网上零售额(2018年)
Online Retail Sales(2018)

地 区	Region	网上零售额 (亿元) Online Retail Sales (100 million yuan)	增 长 (%) Growth Rate (%)	其中：实物商品网上零售额 (亿元) Online Retail Sales in Goods (100 million yuan)	增 长 (%) Growth Rate (%)
全 国	**National Total**	**90065.0**	**23.9**	**70198.2**	**25.4**
上 海	Shanghai	8786.5	11.3	7105.2	9.5
江 苏	Jiangsu	9242.3	25.5	7696.7	30.0
浙 江	Zhejiang	14384.7	18.9	11089.1	24.3
安 徽	Anhui	2015.9	33.4	1623.7	32.9
江 西	Jiangxi	1233.3	49.6	1002.1	52.5
湖 北	Hubei	2533.5	23.5	1963.6	33.9
湖 南	Hunan	1624.0	43.3	1030.9	33.5
重 庆	Chongqing	1030.9	32.4	561.6	34.4
四 川	Sichuan	2671.7	31.1	2009.0	33.6
贵 州	Guizhou	453.4	33.8	229.9	31.8
云 南	Yunnan	632.3	49.4	344.7	52.6

十六、运输、邮电和软件业
Transport,Postal and Telecommunication Services,and Software Industry

16-1 交通运输、仓储和邮政业就业人员数(2018年底)
Number of Employed Persons in Transport, Storage and Post at Year-end(2018)

单位：人 (person)

地区	Region	铁路运输业 Railway Transport	道路运输业 Road Transport	水上运输业 Water Transport	航空运输业 Air Transport	管道运输业 Pipeline Transport	多式联运和运输代理业 Intermodality and Forwarding Agency	装卸搬运和仓储业 Loading, Unloading and Storage	邮政业 Post
全国	**National Total**	**1833800**	**3642970**	**357698**	**645957**	**33883**	**313777**	**432771**	**929159**
上海	Shanghai	38340	181993	51285	91436	1443	84771	32383	24187
江苏	Jiangsu	20109	246682	62071	15061	8727	19643	36638	51465
浙江	Zhejiang	20421	173107	27727	13915	50	13259	20568	32082
安徽	Anhui	38727	133448	10923	4901	69	5931	10877	40304
江西	Jiangxi	59669	93132	4591	4299	16	552	7529	20109
湖北	Hubei	85818	157194	14728	9611	4557	3442	12471	60244
湖南	Hunan	72930	97592	2392	8982	306	1647	6607	28376
重庆	Chongqing	29705	133988	10343	15011	46	2333	6013	28037
四川	Sichuan	66671	173568	1402	51954	612	2805	12194	64699
贵州	Guizhou	34578	56007	586	12351	117	552	3661	10948
云南	Yunnan	39568	75210	297	27058	261	3267	6890	18641

16-2 运输线路长度(2018 年底)
Length of Transport Routes at Year-end(2018)

单位：公里 (km)

地 区	Region	铁路营业里程 Length of Railways in Operation	内河航道里程 Length of Navigable Inland Waterways	公路里程 Total Length of Highways	等级公路 Expressway and Class I to IV Highways	#高速 Express way	#一级 First Class	#二级 Second Class	等外公路 Highways Below Class IV
全 国	**National Total**	**131651**	**127126**	**4846532**	**4465864**	**142593**	**111703**	**393471**	**380667**
上 海	Shanghai	466	2091	13106	13106	836	545	3615	
江 苏	Jiangsu	3062	24380	158729	156297	4711	15081	23439	2432
浙 江	Zhejiang	2813	9761	120662	120339	4421	7046	10374	323
安 徽	Anhui	4324	5641	208826	207942	4836	4863	11595	885
江 西	Jiangxi	4278	5638	161941	135442	5931	2601	11613	26499
湖 北	Hubei	4341	8470	275039	265912	6367	6093	23179	9128
湖 南	Hunan	5070	11496	240060	223667	6725	2068	14478	16393
重 庆	Chongqing	2326	4352	157483	133943	3096	952	8572	23541
四 川	Sichuan	4950	10818	331592	304830	7131	4178	16021	26762
贵 州	Guizhou	3565	3740	196908	156559	6453	1464	8433	40348
云 南	Yunnan	3848	4024	252929	220554	5184	1443	12222	32374

16-3 客运量(2018 年)
Passenger Traffic(2018)

单位：万人 (10 000 persons)

地区	Region	合计 Total	铁路 Railways	公路 Highways	水运 Waterways
全国	**National Total**	**1793820**	**337495**	**1367170**	**27981**
上海	Shanghai	15845	12267	3151	427
江苏	Jiangsu	120612	21204	97025	2383
浙江	Zhejiang	98380	21870	72013	4497
安徽	Anhui	63347	12337	50770	240
江西	Jiangxi	60686	11131	49302	253
湖北	Hubei	98350	16713	80990	648
湖南	Hunan	106680	13943	91007	1729
重庆	Chongqing	60587	7707	52150	731
四川	Sichuan	98569	15116	81462	1991
贵州	Guizhou	93025	6761	84053	2211
云南	Yunnan	41484	5500	34642	1342

16-4 旅客周转量(2018 年)
Passenger-kilometers(2018)

单位：亿人公里 (100 million passenger-km)

地 区	Region	合 计 Total	铁 路 Railways	公 路 Highways	水 运 Waterways
全 国	**National Total**	**34218.15**	**14146.58**	**9279.68**	**79.57**
上 海	Shanghai	218.70	112.09	105.82	0.79
江 苏	Jiangsu	1539.34	819.23	716.64	3.47
浙 江	Zhejiang	1103.66	694.56	402.80	6.30
安 徽	Anhui	1163.66	786.38	376.89	0.39
江 西	Jiangxi	993.73	732.42	260.97	0.34
湖 北	Hubei	1258.91	800.74	453.44	4.74
湖 南	Hunan	1463.10	979.54	479.93	3.63
重 庆	Chongqing	493.10	227.09	260.43	5.59
四 川	Sichuan	878.30	410.25	466.14	1.91
贵 州	Guizhou	798.67	322.82	469.08	6.77
云 南	Yunnan	431.57	158.92	269.63	3.02

16-5 货运量（2018年）
Freight Traffic (2018)

单位：万吨 (10 000 tons)

地 区	Region	合 计 Total	铁 路 Railways	公 路 Highways	水 运 Waterways
全 国	**National Total**	**5152732**	**402631**	**3956871**	**702684**
上 海	Shanghai	106983	482	39595	66906
江 苏	Jiangsu	233157	6171	139251	87735
浙 江	Zhejiang	269083	4330	166533	98219
安 徽	Anhui	406761	8066	283817	114877
江 西	Jiangxi	174285	5155	157646	11484
湖 北	Hubei	204307	4730	163145	36432
湖 南	Hunan	229957	4468	204389	21101
重 庆	Chongqing	128491	1967	107064	19460
四 川	Sichuan	187385	7199	173324	6862
贵 州	Guizhou	102537	5513	95354	1670
云 南	Yunnan	140670	4661	135321	688

16-6 货物周转量（2018 年）
Freight Ton-kilometers (2018)

单位：亿吨公里 (100 million ton-km)

地区	Region	合计 Total	铁路 Railways	公路 Highways	水运 Waterways
全国	**National Total**	**204686.24**	**28820.99**	**71249.21**	**99052.82**
上海	Shanghai	28299.85	9.77	299.29	27990.80
江苏	Jiangsu	8969.29	303.00	2544.35	6121.94
浙江	Zhejiang	11538.14	221.53	1964.10	9352.50
安徽	Anhui	11803.68	721.19	5451.62	5630.88
江西	Jiangxi	4528.63	530.58	3759.94	238.11
湖北	Hubei	6675.50	869.97	2955.53	2850.00
湖南	Hunan	4386.56	812.75	3114.85	458.96
重庆	Chongqing	3597.91	206.63	1152.75	2238.53
四川	Sichuan	2946.09	861.02	1814.95	270.13
贵州	Guizhou	1797.91	606.33	1146.51	45.07
云南	Yunnan	1971.91	465.36	1489.23	17.33

16-7 民用汽车拥有量(2018 年)
Possession of Civil Vehicles (2018)

地 区	Region	民用汽车总计(万辆) Total (10 000 units)	载客汽车(万辆) Passenger Vehicles (10 000 units)	大 型 Large	中 型 Medium	小 型 Small	微 型 Minicar	载货汽车(万辆) Trucks (10 000 units)
全 国	**National Total**	**23231.23**	**20555.40**	**158.33**	**75.40**	**20135.22**	**186.46**	**2567.82**
上 海	Shanghai	393.37	358.37	5.08	2.63	349.64	1.02	32.87
江 苏	Jiangsu	1776.57	1652.10	11.53	4.25	1626.57	9.75	116.24
浙 江	Zhejiang	1532.95	1391.32	7.35	3.42	1369.64	10.91	136.78
安 徽	Anhui	814.20	698.45	5.43	2.52	687.23	3.26	111.87
江 西	Jiangxi	537.55	461.45	2.94	1.46	454.79	2.27	73.19
湖 北	Hubei	772.40	683.57	6.07	2.92	672.63	1.94	84.35
湖 南	Hunan	780.96	703.07	5.91	4.39	689.68	3.10	74.67
重 庆	Chongqing	419.10	372.88	3.08	1.14	367.85	0.82	44.29
四 川	Sichuan	1098.17	988.77	7.68	2.32	967.41	11.36	105.21
贵 州	Guizhou	478.98	414.49	3.00	1.99	407.69	1.80	62.13
云 南	Yunnan	677.50	580.12	2.88	2.12	569.61	5.51	94.63

16-7 续表 continued

地 区	Region	载货汽车（万辆） Trucks (10 000 units) 重 型 Heavy	中 型 Medium	轻 型 Light	微 型 Mini	其他汽车（万辆） Others (10 000 units)	机动车驾驶员（万人） Number of Motor Drivers (10 000 persons)	#汽车驾驶员 Automobile Drivers
全 国	**National Total**	**709.53**	**124.39**	**1728.53**	**5.37**	**108.00**	**41030.16**	**36923.42**
上 海	Shanghai	20.05	4.96	7.86	0.00	2.13	751.47	737.87
江 苏	Jiangsu	46.34	11.37	58.48	0.05	8.23	2873.43	2641.83
浙 江	Zhejiang	23.28	4.14	108.66	0.71	4.84	2201.74	2097.52
安 徽	Anhui	38.65	2.96	70.19	0.06	3.89	1504.97	1407.97
江 西	Jiangxi	24.80	4.02	44.34	0.02	2.91	1376.09	1113.09
湖 北	Hubei	20.91	5.93	57.47	0.04	4.47	1637.33	1467.23
湖 南	Hunan	15.86	5.09	53.67	0.05	3.22	1559.07	1310.53
重 庆	Chongqing	14.33	2.82	27.14	0.00	1.92	872.76	734.43
四 川	Sichuan	25.67	7.06	72.44	0.03	4.19	2280.05	1896.04
贵 州	Guizhou	8.87	3.54	49.71	0.00	2.37	964.22	753.69
云 南	Yunnan	14.59	5.47	74.55	0.01	2.75	1387.71	1011.64

注：小轿车包括在载客汽车中。（下表同）
a) Cars are included in passenger vehicles.The same applies to the tables following.

16-8 私人汽车拥有量(2018 年)
Possession of Private Vehicles (2018)

单位：万辆 (10 000 units)

地 区	Region	汽车总计 Total	载客汽车 Passenger Vehicles	大 型 Large	中 型 Medium	小 型 Small	微 型 Minicar
全 国	**National Total**	**20574.93**	**18930.29**	**4.48**	**20.39**	**18731.80**	**173.62**
上 海	Shanghai	302.14	301.26	0.10	0.75	299.44	0.97
江 苏	Jiangsu	1531.36	1475.00	0.03	0.88	1465.31	8.78
浙 江	Zhejiang	1346.46	1262.18	0.08	0.71	1252.55	8.83
安 徽	Anhui	707.63	650.66	0.06	0.43	647.08	3.09
江 西	Jiangxi	478.52	436.02	0.02	0.15	433.71	2.14
湖 北	Hubei	690.79	633.31	0.04	0.42	631.07	1.78
湖 南	Hunan	722.34	658.42	0.08	0.67	654.85	2.82
重 庆	Chongqing	362.59	339.63	0.02	0.13	338.92	0.57
四 川	Sichuan	975.38	907.40	0.05	0.33	896.91	10.11
贵 州	Guizhou	436.19	385.71	0.02	0.16	383.84	1.69
云 南	Yunnan	620.72	539.11	0.02	0.21	533.65	5.22

16-8 续表 continued

单位：万辆 (10 000 units)

地 区	Region	载货汽车 Trucks	重 型 Heavy	中 型 Medium	轻 型 Light	微 型 Mini	其他汽车 Others
全 国	**National Total**	**1605.10**	**208.78**	**68.59**	**1323.25**	**4.48**	**39.55**
上 海	Shanghai	0.65	0.26	0.19	0.19		0.23
江 苏	Jiangsu	53.46	16.56	4.85	32.02	0.04	2.90
浙 江	Zhejiang	83.11	3.36	1.29	77.84	0.63	1.17
安 徽	Anhui	55.41	3.39	1.20	50.76	0.06	1.55
江 西	Jiangxi	41.69	3.39	2.14	36.14	0.02	0.82
湖 北	Hubei	55.81	7.63	3.89	44.25	0.03	1.68
湖 南	Hunan	62.17	10.16	4.18	47.79	0.04	1.75
重 庆	Chongqing	22.39	0.83	1.03	20.53	0.00	0.57
四 川	Sichuan	66.24	5.84	3.75	56.63	0.03	1.73
贵 州	Guizhou	49.42	3.78	2.34	43.30	0.00	1.06
云 南	Yunnan	80.33	9.05	4.38	66.89	0.01	1.28

16-9 新注册民用汽车数量(2018 年)
Statistics on New Registrations of Civil Vehicles (2018)

单位：辆 (unit)

地 区	Region	民用汽车总计 Total	载客汽车 Passenger Vehicles	大型 Large	中型 Medium	小型 Small	微型 Minicar
全 国	**National Total**	**26521129**	**23139385**	**155760**	**39514**	**22876458**	**67653**
上 海	Shanghai	503658	467164	3838	1203	461458	665
江 苏	Jiangsu	2051374	1891811	10002	1758	1872303	7748
浙 江	Zhejiang	1712563	1528157	7855	2061	1509916	8325
安 徽	Anhui	1136308	981501	5743	1651	972645	1462
江 西	Jiangxi	763262	665440	3343	1052	660391	654
湖 北	Hubei	1015161	890528	6455	1383	881973	717
湖 南	Hunan	1061016	961434	9411	2760	947773	1490
重 庆	Chongqing	577381	515669	2438	535	510769	1927
四 川	Sichuan	1346193	1192619	7328	1364	1182321	1606
贵 州	Guizhou	731132	638270	3701	1562	632013	994
云 南	Yunnan	794237	656054	3304	1402	650711	637

16-9 续表 continued

单位：辆 (unit)

地 区	Region	载货汽车 Trucks	重 型 Heavy	中 型 Medium	轻 型 Light	微 型 Mini	其他汽车 Others
全 国	**National Total**	**3238847**	**967089**	**49591**	**2220492**	**1675**	**142897**
上 海	Shanghai	34041	22187	2026	9828		2453
江 苏	Jiangsu	147481	55584	5452	86443	2	12082
浙 江	Zhejiang	177207	39189	2458	135559	1	7199
安 徽	Anhui	148052	47949	1708	98394	1	6755
江 西	Jiangxi	94050	36942	1072	56032	4	3772
湖 北	Hubei	117819	32361	2755	82695	8	6814
湖 南	Hunan	95219	19627	2020	73551	21	4363
重 庆	Chongqing	59356	25983	1304	32068	1	2356
四 川	Sichuan	147096	43712	2930	100454		6478
贵 州	Guizhou	89764	12756	991	76016	1	3098
云 南	Yunnan	134767	21681	695	112390	1	3416

16-10 公路营运汽车拥有量(2018 年)
Possession of Vehicles for Highway Business Transportation(2018)

地区	Region	汽车总计(万辆) Total (10 000 units)	载客汽车 Passenger Vehicles 辆数(万辆) Number (10 000 units)	客位(万客位) Number of Seats (10 000 seats)	载货汽车 Trucks 辆数(万辆) Number (10 000 units)	#普通载货汽车 Ordinary Trucks	吨位(万吨) Capacity (10 000 tons)	#普通载货汽车 Ordinary Trucks
全国	**National Total**	**1435.48**	**79.66**	**2048.11**	**1355.82**	**816.76**	**12872.97**	**4791.21**
上海	Shanghai	25.92	4.33	65.52	21.59	6.78	289.02	66.19
江苏	Jiangsu	90.63	5.27	167.54	85.36	54.25	835.68	357.06
浙江	Zhejiang	38.15	2.22	78.11	35.94	21.00	363.66	137.83
安徽	Anhui	71.97	2.59	78.48	69.38	36.98	704.03	263.60
江西	Jiangxi	37.90	1.67	49.98	36.23	19.83	405.99	160.99
湖北	Hubei	38.06	3.30	76.87	34.76	23.98	317.28	156.32
湖南	Hunan	34.53	3.85	96.46	30.68	22.83	245.06	120.73
重庆	Chongqing	29.74	1.76	45.30	27.98	20.22	248.50	146.83
四川	Sichuan	62.07	4.84	114.45	57.23	44.89	443.74	254.05
贵州	Guizhou	19.62	2.78	61.77	16.84	14.44	110.76	79.66
云南	Yunnan	53.07	4.79	76.79	48.28	43.25	269.56	202.52

注：小轿车包括在载客汽车中。
a) Passenger vehicles include car.

16-11 民用运输船舶拥有量(2018 年)
Possession of Civil Transport Vessels (2018)

地区	Region	机动船 Motor Vessels 艘数(艘) Number (unit)	净载重量(吨位) Dead Weight Tonnage (ton)	载客量(客位) Passenger Capacity (seat)	拖船功率(千瓦) Drawing Power (kW)	驳船 Barges 艘数(艘) Number (unit)	净载重量(吨位) Dead Weight Tonnage (ton)	载客量(客位) Passenger Capacity (seat)
全 国	**National Total**	**125754**	**242447129**	**960245**	**1465403**	**11221**	**8705726**	**3044**
上 海	Shanghai	1414	21320700	38075	96800	47	122339	
江 苏	Jiangsu	28631	36970536	50825	353935	4072	3229548	
浙 江	Zhejiang	14284	30276211	87364	152354	3	13370	
安 徽	Anhui	24308	46649669	14782	29763	757	393021	
江 西	Jiangxi	2706	2524238	13665	8018	2	1730	
湖 北	Hubei	3172	6720831	33345	47007	106	209505	
湖 南	Hunan	4895	4285244	69161	844	236	22927	1924
重 庆	Chongqing	2774	7133347	41720	17386	32	50460	
四 川	Sichuan	4431	1281496	47565	16289	885	54872	
贵 州	Guizhou	2057	152449	54654		2	308	
云 南	Yunnan	1241	168589	31070	896	5	371	10

16-12 内河主要规模以上港口码头泊位数(2018年底)
Number of Berths in Main Ports of Inland Rivers above Designated Size at Year-end(2018)

名称	Name	总计 Total			生产用 For Productive Use			非生产用 For Nonproductive Use	
		码头长度(米) Length of Quay Line (m)	泊位个数(个) Number of Berths (unit)	#万吨级 10 000 Ton Class	码头长度(米) Length of Quay Line (m)	泊位个数(个) Number of Berths (unit)	#万吨级 10 000 Ton Class	码头长度(米) Length of Quay Line (m)	泊位个数(个) Number of Berths (unit)
总计	**Total**	**791221**	**11148**	**451**	**753345**	**10521**	**437**	**37876**	**627**
#重庆	Chongqing	84771	1024		63760	664		21011	360
宜昌	Yichang	24676	249		23175	231		1501	18
武汉	Wuhan	16456	162		14114	135		2342	27
黄石	Huangshi	7892	89		7462	83		430	6
九江	Jiujiang	17516	176		15311	146		2205	30
安庆	Anqing	7621	90		6549	73		1072	17
池州	Chizhou	8393	86		8393	86			
铜陵	Tongling	7414	74	3	7369	73	3	45	1
芜湖	Wuhu	13544	124	13	13544	124	13		
马鞍山	Maanshan	9027	110	1	8977	109	1	50	1
南京	Nanjing	29958	236	66	29318	226	62	640	10
镇江	Zhenjiang	22602	211	42	22482	209	42	120	2
泰州	Taizhou	20989	161	61	20989	161	61		
扬州	Yangzhou	7446	42	23	7446	42	23		
江阴	Jiangyin	16692	111	39	16542	109	39	150	2
常州	Changzhou	4134	32	9	4134	32	9		
南通	Nantong	20165	114	67	19610	108	57	555	6
上海(内河)	Shanghai(Inland Rivers)	42005	839		41650	833		355	6

16-13 邮政和电信业务量(2018 年)
Business Volume of Postal Services and Telecommunication Services (2018)

地 区	Region	邮政业务总量 (亿元) Business Volume of Postal Services (100 million yuan)	电信业务总量 (亿元) Business Volume of Telecommunication Services (100 million yuan)	函 件 (亿件) Number of Letters (100 million pcs)	包 裹 (万件) Package (10 000 pcs)	报刊期发数 (万份) Issue of Newspapers and Magazines (10 000 copies)
全 国	**National Total**	**12345.19**	**65633.91**	**26.71**	**2407.6**	**12458.2**
上 海	Shanghai	820.62	1436.34	5.74	222.8	484.0
江 苏	Jiangsu	1050.23	4814.66	2.26	139.8	969.4
浙 江	Zhejiang	2326.23	4101.33	2.62	150.9	692.6
安 徽	Anhui	316.75	2260.95	0.40	59.2	487.7
江 西	Jiangxi	176.64	1609.18	0.28	44.5	349.7
湖 北	Hubei	345.24	2040.03	0.74	61.6	391.3
湖 南	Hunan	248.24	2477.10	0.22	41.5	540.3
重 庆	Chongqing	134.83	1543.52	0.15	25.6	304.6
四 川	Sichuan	348.45	3297.15	0.28	88.7	687.9
贵 州	Guizhou	63.07	2193.37	0.93	10.3	209.0
云 南	Yunnan	90.43	2478.73	0.24	40.0	251.7

16-13　续表 1 continued

地　区	Region	订销报纸累计数(万份) Cumulative Number of Newspaper Sold and Booked (10 000 copies)	订销杂志累计数(万份) Cumulative Number of Magazines Sold and Booked (10 000 copies)	汇　兑(万笔) Postal Remittance Transactions (10 000 times)	纪特邮票(万枚) Commemorative and Special Stamps (10 000 pieces)	快　递(万件) Pieces of Express Mail Services (10 000 pcs)	快递业务收入(万元) Revenue from Express Service (10 000 yuan)
全　国	**National Total**	**1727899.1**	**77496.9**	**2520.0**	**118076.4**	**5071042.8**	**60384253.8**
上　海	Shanghai	75282.0	2045.1	238.2	5219.0	348648.8	10202806.0
江　苏	Jiangsu	146249.8	6029.1	265.9	7785.6	438935.4	4808932.1
浙　江	Zhejiang	112100.9	4269.4	122.6	4804.3	1011050.7	7793024.1
安　徽	Anhui	63610.0	3485.2	24.9	4687.8	112322.4	1110120.0
江　西	Jiangxi	51533.2	2001.4	63.3	4861.9	61929.5	670877.1
湖　北	Hubei	64157.1	2678.2	37.7	4976.7	135307.7	1437737.2
湖　南	Hunan	65560.0	4186.3	42.8	3880.8	78932.6	804691.3
重　庆	Chongqing	29273.5	2743.8	17.6	2055.0	45795.4	580358.4
四　川	Sichuan	105811.2	3883.5	97.2	4032.9	145991.7	1671575.4
贵　州	Guizhou	39177.2	1885.9	97.5	3356.5	21193.7	404531.8
云　南	Yunnan	44000.0	1575.7	112.7	2077.2	33999.1	471438.1

16-13　续表 2 continued

地 区	Region	移动短信业务量（亿条）Short Message Services (100 million messages)	移动电话用户（万户）Number of Mobile Telephone Subscribers at Year-end (10 000 subscribers)	#3G 移动电话用户 3G Mobile Phone Subscribers	#4G 移动电话用户 4G Mobile Phone Subscribers
全 国	**National Total**	**11398.6**	**156609.8**	**14018.3**	**116546.4**
上 海	Shanghai	529.0	3722.3	361.8	3265.2
江 苏	Jiangsu	996.1	9794.0	691.7	7707.6
浙 江	Zhejiang	1020.9	8308.8	570.2	6501.3
安 徽	Anhui	232.3	5535.8	596.9	4122.9
江 西	Jiangxi	164.8	4043.5	293.6	2970.0
湖 北	Hubei	280.3	5569.8	403.3	4162.6
湖 南	Hunan	282.3	6302.9	505.2	4710.9
重 庆	Chongqing	152.7	3650.7	331.6	2553.1
四 川	Sichuan	311.9	9068.6	541.3	6540.7
贵 州	Guizhou	162.5	3940.4	330.5	2960.2
云 南	Yunnan	205.3	4659.1	284.2	3375.5

注：固定长途电话通话时长为固定传统长途电话通话时长及固定IP电话通话时长之和。
a) Length of long-distance calls of fixed telephone includes traditional calls and IP calls.

16-13 续表 3 continued

地 区	Region	移动电话通话时长(亿分钟) Length of Calls of Mobile Telephone (100 million minutes)	#去话通话时长 Length of Outgoing Calls	固定电话用户(万户) Number of Fixed Telephone Subscribers at Year-end (10 000 subscribers)	#住宅电话用户 Household Fixed Telephone Subscribers
全 国	**National Total**	**51125.2**	**25441.5**	**19208.5**	**9901.1**
上 海	Shanghai	998.4	512.5	663.2	382.2
江 苏	Jiangsu	3116.2	1562.2	1418.3	758.0
浙 江	Zhejiang	2752.9	1384.6	1260.9	458.1
安 徽	Anhui	1616.8	792.5	576.3	295.6
江 西	Jiangxi	1288.7	627.0	465.4	302.6
湖 北	Hubei	1693.9	829.3	602.8	348.7
湖 南	Hunan	2053.3	997.4	646.8	238.2
重 庆	Chongqing	1248.0	601.2	593.1	465.6
四 川	Sichuan	2961.6	1456.7	1833.0	1009.9
贵 州	Guizhou	1586.2	786.5	244.1	152.5
云 南	Yunnan	1770.4	880.1	303.6	121.2

16-14 邮政业网点及邮递线路(2018 年底)
Postal Offices and Postal Delivery Routes at Year-end (2018)

地 区	Region	营业网点 (处) Number of Offices (unit)	信筒信箱 (个) Number of Post Boxes (unit)	农村投递路线 (公里) Rural Delivery Routes (km)	城市投递路线 (公里) Urban Delivery Routes (km)
全 国	**National Total**	**274635**	**122060**	**4030582**	**1711862**
上 海	Shanghai	4716	3013	36760	51914
江 苏	Jiangsu	15202	6870	257907	100031
浙 江	Zhejiang	25861	23912	200106	121946
安 徽	Anhui	10479	2273	146884	50035
江 西	Jiangxi	7384	2039	90190	44143
湖 北	Hubei	14210	2465	187782	56372
湖 南	Hunan	10433	2867	208932	99398
重 庆	Chongqing	6786	2051	61069	34794
四 川	Sichuan	20170	12860	252983	63774
贵 州	Guizhou	8332	2112	122967	46434
云 南	Yunnan	9100	1909	171871	40373

16-14 续表 continued

地 区	Region	邮路总长度 (公里) Length of Postal Routes (km)	#航空邮路 Air Mail Routes	#铁路邮路 Railway Routes	#汽车邮路 Highway Routes
全 国	**National Total**	**9851315**	**6544859**	**220980**	**3072496**
上 海	Shanghai	110893	47102	8641	54489
江 苏	Jiangsu	487432	244870		242562
浙 江	Zhejiang	729059	361407	76491	290641
安 徽	Anhui	187072	38175	1109	147781
江 西	Jiangxi	98972	5953		92987
湖 北	Hubei	262100	150750		111350
湖 南	Hunan	369957	242928		126948
重 庆	Chongqing	153099	92958	1939	56179
四 川	Sichuan	347830	188820	2121	150174
贵 州	Guizhou	147277	91556		55721
云 南	Yunnan	291772	161944	14391	115437

16-15 电信主要通信能力(2018 年底)
Main Communication Capacity of Telecommunications at Year-end (2018)

地 区	Region	固定长途电话交换机容量(路端) Capacity of Long-distance Telephone Exchanges (circuit)	局用交换机容量(万门) Capacity of Office Telephone Exchanges (10 000 lines)	移动电话交换机容量(万户) Capacity of Mobile Telephone Exchanges (10 000 subscribers)	移动电话基站(万个) Base Stations of Mobile Telephones (10 000)	光缆线路长度(公里) Length of Optical Cable Lines (km)	#长途光缆线路长度 Length of Long Distance Optical Cable Lines
全 国	**National Total**	**3924342**	**11440.4**	**259453.1**	**667.2**	**43167888**	**994130**
上 海	Shanghai	357840	480.1	6548.0	11.6	617611	4024
江 苏	Jiangsu	122460	73.0	19333.7	40.8	3511781	37391
浙 江	Zhejiang	667907	375.7	16202.0	40.6	3021205	26770
安 徽	Anhui		106.9	8224.3	22.7	2161095	35275
江 西	Jiangxi	83520	346.7	6484.9	19.3	1772865	28385
湖 北	Hubei		322.1	8502.3	23.1	1592659	29055
湖 南	Hunan	364040	310.9	10123.0	24.0	2001617	41797
重 庆	Chongqing		333.4	4099.0	16.2	1059427	6174
四 川	Sichuan	164370	598.8	16388.3	34.2	2775875	67133
贵 州	Guizhou		309.8	5605.0	20.9	1057248	35006
云 南	Yunnan	185344	682.6	7627.7	24.8	1523855	48060

注：电话交换机容量不包括用户交换机容量。
a) The capacity of exchanges in this table do not includes the capacity of exchanges owned by users.

16-16 电信通信服务水平(2018 年底)
Telecommunication Services Available at Year-end (2018)

地区	Region	电话普及率(包括移动电话)(部/百人) Popularization Rate of Telephone (Include Mobile Telephone) (sets/100 persons)	固定电话普及率(部/百人) Popularization Rate of Fixed Line Telephone (sets/100 persons)	移动电话普及率(部/百人) Popularization Rate of Mobile Telephone (sets/100 persons)
全国	**National Total**	**126.00**	**13.77**	**112.23**
上海	Shanghai	180.94	27.36	153.57
江苏	Jiangsu	139.27	17.62	121.65
浙江	Zhejiang	166.80	21.98	144.83
安徽	Anhui	96.66	9.11	87.54
江西	Jiangxi	97.02	10.01	87.00
湖北	Hubei	104.32	10.19	94.13
湖南	Hunan	100.74	9.38	91.36
重庆	Chongqing	136.82	19.12	117.70
四川	Sichuan	130.70	21.98	108.72
贵州	Guizhou	116.24	6.78	109.46
云南	Yunnan	102.76	6.29	96.47

16-17 邮政通信服务水平(2018 年底)
Postal Services Available at Year-end(2018)

地 区	Region	平均每一营业网点服务面积(平方公里) Average Area Served by Every Postal Office (sq.km)	平均每一营业网点服务人口(万人) Average People Served by Every Postal Office (10 000 persons)	平均每人每年发函件数(件) Annual Average Number of Letters Mailed per Capita (piece)	平均每百人每年订报刊数(份) Annual Average Number of Newspaper and Magazine Subscribed per 100 Persons (piece)	已通邮的行政村比重(%) Percentage of Administrative Village with Posts (%)
全 国	**National Total**	**35.0**	**0.51**	**1.91**	**8.9**	**100.0**
上 海	Shanghai	1.2	0.51	23.68	20.0	100.0
江 苏	Jiangsu	6.6	0.53	2.81	12.0	100.0
浙 江	Zhejiang	3.9	0.22	4.57	12.1	100.0
安 徽	Anhui	12.4	0.60	0.63	7.7	100.0
江 西	Jiangxi	21.7	0.63	0.59	7.5	100.0
湖 北	Hubei	12.7	0.42	1.26	6.6	100.0
湖 南	Hunan	20.1	0.66	0.31	7.8	100.0
重 庆	Chongqing	12.1	0.46	0.48	9.8	100.0
四 川	Sichuan	23.8	0.41	0.33	8.2	100.0
贵 州	Guizhou	20.4	0.43	2.58	5.8	100.0
云 南	Yunnan	41.8	0.53	0.51	5.2	100.0

16-18 互联网主要指标发展情况(2018 年底)
Main Indicators on Internet Development at Year-end (2018)

地 区	Region	域名数 (万个) Number of Domain Names (10 000 units)	网站数 (万个) Number of Websites (10 000 sites)	网页数 (万个) Number of Webpages (10 000 pages)	IPv4 地址数 (万个) IPv4 Addresses (10 000)	互联网宽带接入端口 (万个) Broad Band Subscribers Port of Internet (10 000 ports)	移动互联网用 户 (万户) Mobile Internet Subscribers (10 000 subscribers)
全 国	**National Total**	**3792.8**	**523.4**	**28162240.6**	**33892.5**	**86752.3**	**127481.5**
上 海	Shanghai	147.4	37.8	2069686.3	1528.5	1871.8	3032.0
江 苏	Jiangsu	188.3	28.7	1378142.3	1613.3	7131.5	7979.5
浙 江	Zhejiang	149.2	41.7	3354070.9	2192.8	5971.0	6833.6
安 徽	Anhui	90.5	8.7	319693.7	559.2	3374.0	4596.3
江 西	Jiangxi	77.1	5.0	208694.3	586.3	2032.7	3340.8
湖 北	Hubei	106.2	12.3	156806.1	813.4	2961.3	4552.0
湖 南	Hunan	122.3	9.5	127461.9	799.9	2821.1	5226.6
重 庆	Chongqing	46.7	5.6	50562.1	569.4	2245.7	2862.2
四 川	Sichuan	144.6	24.0	354133.2	938.8	5400.5	7332.0
贵 州	Guizhou	39.8	2.2	15726.2	149.1	1535.4	3323.1
云 南	Yunnan	46.6	2.9	175784.1	332.1	1962.6	3918.9

注：各地区 IPv4 地址数是根据各地区占全国的比例推算数据。
a) The number of IPv4 addresses in each region is calculated according to the proportion of the regions in the whole country.

16-18 续表 continued

地 区	Region	移动互联网接入流量(万 GB) Flow Accessed to Mobile Internet (10 000 GB)	互联网宽带接入用户(万户) Broadband Subscribers of Internet (10 000 subscribers)	#城市宽带接入用户 Urban Broadband Subscribers	#农村宽带接入用户 Rural Broadband Subscribers	#家庭宽带接入用户 Household Broadband Subscribers	#政企宽带接入用户 Government and Enterprise Broadband Subscribers
全 国	**National Total**	**7090039.3**	**40738.2**	**28996.5**	**11741.7**	**35351.6**	**5386.6**
上 海	Shanghai	134846.8	772.9	772.9		658.3	114.6
江 苏	Jiangsu	514026.7	3351.9	2107.5	1244.4	2868.1	483.8
浙 江	Zhejiang	429803.0	2653.8	1751.5	902.3	2172.1	481.7
安 徽	Anhui	251826.2	1662.4	1022.1	640.4	1400.9	261.6
江 西	Jiangxi	173557.3	1323.4	908.1	415.3	1165.7	157.7
湖 北	Hubei	217677.7	1480.7	1074.2	406.6	1220.9	259.8
湖 南	Hunan	266950.4	1635.3	1115.1	520.2	1464.2	171.1
重 庆	Chongqing	169556.6	1070.1	854.4	215.8	932.1	138.1
四 川	Sichuan	355855.9	2624.5	1772.6	851.9	2202.0	422.5
贵 州	Guizhou	250673.2	732.0	568.0	164.1	632.5	99.5
云 南	Yunnan	280875.1	1019.4	713.6	305.9	834.8	184.6

16-19 软件和信息技术服务业主要经济指标
Main Indicators on Software and Information Technology Services

地 区	Region	软件业务收入（万元） Software Income (10 000 yuan)	#软件产品收入 Software Products Income	#信息技术服务收入 Income from IT Service	#信息安全收入 Information Safety Income	#嵌入式系统软件收入 Embedded System and Software Income	其中：软件业务出口（万美元） Software Export (10 000 USD)
全 国	**National Total**	**619087337.7**	**173785598.1**	**375630759.6**	**11629202.6**	**58041777.4**	**5106629.0**
上 海	Shanghai	48368600.2	12126226.1	36106660.8	133609.5	2103.8	390858.8
江 苏	Jiangsu	88331850.6	21732299.9	53442384.8	1178135.2	11979030.8	583171.3
浙 江	Zhejiang	52006147.9	12039185.0	36900870.6	433666.5	2632425.8	314115.3
安 徽	Anhui	4560507.2	1925038.0	1816223.3	147560.0	671685.9	8441.9
江 西	Jiangxi	1529390.9	821975.4	670848.9	27768.4	8798.2	7383.9
湖 北	Hubei	17914891.5	8005681.7	9063547.1	791595.0	54067.7	25114.9
湖 南	Hunan	4925764.0	1797990.3	1917027.9	22059.3	1188686.5	14470.0
重 庆	Chongqing	13929501.4	3222231.8	8783398.6	293895.7	1629975.3	15828.3
四 川	Sichuan	31726384.7	11402521.7	17728543.9	825448.8	1769870.2	152417.8
贵 州	Guizhou	1767338.7	299588.3	1439490.2	8655.7	19604.5	1739.1
云 南	Yunnan	911126.1	216782.3	668009.5	22063.5	4270.9	

注：本表统计口径为主营业务收入500万元以上的软件和信息技术服务业等企业。
a) Data in the table cover enterprises with revenue from principal business of over 5 million yuan of software and IT service etc.

16-20 企业信息化及电子商务情况(2018 年)
Informatization and E-Commerce of Enterprises(2018)

地 区	Region	企业数(个) Number of Enterprises (unit)	期末使用计算机数(台) Computers Used at the End of Period (unit)	每百人使用计算机数(台) Computers Used Per 100 Persons (unit)	企业拥有网站数(个) Websites of Enterprises (unit)	每百家企业拥有网站数(个) Websites Per 100 Enterprises (unit)	有电子商务交易活动 With E-Commerce Transactions 企业数(个) Enterprises (unit)	比重(%) Proportion (%)	电子商务销售额(亿元) Sales of E-Commerce (100 million yuan)	电子商务采购额(亿元) Purchases of E-Commerce (100 million yuan)
全 国	**National Total**	**985463**	**50380625**	**29**	**527843**	**54**	**99035**	**10.0**	**152424.5**	**85597.8**
上 海	Shanghai	33967	3698775	56	22718	67	3645	10.7	17412.0	9664.4
江 苏	Jiangsu	103460	4990547	24	62794	61	8939	8.6	8659.9	6534.8
浙 江	Zhejiang	88443	4055446	24	46586	53	10558	11.9	8846.5	2648.9
安 徽	Anhui	39818	1383775	23	24875	62	4704	11.8	4864.4	2103.2
江 西	Jiangxi	27056	896706	19	13837	51	2234	8.3	2817.9	1048.9
湖 北	Hubei	40082	1788207	26	23869	60	3666	9.1	4051.4	1825.9
湖 南	Hunan	38803	1267433	22	19863	51	3988	10.3	3127.5	2581.3
重 庆	Chongqing	21990	1069389	24	10861	49	2545	11.6	4186.8	1624.7
四 川	Sichuan	39274	1898955	24	21220	54	4501	11.5	4219.2	2463.9
贵 州	Guizhou	16293	508564	26	7093	44	1576	9.7	1612.1	616.3
云 南	Yunnan	16541	728873	30	7189	43	1713	10.4	1443.1	867.3

十七、住宿、餐饮业和旅游 Hotels,Catering Services and Tourism

17-1 限额以上住宿业企业主要指标(2018 年)
Main Indicators of Enterprises above Designated Size of Hotels(2018)

单位：亿元 (100 million yuan)

地 区	Region	法人企业(个) Number of Corporation Enterprises (unit)	年末从业人数(人) Engaged Persons at Year-end (person)	营业额 Business Revenue	#客房收入 From Hotel Rooms	#餐费收入 From Meals	资产总计 Total Assets	#流动资产合计 Total Current Assets	#固定资产合计 Total Fixed Assets
全 国	**National Total**	**20614**	**1780363**	**4059.7**	**2130.6**	**1407.7**	**13529.5**	**5485.1**	**4812.2**
上 海	Shanghai	762	72581	301.5	170.7	71.9	899.7	369.0	280.2
江 苏	Jiangsu	1075	101285	249.1	115.1	105.4	816.2	260.3	345.6
浙 江	Zhejiang	1394	133318	335.7	161.8	139.6	976.2	367.2	354.7
安 徽	Anhui	562	41534	75.1	38.3	30.5	261.8	86.9	101.3
江 西	Jiangxi	597	41024	78.1	41.5	30.5	274.3	92.3	103.6
湖 北	Hubei	865	56547	133.2	72.9	46.6	337.5	121.8	128.9
湖 南	Hunan	891	75915	165.6	87.5	62.4	427.9	150.8	166.1
重 庆	Chongqing	461	36863	89.1	47.8	32.6	277.6	121.7	88.8
四 川	Sichuan	1141	80112	171.4	88.5	66.9	540.8	233.0	177.2
贵 州	Guizhou	704	39965	73.4	48.0	19.7	232.2	101.0	79.3
云 南	Yunnan	659	55320	97.4	58.8	27.7	335.3	123.2	140.3

17-1 续表 continued

单位：亿元 (100 million yuan)

地区	Region	负债合计 Total Liabilities	所有者权益合计 Total Owners' Equities	主营业务收入 Revenue from Principal Business	主营业务成本 Cost of Principal Business	主营业务税金及附加 Taxes and Other Charges on Principal Business	主营业务利润 Profits from Principal Business
全国	**National Total**	**10099.0**	**3432.5**	**3878.4**	**1476.1**	**72.8**	**2329.5**
上海	Shanghai	502.3	397.9	287.3	88.1	4.3	194.8
江苏	Jiangsu	570.1	246.8	236.7	81.8	4.1	150.7
浙江	Zhejiang	797.2	179.0	314.4	101.4	3.5	209.5
安徽	Anhui	197.7	64.1	70.3	30.4	1.4	38.5
江西	Jiangxi	185.4	88.9	75.1	34.6	1.4	39.1
湖北	Hubei	212.5	125.1	124.2	55.0	2.2	67.0
湖南	Hunan	293.0	134.9	157.8	77.1	3.7	76.9
重庆	Chongqing	224.4	53.3	84.7	39.1	1.3	44.3
四川	Sichuan	401.6	139.2	162.4	72.8	2.6	87.0
贵州	Guizhou	148.8	83.4	70.5	35.4	0.9	34.1
云南	Yunnan	218.1	117.2	89.8	39.6	1.6	48.6

17-2 限额以上餐饮业企业主要指标(2018年)
Main Indicators of Enterprises above Designated Size of Catering Services(2018)

单位：亿元 (100 million yuan)

地区	Region	法人企业(个) Number of Corporation Enterprises (unit)	年末从业人数(人) Engaged Persons at Year-end (person)	营业额 Business Revenue	#餐费收入 From Meals	资产总计 Total Assets	#流动资产合计 Total Current Assets	#固定资产合计 Total Fixed Assets
全国	**National Total**	**26258**	**2342218**	**5622.9**	**4997.7**	**5120.4**	**2409.2**	**1459.2**
上海	Shanghai	1626	270869	774.7	743.7	451.9	278.4	67.8
江苏	Jiangsu	1848	199339	457.4	383.7	558.8	211.3	201.7
浙江	Zhejiang	1659	143461	381.3	332.3	387.0	159.7	123.7
安徽	Anhui	1252	86510	161.8	130.9	241.2	98.0	85.3
江西	Jiangxi	540	26949	54.8	45.2	90.9	36.7	30.3
湖北	Hubei	1479	101693	284.6	239.2	302.8	134.4	91.4
湖南	Hunan	1101	69152	163.4	142.2	132.0	47.1	47.6
重庆	Chongqing	1224	63581	175.6	155.2	117.9	45.6	42.5
四川	Sichuan	1544	106641	229.0	202.1	254.3	110.6	78.1
贵州	Guizhou	611	21651	41.9	37.5	40.1	22.5	9.9
云南	Yunnan	611	31102	66.7	59.8	82.3	46.7	23.9

17-2 续表 continued

单位：亿元 (100 million yuan)

地 区	Region	负债合计 Total Liabilities	所有者权益合计 Total Owners' Equities	主营业务收入 Revenue from Principal Business	主营业务成本 Cost of Principal Business	主营业务税金及附加 Taxes and Other Charges on Principal Business	主营业务利润 Profits from Principal Business
全 国	**National Total**	**3580.8**	**1540.6**	**5290.6**	**2679.4**	**36.5**	**2574.6**
上 海	Shanghai	324.5	127.5	714.3	313.8	1.1	399.4
江 苏	Jiangsu	371.0	187.5	436.9	219.1	3.4	214.4
浙 江	Zhejiang	311.0	76.0	356.2	183.6	1.7	170.9
安 徽	Anhui	160.3	80.9	156.5	81.1	2.1	73.3
江 西	Jiangxi	65.6	25.3	52.2	30.2	0.7	21.3
湖 北	Hubei	211.9	90.9	263.1	144.0	3.2	116.0
湖 南	Hunan	75.2	56.8	156.4	92.8	2.4	61.1
重 庆	Chongqing	56.6	61.3	165.7	105.1	2.1	58.5
四 川	Sichuan	174.3	80.0	214.9	119.1	2.1	93.7
贵 州	Guizhou	23.9	16.3	40.0	26.1	0.5	13.4
云 南	Yunnan	44.4	37.8	63.3	41.0	0.7	21.7

17-3 连锁餐饮企业基本情况
Basic Conditions of Chain Catering Enterprises

地 区	Region	总店数 (个) Number of Head Stores (unit)	门店总数 (个) Number of Stores (unit)	年末从业人数 (万人) Engaged Persons at Year-end (10 000 persons)	年末餐饮营业面积 (万平方米) Operating Area of Catering Enterprises at Year-end (10 000 sq.m)	餐位数 (万个) Number of Dining-seats (10 000 units)	营业额 (亿元) Business Revenue (100 million yuan)	商品购进总额 (亿元) Total Purchases Value (100 million yuan)	统一配送商品购进额 (亿元) Centralized Purchase and Delivery (100 million yuan)
全 国	**National Total**	**482**	**31001**	**89.3**	**1075.0**	**332.6**	**1950.01**	**674.01**	**504.09**
上 海	Shanghai	56	6202	14.5	147.6	43.5	333.48	84.95	52.06
江 苏	Jiangsu	20	1707	5.6	51.6	16.7	109.05	49.38	24.28
浙 江	Zhejiang	28	2074	4.9	66.6	21.6	120.82	43.70	39.56
安 徽	Anhui	8	855	2.0	38.1	7.9	26.27	8.22	8.08
江 西	Jiangxi	4	167	0.8	6.2	2.0	10.20	6.35	6.15
湖 北	Hubei	38	1354	4.4	59.8	13.6	80.92	25.82	21.34
湖 南	Hunan	19	978	4.1	53.9	23.3	57.79	18.60	15.02
重 庆	Chongqing	16	1628	7.1	78.2	30.0	94.50	37.30	16.86
四 川	Sichuan	10	1162	3.5	36.3	13.6	65.37	15.60	11.18
贵 州	Guizhou	2	16	0.1	1.7	0.3	0.60	0.23	0.23
云 南	Yunnan	5	243	0.7	5.8	2.3	13.54	4.35	2.73

注：门店总数全国总计中包括开设在港澳台地区和国外的门店。
a) Total number of stores includes that from Hong Kong, Macao and Taiwan province and foreign countries.

17-4 国际旅游收入
Foreign Exchange Earnings from International Tourism

单位：百万美元 (USD million)

地 区	Region	1995	2000	2005	2010	2015	2017	2018
上 海	Shanghai	939.42	1612.67	3555.88	6340.92	5860.44	6698.65	7261.39
江 苏	Jiangsu	259.88	723.84	2259.74	4783.43	3527.29	4194.72	4648.36
浙 江	Zhejiang	235.91	513.97	1716.26	3930.20	6788.47	3586.44	2595.79
安 徽	Anhui	31.39	86.21	185.58	708.98	2262.87	2880.78	3187.57
江 西	Jiangxi	24.99	62.34	103.95	346.03	567.00	629.92	745.38
湖 北	Hubei	73.17	145.72	276.36	751.16	1671.90	2104.74	2379.69
湖 南	Hunan	64.93	220.78	390.24	906.22	857.72	1295.37	1520.41
重 庆	Chongqing		138.40	264.36	703.20	1468.57	1947.59	2189.89
四 川	Sichuan	125.32	121.87	315.95	354.09	1180.87	1446.54	1511.65
贵 州	Guizhou	28.98	60.92	101.41	129.58	231.33	283.27	317.63
云 南	Yunnan	165.03	339.02	528.01	1323.65	2875.50	3550.33	4418.00

17-5 接待入境过夜游客
Number of Oversea Visitor Arrivals

单位：万人次 (10 000 person-times)

地 区	Region	2000		2005		2010		2017		2018	
		总 计 Total	#外国人 Foreigners	总 计 Total	#外国人 Foreigners	总 计 Total	#外国人 Foreigners	总 计 Total	#外国人 Foreigners	总 计 Total	#外国人 Foreigners
上 海	Shanghai	181.40	143.90	444.54	379.93	733.72	593.12	719.33	589.48	742.04	601.99
江 苏	Jiangsu	160.95	98.15	378.30	262.15	653.55	473.50	370.10	241.75	400.85	264.69
浙 江	Zhejiang	112.59	64.75	348.05	232.92	684.71	447.41	589.06	430.13	456.76	323.41
安 徽	Anhui	31.84	16.79	63.29	41.06	198.42	117.40	351.09	205.28	370.75	218.79
江 西	Jiangxi	16.31	5.54	37.25	13.63	113.97	39.92	174.69	57.05	191.78	57.25
湖 北	Hubei	45.08	35.74	82.57	62.68	181.74	138.55	368.14	277.95	405.11	307.03
湖 南	Hunan	45.40	15.79	71.98	60.88	189.87	103.30	322.28	155.48	365.08	178.74
重 庆	Chongqing	26.61	19.29	52.39	41.81	137.02	103.96	224.85	136.21	279.98	159.00
四 川	Sichuan	46.20	19.97	106.28	68.27	104.93	74.97	336.17	241.29	369.82	276.47
贵 州	Guizhou	18.39	7.12	27.62	9.26	50.01	18.61	32.40	13.49	39.69	17.53
云 南	Yunnan	100.11	66.59	150.28	99.65	329.15	231.23	667.69	507.52	706.08	549.94

十八、房地产 Real Estate

18-1 房地产开发企业个数(2018年)
Number of Enterprises for Real Estate Development (2018)

单位：个 (unit)

地区	Region	企业个数 Number of Enterprises	内资企业 Domestic Funded Enterprises	#国有 State-owned Enterprises	#集体 Collective-owned Enterprises	港、澳、台投资企业 Enterprises with Funds from Hong Kong, Macao and Taiwan	外商投资企业 Foreign Funded Enterprises
全国	**National Total**	**97937**	**94063**	**790**	**282**	**2719**	**1155**
上海	Shanghai	2568	2204	16	11	252	112
江苏	Jiangsu	6723	6175	39	20	386	162
浙江	Zhejiang	6818	6511	27	10	207	100
安徽	Anhui	3939	3903	31	1	28	8
江西	Jiangxi	2601	2542	31		48	11
湖北	Hubei	4300	4195	41	11	72	33
湖南	Hunan	4128	4048	39	4	58	22
重庆	Chongqing	2250	2142	8		78	30
四川	Sichuan	4166	4073	20	3	58	35
贵州	Guizhou	2651	2618	18	1	23	10
云南	Yunnan	2768	2732	29	4	26	10

18-2 房地产开发企业从业人员数(2018 年)
Number of Employed Persons in Enterprises for Real Estate Development (2018)

单位：人 (person)

地 区	Region	平均从业人数 Average Number of Employed Persons	内资企业 Domestic Funded Enterprises	#国有 State-owned Enterprises	#集体 Collective-owned Enterprises	港、澳、台投资企业 Enterprises with Funds from Hong Kong, Macao and Taiwan	外商投资企业 Foreign Funded Enterprises
全 国	**National Total**	**2889165**	**2735301**	**32150**	**6674**	**104378**	**49486**
上 海	Shanghai	64602	47074	211	208	12961	4567
江 苏	Jiangsu	174263	155146	1309	424	12697	6420
浙 江	Zhejiang	124056	117176	1535	90	4921	1959
安 徽	Anhui	122246	120448	795	7	1496	302
江 西	Jiangxi	86920	85312	1026		1356	252
湖 北	Hubei	140713	136783	2092	267	2529	1401
湖 南	Hunan	136851	132962	1506	45	2563	1326
重 庆	Chongqing	100766	94594	382		4763	1409
四 川	Sichuan	155136	149632	752	170	3483	2021
贵 州	Guizhou	97994	96719	366	7	1063	212
云 南	Yunnan	96796	93513	1090	75	2722	561

18-3 房地产开发企业土地开发及购置(2018 年)
Land Development and Purchase of Enterprises for Real Estate Development (2018)

地 区	Region	待开发土地面积(万平方米) Land Space Pending Development (10 000 sq.m)	本年土地购置面积(万平方米) Land Space Purchased This Year (10 000 sq.m)	本年土地成交价款(亿元) Transaction Value of Land This Year (100 million yuan)
全 国	**National Total**	**45617.86**	**29141.57**	**16102.16**
上 海	Shanghai	384.87	144.58	221.85
江 苏	Jiangsu	4455.26	2508.77	1723.90
浙 江	Zhejiang	1765.43	3026.02	3002.82
安 徽	Anhui	3016.52	2938.98	1337.71
江 西	Jiangxi	1103.32	534.70	242.48
湖 北	Hubei	1631.32	954.35	317.48
湖 南	Hunan	2444.96	1428.57	456.94
重 庆	Chongqing	3094.24	1260.92	625.56
四 川	Sichuan	2030.57	1520.10	742.95
贵 州	Guizhou	1128.20	596.56	139.76
云 南	Yunnan	1667.67	571.55	159.50

18-4 房地产开发企业投资总规模及完成情况(2018 年)
General Scale of Construction and Completed Investment of Enterprises for Real Estate Development(2018)

单位：亿元 (100 million yuan)

地区	Region	计划总投资 Total Investment Planned	自开始建设至本年底累计完成投资 Accumulative Investment Actually Completed Since Starting of Construction up to the End of This Year	本年完成投资 Investment Completed This Year	建筑安装工程 Construction and Installation	设备工器具购置 Purchase of Equipment and Instruments	其他费用 Others	土地购置费 Total Value of Land Purchased
全国	**National Total**	**740022.33**	**519326.30**	**120263.51**	**75992.00**	**1524.58**	**42746.94**	**36387.01**
上海	Shanghai	30220.35	22265.98	4033.18	1971.77	25.75	2035.67	1846.14
江苏	Jiangsu	71809.76	48982.67	10982.34	6578.52	147.77	4256.04	3892.20
浙江	Zhejiang	46487.25	33001.78	9944.93	3642.13	73.68	6229.12	5597.85
安徽	Anhui	36071.76	24678.21	5974.11	4067.45	80.87	1825.79	1679.75
江西	Jiangxi	14325.30	9276.77	2174.93	1609.03	41.39	524.51	434.56
湖北	Hubei	29087.30	19773.12	4693.12	3138.78	72.27	1482.07	1209.94
湖南	Hunan	24255.65	17134.86	3945.95	3114.34	83.88	747.73	560.98
重庆	Chongqing	27999.80	21734.94	4248.76	2490.94	50.41	1707.41	1484.73
四川	Sichuan	29695.79	19533.38	5697.87	3954.19	101.18	1642.49	1426.98
贵州	Guizhou	15901.96	10765.40	2349.23	1913.08	22.18	413.97	305.48
云南	Yunnan	18055.00	13362.65	3247.23	2389.95	20.71	836.58	699.34

18-5　按用途分房地产开发企业完成投资(2018 年)
Investment Completed by Enterprises for Real Estate Development by Use (2018)

单位：亿元　　　　(100 million yuan)

地　区	Region	本年完成投　资 Investment Completed This Year	住　宅 Residential Buildings	#别　墅、高档公寓 Villas, High-grade Apartments	办公楼 Office Buildings	商业营业用　房 Houses for Business Use	其　他 Others
全　国	**National Total**	**120263.51**	**85192.25**	**4419.02**	**5996.33**	**14177.09**	**14897.84**
上　海	Shanghai	4033.18	2225.92	493.63	692.71	461.42	653.14
江　苏	Jiangsu	10982.34	8366.18	574.76	400.74	1198.00	1017.42
浙　江	Zhejiang	9944.93	7156.45	566.50	382.66	788.19	1617.63
安　徽	Anhui	5974.11	4563.41	97.18	186.96	794.09	429.65
江　西	Jiangxi	2174.93	1590.64	50.02	76.40	343.83	164.05
湖　北	Hubei	4693.12	3464.59	102.81	241.74	552.47	434.32
湖　南	Hunan	3945.95	2764.48	89.98	124.16	590.65	466.67
重　庆	Chongqing	4248.76	3012.65	221.34	104.81	564.66	566.65
四　川	Sichuan	5697.87	3764.71	123.03	210.51	1000.63	722.02
贵　州	Guizhou	2349.23	1557.85	52.77	85.85	422.26	283.27
云　南	Yunnan	3247.23	2115.17	234.90	106.26	552.87	472.93

18-6 房地产开发企业实际到位资金(2018 年)
Actual Funds in Place of Enterprises for Real Estate Development (2018)

单位：亿元 (100 million yuan)

地 区	Region	本年实际到位资金 Actual Funds in Place This Year	国内贷款 Domestic Loans	利用外资 Foreign Investment	自筹资金 Self-raising Funds	定金及预收款 Deposit and Pre Payment	个人按揭贷款 Individual Mortgage Loans	其他到位资金 Others
全 国	**National Total**	**165962.89**	**24004.52**	**107.98**	**55830.65**	**55418.17**	**23705.89**	**6895.68**
上 海	Shanghai	5330.46	1326.02	0.11	1896.42	1566.41	303.57	237.93
江 苏	Jiangsu	17798.46	2841.45	63.55	4220.67	6551.93	3210.70	910.16
浙 江	Zhejiang	14248.78	2279.24	3.64	4503.43	5064.16	1904.43	493.87
安 徽	Anhui	8203.27	796.46		2399.71	2855.41	1792.66	359.04
江 西	Jiangxi	3169.65	360.14	0.00	868.53	1077.40	761.88	101.69
湖 北	Hubei	7364.34	1151.96		2503.70	2485.69	948.02	274.97
湖 南	Hunan	5312.08	577.91		1524.05	1896.74	1144.70	168.68
重 庆	Chongqing	6685.28	1085.29	3.19	1641.94	2486.96	1116.92	350.97
四 川	Sichuan	8160.71	887.36	0.17	2933.34	2974.69	1106.25	258.90
贵 州	Guizhou	2662.13	128.31	0.07	823.45	952.70	670.30	87.29
云 南	Yunnan	2969.57	312.31	0.80	983.33	1025.43	512.49	135.22

18-7 房地产开发企业房屋建筑面积和造价(2018 年) Floor Space and Cost of Buildings Developed by Enterprises for Real Estate Development (2018)

地 区	Region	房屋施工面积(万平方米) Floor Space of Buildings under Construction (10 000 sq.m)	房屋竣工面积(万平方米) Floor Space of Buildings Completed (10 000 sq.m)	房屋建筑面积竣工率(%) Rate of Floor Space of Buildings Completed (%)	房屋竣工价值(亿元) Value of Buildings Completed (100 million yuan)	房屋竣工造价(元/平方米) Cost of Buildings Completed (yuan/sq.m)
全 国	**National Total**	**822300.24**	**93550.11**	**11.4**	**29902.01**	**3196**
上 海	Shanghai	14672.37	3115.76	21.2	1941.04	6230
江 苏	Jiangsu	62673.47	8536.27	13.6	3294.53	3859
浙 江	Zhejiang	44537.06	5189.67	11.7	2219.02	4276
安 徽	Anhui	41128.34	4488.40	10.9	1309.26	2917
江 西	Jiangxi	20738.65	2031.76	9.8	519.92	2559
湖 北	Hubei	31315.60	2773.99	8.9	848.61	3059
湖 南	Hunan	35781.53	4160.98	11.6	1157.04	2781
重 庆	Chongqing	27226.56	4083.45	15.0	1555.97	3810
四 川	Sichuan	44065.92	5635.30	12.8	1618.77	2873
贵 州	Guizhou	21953.33	1279.64	5.8	307.96	2407
云 南	Yunnan	21800.41	1447.28	6.6	457.61	3162

18-8 按用途分房地产开发企业房屋新开工面积(2018年)
Floor Space of Buildings Started This Year by Enterprises for Real Estate Development by Use (2018)

单位：万平方米 (10 000 sq.m)

地 区	Region	本年房屋新开工面积 Floor Space Started This Year	住 宅 Residential Buildings	#别 墅、高档公寓 Villas, High-grade Apartments	办公楼 Office Buildings	商业营业用 房 Houses for Business Use	其 他 Others
全 国	**National Total**	**209341.79**	**153352.57**	**5452.54**	**6049.04**	**20065.69**	**29874.50**
上 海	Shanghai	2687.17	1473.17	155.01	310.84	206.93	696.23
江 苏	Jiangsu	16821.27	12902.27	798.50	441.55	1418.72	2058.73
浙 江	Zhejiang	12879.28	8765.56	436.50	484.66	856.27	2772.78
安 徽	Anhui	10849.59	8454.68	111.35	230.38	955.27	1209.26
江 西	Jiangxi	5801.49	4454.65	133.83	77.40	711.53	557.91
湖 北	Hubei	8495.32	6698.65	185.94	260.69	678.24	857.74
湖 南	Hunan	11127.65	8420.77	223.21	149.24	1251.10	1306.55
重 庆	Chongqing	7386.16	5145.20	368.50	132.72	725.19	1383.06
四 川	Sichuan	14094.44	9734.54	259.10	513.74	1366.53	2479.62
贵 州	Guizhou	5689.20	3983.80	125.20	97.78	712.73	894.89
云 南	Yunnan	4738.28	3386.83	479.34	91.52	569.56	690.36

18-9 按用途分商品房销售面积(2018 年)
Floor Space of Commercialized Buildings Sold by Use (2018)

单位：万平方米 (10 000 sq.m)

地 区	Region	商品房销售面积 Floor Space of Commercialized Buildings Sold	住宅 Residential Buildings	#别墅、高档公寓 Villas, High-grade Apartments	办公楼 Office Buildings	商业营业用房 Houses for Business Use	其他 Others
全 国	**National Total**	**171654.36**	**147929.42**	**4410.69**	**4363.32**	**11971.33**	**7390.29**
上 海	Shanghai	1767.01	1333.29	179.77	147.08	101.75	184.89
江 苏	Jiangsu	13484.21	12040.68	659.43	278.73	812.86	351.94
浙 江	Zhejiang	9755.49	7936.17	420.35	424.12	642.14	753.06
安 徽	Anhui	10038.43	8901.25	98.77	169.39	784.32	183.47
江 西	Jiangxi	6200.71	5389.00	134.63	119.18	564.81	127.72
湖 北	Hubei	8865.38	8101.71	147.52	194.89	428.16	140.62
湖 南	Hunan	9239.15	7997.94	190.05	135.75	696.63	408.82
重 庆	Chongqing	6536.25	5424.76	324.12	127.37	513.97	470.14
四 川	Sichuan	12210.73	9895.35	199.24	320.46	1046.39	948.53
贵 州	Guizhou	5181.96	4441.44	114.28	89.28	555.00	96.24
云 南	Yunnan	4531.88	3643.93	324.35	110.97	469.28	307.71

18-10 按用途分商品房销售额(2018 年)
Total Sale of Commercialized Buildings Sold by Use (2018)

单位：亿元 (100 million yuan)

地区	Region	商品房销售额 Total Sale of Commercialized Buildings Sold	住宅 Residential Buildings	#别墅、高档公寓 Villas, High-grade Apartments	办公楼 Office Buildings	商业营业用房 Houses for Business Use	其他 Others
全国	**National Total**	**149972.74**	**126392.60**	**7164.06**	**6276.83**	**13348.62**	**3954.69**
上海	Shanghai	4751.50	3864.03	1176.74	484.83	269.37	133.27
江苏	Jiangsu	14527.27	12693.86	1078.67	336.78	1304.08	192.55
浙江	Zhejiang	14089.85	12096.31	846.96	629.10	985.46	378.97
安徽	Anhui	7076.95	6174.85	103.30	143.17	675.63	83.31
江西	Jiangxi	4219.89	3524.32	116.52	102.13	522.55	70.89
湖北	Hubei	7531.38	6591.36	145.25	329.48	502.82	107.72
湖南	Hunan	5353.99	4377.39	160.19	153.46	665.50	157.64
重庆	Chongqing	5272.70	4442.87	363.74	138.98	536.02	154.83
四川	Sichuan	8532.35	6621.21	225.95	341.83	1201.19	368.12
贵州	Guizhou	2920.95	2278.10	100.54	73.05	533.69	36.12
云南	Yunnan	3406.84	2690.84	251.61	115.77	451.86	148.38

18-11 按用途分商品房平均销售价格(2018 年)
Average Selling Price of Commercialized Buildings by Use (2018)

单位：元/平方米 (yuan/sq.m)

地 区	Region	商品房平均销售价格 Average Selling Price of Commercialized Buildings	住 宅 Residential Buildings	#别 墅、高档公寓 Villas, High-grade Apartments	办公楼 Office Buildings	商业营业用 房 Houses for Business Use	其 他 Others
全 国	**National Total**	**8737**	**8544**	**16242**	**14385**	**11150**	**5351**
上 海	Shanghai	26890	28981	65458	32964	26475	7208
江 苏	Jiangsu	10774	10542	16358	12083	16043	5471
浙 江	Zhejiang	14443	15242	20149	14833	15346	5032
安 徽	Anhui	7050	6937	10458	8452	8614	4541
江 西	Jiangxi	6805	6540	8654	8569	9252	5551
湖 北	Hubei	8495	8136	9846	16906	11744	7660
湖 南	Hunan	5795	5473	8429	11305	9553	3856
重 庆	Chongqing	8067	8190	11222	10912	10429	3293
四 川	Sichuan	6988	6691	11340	10667	11479	3881
贵 州	Guizhou	5637	5129	8798	8182	9616	3753
云 南	Yunnan	7517	7384	7757	10433	9629	4822

18-12 房地产开发企业资产负债(2018 年)
Assets and Liabilities of Enterprises for Real Estate Development (2018)

单位：亿元 (100 million yuan)

地 区	Region	实收资本合计 Total Capital Held	资产总计 Total Assets	累计折旧 Total Depreciation	#本年折旧 Depreciation This Year	负债合计 Total Liabilities	所有者权益 Owners' Equity	资产负债率(%) Ratio of Liabilities to Assets(%)
全 国	**National Total**	**95324.97**	**852720.54**	**4358.86**	**904.59**	**674333.36**	**178382.98**	**79.1**
上 海	Shanghai	9780.15	59214.54	453.88	62.13	39971.13	19243.41	67.5
江 苏	Jiangsu	11098.68	72232.83	351.98	78.17	55295.88	16937.22	76.6
浙 江	Zhejiang	7806.57	59210.29	255.19	51.70	47466.41	11743.88	80.2
安 徽	Anhui	2938.02	28429.45	138.69	33.84	22976.23	5453.21	80.8
江 西	Jiangxi	1379.23	14718.54	59.45	16.57	11484.34	3234.21	78.0
湖 北	Hubei	3420.58	32879.93	193.30	63.35	25500.06	7379.87	77.6
湖 南	Hunan	1862.78	19227.70	103.49	26.70	15343.34	3884.36	79.8
重 庆	Chongqing	3023.36	31494.92	110.44	18.44	23549.12	7945.80	74.8
四 川	Sichuan	3304.89	31781.24	164.27	35.18	25672.80	6108.39	80.8
贵 州	Guizhou	1445.85	14884.36	59.27	13.59	11833.32	3051.04	79.5
云 南	Yunnan	1864.58	20575.64	111.65	23.88	16942.84	3632.79	82.3

18-13 房地产开发企业经营情况(2018 年)
Operating Statistics on Enterprises for Real Estate Development (2018)

单位：亿元 (100 million yuan)

地 区	Region	主营业务收入 Revenue from Principle Business	土地转让收入 Land Transferred	商品房销售收入 Commercialized Buildings Sold	房屋出租收入 Houses Leased	其他收入 Others	主营业务税金及附加 Taxes and Other Charges on Principal Business	营业利润 Operating Profit
全 国	**National Total**	**112924.68**	**1207.38**	**106688.38**	**1484.30**	**3544.62**	**6785.53**	**18543.71**
上 海	Shanghai	5612.27	87.47	4697.04	445.90	381.86	527.53	1591.29
江 苏	Jiangsu	15565.80	190.43	15002.88	75.53	296.96	761.37	2857.89
浙 江	Zhejiang	8176.62	39.07	7929.11	75.60	132.84	421.28	1063.93
安 徽	Anhui	4663.29	12.03	4453.70	21.56	176.00	206.72	728.56
江 西	Jiangxi	2679.25	47.01	2574.16	8.46	49.62	127.15	449.30
湖 北	Hubei	5931.40	31.40	5716.00	48.10	135.90	331.65	1359.59
湖 南	Hunan	4040.24	27.81	3857.00	17.55	137.88	183.74	508.09
重 庆	Chongqing	3713.69	61.35	3480.92	51.14	120.28	152.17	588.30
四 川	Sichuan	5444.43	28.92	5259.77	44.27	111.46	264.76	729.30
贵 州	Guizhou	1608.96	11.58	1499.46	13.31	84.61	70.13	227.54
云 南	Yunnan	1677.98	80.97	1485.72	16.71	94.59	72.54	168.87

18-14 按项目规模分房地产开发完成投资(2018 年)
Investment Actually Completed by Enterprises for Real Estate Development by Size of Projects(2018)

单位：亿元 (100 million yuan)

地 区	Region	500 万元以 下 Less Than 5 Million Yuan	500-1000 万元 5-10 Million Yuan	1000-3000 万元 10-30 Million Yuan	3000-5000 万元 30-50 Million Yuan	5000 万-1 亿元 50-100 Million Yuan	1-5 亿元 100-500 Million Yuan	5-10 亿元 500-1000 Million Yuan	10 亿元以 上 1 Billion Yuan and More
全 国	**National Total**	**0.38**	**6.98**	**119.98**	**275.37**	**1503.30**	**20088.53**	**23436.61**	**74832.36**
上 海	Shanghai			0.09	0.26	2.40	120.35	376.08	3534.01
江 苏	Jiangsu		0.18	1.68	6.72	49.78	996.38	1960.83	7966.76
浙 江	Zhejiang		0.04	2.44	10.60	54.26	936.70	1640.99	7299.92
安 徽	Anhui	0.02	0.35	3.08	8.72	42.14	807.07	1473.89	3638.84
江 西	Jiangxi		0.11	3.59	8.20	52.59	585.01	547.32	978.10
湖 北	Hubei		0.16	5.15	14.34	53.46	734.46	881.37	3004.17
湖 南	Hunan	0.09	1.12	10.67	24.29	139.96	1131.14	956.49	1682.18
重 庆	Chongqing	0.02	0.05	2.80	4.06	24.62	411.21	577.72	3228.28
四 川	Sichuan	0.01	0.18	2.40	8.34	59.65	1279.59	1693.40	2654.30
贵 州	Guizhou		0.09	2.32	4.27	33.08	659.49	398.75	1251.23
云 南	Yunnan		0.35	4.58	11.06	62.26	565.42	460.97	2142.60

18-15 房地产开发企业成套住宅竣工与销售情况(2018 年)
Number of Flats of Residential Buildings Completed and Sold by Enterprises for Real Estate Development (2018)

地 区	Region	住宅竣工套数合计(套) Total Number of Flats of Residential Buildings Completed (sets)	#别墅、高档公寓 Villas, High-grade Apartments	住宅销售套数合计(套) Total Number of Flats of Residential Buildings Sold (sets)	#别墅、高档公寓 Villas, High-grade Apartments
全 国	**National Total**	**6182425**	**136666**	**13298420**	**281405**
上 海	Shanghai	171688	25655	143725	12445
江 苏	Jiangsu	580531	16902	1014809	37275
浙 江	Zhejiang	256252	7182	664046	21878
安 徽	Anhui	290667	2173	828007	7293
江 西	Jiangxi	131329	1604	471058	9329
湖 北	Hubei	181886	2012	704013	8076
湖 南	Hunan	263374	5847	658427	13620
重 庆	Chongqing	312512	6366	523030	21125
四 川	Sichuan	369022	3121	957882	12432
贵 州	Guizhou	76801	912	381021	7154
云 南	Yunnan	80653	5511	290014	15296

18-16 长江经济带大中城市主要指标完成情况(2018 年)
Main Indicators of Real Estate Projects in Large and Medium-sized Cities(2018)

城 市	City	本年完成投资(亿元) Investment Completed This Year (100 million yuan)	#住 宅 Residential Buildings	#办公楼 Office Buildings	#商业营业用房 Houses for Business Use	房屋施工面积(万平方米) Floor Space of Buildings under Construction (10 000 sq.m)	房屋竣工面积(万平方米) Floor Space of Buildings Completed (10 000 sq.m)	#住 宅 Residential Buildings
上 海	Shanghai	4033.18	2225.92	692.71	461.42	14672.37	3115.76	1730.27
南 京	Nanjing	2354.17	1574.64	152.35	351.93	8656.96	1176.85	845.34
杭 州	Hangzhou	3068.90	1953.30	246.43	305.57	11755.16	1636.93	842.02
宁 波	Ningbo	1587.47	1101.06	59.41	113.14	7472.48	688.87	364.44
合 肥	Hefei	1527.17	1165.86	107.27	152.36	8233.22	1419.79	909.21
南 昌	Nanchang	890.43	612.79	57.95	140.66	6093.95	634.51	462.35
武 汉	Wuhan	2780.01	1957.17	220.20	349.32	11759.79	458.63	305.71
长 沙	Changsha	1508.72	908.77	100.36	239.55	10702.85	1441.27	976.82
重 庆	Chongqing	4248.76	3012.65	104.81	564.66	27226.56	4083.45	2784.64
成 都	Chengdu	2273.16	1245.90	181.46	486.99	19514.56	1724.77	1036.27
贵 阳	Guiyang	985.26	639.74	64.58	147.22	6058.28	208.07	121.25
昆 明	Kunming	1839.79	1161.24	89.12	287.61	10293.44	324.26	209.92

18-16 续表 continued

城 市	City	商品房销售面积(万平方米) Floor Space of Commercialized Buildings Sold (10 000 sq.m)	#住宅 Residential Buildings	商品房平均销售价格(元/平方米) Average Selling Price of Commercialized Buildings (yuan/sq.m)	#住宅 Residential Buildings	本年土地购置面积(万平方米) Land Space Purchased This Year (10 000 sq.m)
上 海	Shanghai	1767.01	1333.29	26890	28981	144.58
南 京	Nanjing	1220.73	982.65	22380	19708	186.36
杭 州	Hangzhou	1675.98	1329.40	23917	24360	212.38
宁 波	Ningbo	1624.38	1299.17	15142	16202	569.60
合 肥	Hefei	1389.58	1103.88	12147	13069	385.43
南 昌	Nanchang	1846.31	1536.52	8561	8276	102.62
武 汉	Wuhan	3646.94	3229.75	13108	12678	77.05
长 沙	Changsha	2386.74	1973.34	8206	7796	354.13
重 庆	Chongqing	6536.25	5424.76	8067	8190	1260.92
成 都	Chengdu	3682.52	2660.02	9867	9783	307.41
贵 阳	Guiyang	1114.56	943.29	9361	8843	120.63
昆 明	Kunming	1909.72	1430.17	10472	11085	209.21

十九、科学技术 Science and Technology

19-1 规模以上工业企业研究与试验发展(R&D)活动及专利情况(2018 年) Statistics on R&D Activities and Patents of Industrial Enterprises above Designated Size(2018)

地 区	Region	R&D 人员全时当量(人年) Full-time Equivalent of R&D Personnel (man-year)	R&D 经费(万元) Expenditure on R&D (10 000 yuan)	R&D 项目数(项) R&D Projects (unit)	专 利 申请数(件) Number of Patent Applications (piece)	#发明专利 Inventions	有效发明专利数(件) Number of Inventions In Force (piece)
全 国	**National Total**	**2981234**	**129548264**	**472299**	**957298**	**371569**	**1094200**
上 海	Shanghai	88016	5548768	12442	29258	12541	47940
江 苏	Jiangsu	455530	20245195	72426	165096	55944	176120
浙 江	Zhejiang	394147	11473921	77940	100254	27998	62341
安 徽	Anhui	106744	4973027	16695	56596	26175	56296
江 西	Jiangxi	67394	2677714	13658	26303	5216	11878
湖 北	Hubei	105041	5255194	13574	28003	12858	32421
湖 南	Hunan	102800	5167217	15311	26339	11517	33659
重 庆	Chongqing	61956	2992091	12484	18049	6198	17579
四 川	Sichuan	77848	3423923	11779	26277	10705	35959
贵 州	Guizhou	20041	762280	2860	5976	2611	6544
云 南	Yunnan	24048	1070172	4216	6190	2038	6466

19-2 规模以上工业企业新产品开发及生产情况(2018 年)
New Products Development and Production of Industrial Enterprises above Designated Size(2018)

地 区	Region	新产品开发项目数(项) New Products (unit)	新产品开发经费支出(万元) Expenditure on New Products Development (10 000 yuan)	新产品销售收入(万元) Sales Revenue of New Products (10 000 yuan)	#出口 Exports
全 国	**National Total**	**558305**	**149872196**	**1970940694**	**361608191**
上 海	Shanghai	18259	7558012	97967290	13096380
江 苏	Jiangsu	80921	24680855	284250383	63493280
浙 江	Zhejiang	87445	12700402	233081591	45318591
安 徽	Anhui	25728	5711342	95323850	11709784
江 西	Jiangxi	15614	3673303	45117850	5201810
湖 北	Hubei	15372	5854098	88629723	4368604
湖 南	Hunan	15020	5417313	76162442	4670585
重 庆	Chongqing	12812	3094253	42163130	8251054
四 川	Sichuan	13962	3931381	35763417	2722689
贵 州	Guizhou	3102	736265	7469914	183179
云 南	Yunnan	4150	965427	9288303	215879

19-3 三种专利申请数和授权数(2018 年)
Three Kinds of Domestic Patent Applications and Granted(2018)

单位：件 (piece)

地 区	Region	申请数 Applications	发 明 Inventions	实用新型 Utility Models	外观设计 Designs	授权数 Granted	发 明 Inventions	实用新型 Utility Models	外观设计 Designs
全 国	**National Total**	**4146772**	**1393815**	**2063860**	**689097**	**2335411**	**345959**	**1471759**	**517693**
上 海	Shanghai	150233	62755	69564	17914	92460	21331	55581	15548
江 苏	Jiangsu	600306	198801	294090	107415	306996	42019	200333	64644
浙 江	Zhejiang	455590	143081	219206	93303	284621	32550	172451	79620
安 徽	Anhui	207428	108782	86914	11732	79747	14846	55445	9456
江 西	Jiangxi	86001	14519	49843	21639	52819	2524	34796	15499
湖 北	Hubei	124535	50664	62754	11117	64106	11393	44350	8363
湖 南	Hunan	94503	35414	43361	15728	48957	8261	29132	11564
重 庆	Chongqing	72121	22686	40958	8477	45688	6570	31261	7857
四 川	Sichuan	152987	53805	73167	26015	87372	11697	53121	22554
贵 州	Guizhou	44508	14992	25577	3939	19456	2081	13980	3395
云 南	Yunnan	36515	9606	23655	3254	20340	2297	15573	2470

19-4 技术市场成交额
Transaction Value in Technical Markets

单位：万元 (10 000 yuan)

地 区	Region	2011	2012	2013	2014	2015	2016	2017	2018
全 国	**National Total**	**47635589**	**64370683**	**74691254**	**85771790**	**98357896**	**114069816**	**134242245**	**176974213**
上 海	Shanghai	4807491	5187473	5316804	5924481	6637838	7809858	8106177	12251857
江 苏	Jiangsu	3334316	4009141	5275020	5431585	5729178	6356425	7784223	9914475
浙 江	Zhejiang	718968	813079	814958	872527	980966	1983716	3247310	5906641
安 徽	Anhui	650337	861592	1308253	1698313	1904669	2173748	2495697	3213131
江 西	Jiangxi	341861	397796	430552	507593	648484	790077	962096	1158231
湖 北	Hubei	1256876	1963922	3976158	5806801	7893407	9038371	10330773	12040937
湖 南	Hunan	353901	422420	772098	979342	1050578	1056287	2031915	2816126
重 庆	Chongqing	681453	540188	902760	1562007	572366	1471870	513581	1883529
四 川	Sichuan	678330	1112438	1485752	1990506	2823202	2993006	4058307	9967010
贵 州	Guizhou	136483	96743	183972	200392	259626	204437	807409	1710975
云 南	Yunnan	117144	454779	420003	479233	518364	582559	847625	894879

19-5 测绘资料提供情况(2018 年)
Statistics on Output of Surveying and Mapping Materials(2018)

地 区	Region	地形图合计 (张) Topographic Map (unit)	1:10000 (scale)	1:50000 (scale)	测绘基准成果 (点) Surveying and Mapping Datum Product (point)	航摄成果 (平方千米) Aerial Photograph (sq.km)	专题地图 (张) Thematic Map (unit)
全 国	**National Total**	**264558**	**38246**	**22039**	**391894**	**2283297**	**5006048**
上 海	Shanghai	183525	211		13996		4895783
江 苏	Jiangsu	1483	1357	114	6270	25800	
浙 江	Zhejiang	367	82	281	909	7258	
安 徽	Anhui	1330	891	264	2274	13910	
江 西	Jiangxi	2372	2029	343	3083	141379	
湖 北	Hubei	120		120	2764	5465	11
湖 南	Hunan	1101	996	105	6511		
重 庆	Chongqing	6137	573	273	293		50792
四 川	Sichuan	988	338	600	1656		11
贵 州	Guizhou	11		11	11059	193638	
云 南	Yunnan	2783	2625	142	19327		

注：全国数据包括计划单列市数据。
a) The national data include data of separate planning cities.

19-6 地震监测情况(2018 年)
Situation of Earthquake Monitoring(2018)

单位：个 (unit)

地 区	Region	地震台数 总 数 Number of Seismic Stations	国家级台 Number of National Stations	省级台 Number of Provincial Stations	市、县级台 Number of Municipality/ County-level Stations	企业台 Number of Enterprise Stations	强震观测点 Number of Strong Motion Observation Spots	宏观观测点 Number of Macro-observation Spots
全 国	**National Total**	**2253**	**199**	**286**	**1478**	**290**	**2686**	**33941**
上 海	Shanghai	9	2		7		130	47
江 苏	Jiangsu	114	9	7	97	1	42	1028
浙 江	Zhejiang	71	5	1	58	7	46	170
安 徽	Anhui	103	3	9	89	2	8	716
江 西	Jiangxi	8	2	6			6	1118
湖 北	Hubei	51	6	8	12	25	39	1216
湖 南	Hunan	41	4	3	31	3	6	416
重 庆	Chongqing	47	1	39		7	7	948
四 川	Sichuan	112	14	13	80	5	14	2354
贵 州	Guizhou	21	4	15	2		7	4
云 南	Yunnan	260	13	5	123	119	309	1909

19-7　气象业务站点及观测项目情况(2018 年)
Status of Operational Meteorological Stations and Their Observation Items(2018)

单位：个　　(unit)

地　区	Region and Units	地面观测业　务 Surface Observation Stations	高空探测业　务 Upper-air Observation Stations	自　动气象站 Automatic Weather Stations	天气雷达观测业务 Weather Radar Observation Stations	农业气象观测站 Agro-Meteorological Observation Stations	环境气象观测站 Environmental Meteorological Observation Stations	闪电定位监测业务 Lightning Position Monitoring Stations	卫星云图接收业务 Satellite Cloud Images Receiving Stations
全　国	**National Total**	**10602**	**120**	**53395**	**275**	**722**	**764**	**476**	**329**
上　海	Shanghai	46	1	212	2	1	18	4	7
江　苏	Jiangsu	262	3	1778	12	22	74	25	7
浙　江	Zhejiang	260	3	2968	17	14	16	11	21
安　徽	Anhui	295	2	2025	8	25	7	7	2
江　西	Jiangxi	380	2	2167	11	19	28	12	11
湖　北	Hubei	327	3	2314	10	32	34	32	18
湖　南	Hunan	421	3	3124	11	26	7	10	10
重　庆	Chongqing	159	1	1805	5	14	49	5	6
四　川	Sichuan	504	7	4648	11	47	15	24	16
贵　州	Guizhou	373	2	3122	8	19	11	12	10
云　南	Yunnan	570	5	2598	9	26	7	22	11

注：2018 年地面观测站变动较大，系将部分省级气象观测站纳入国家级气象观测站统计范围所致。
a) Surface observation stations changed greatly in 2018, which is due to the inclusion of some provincial meteorological observatories in the statistical scope of National Meteorological observatories.

19-8　产品质量情况(2018 年)
Quality of Products(2018)

单位：%　　(%)

地　区	Region	优等品率 Rate of Products with Excellent Quality	质量损失率 Rate of Loss Due to Bad Quality	产品质量合格率 Qualification Rate of Products
全　国	**National Total**	**51.34**	**2.11**	**93.93**
上　海	Shanghai	56.64	1.89	95.02
江　苏	Jiangsu	53.09	2.39	93.96
浙　江	Zhejiang	54.33	1.56	93.85
安　徽	Anhui	47.97	2.67	94.12
江　西	Jiangxi	53.94	2.19	93.76
湖　北	Hubei	53.20	2.85	94.13
湖　南	Hunan	56.97	1.73	93.80
重　庆	Chongqing	52.24	1.77	96.11
四　川	Sichuan	43.30	2.10	93.43
贵　州	Guizhou	49.94	2.63	94.83
云　南	Yunnan	55.62	1.83	93.95

19-9 产品质量省级监督抽查情况(2018 年)
Results of Sampling Check under Provincial Supervision on the Quality of Products(2018)

地区	Region	抽查企业 (家) Number of Enterprises Supervised (unit)	抽查产品 (批) Production Supervised (batch-time)	不合格产品 (批) Production Unqualified (batch-time)
全国	**National Total**	**151535**	**206734**	**13431**
上海	Shanghai	5726	6942	670
江苏	Jiangsu	9785	7964	796
浙江	Zhejiang	13994	13995	654
安徽	Anhui	6311	8410	346
江西	Jiangxi	6358	6626	579
湖北	Hubei	4600	8135	660
湖南	Hunan	7065	13951	1734
重庆	Chongqing	14929	20780	743
四川	Sichuan	6620	15128	1257
贵州	Guizhou	4434	5405	352
云南	Yunnan	210	239	34

二十、教育 Education

20-1 普通本专科学生情况(2018 年)
Number of Regular Students Enrolled in Normal and Short-cycle Courses in Regular Higher Education(2018)

单位：人 (person)

地 区	Region	招生数 Entrants	本 科 Normal Courses	专 科 Short-cycle Courses	在校学生数 Enrolment	本 科 Normal Courses	专 科 Short-cycle Courses
全 国	**National Total**	**7909931**	**4221590**	**3688341**	**28310348**	**16973343**	**11337005**
上 海	Shanghai	135825	95786	40039	517796	383459	134337
江 苏	Jiangsu	478683	271837	206846	1806277	1121239	685038
浙 江	Zhejiang	267993	150858	117135	1019449	624707	394742
安 徽	Anhui	306990	163886	143104	1139112	664949	474163
江 西	Jiangxi	296321	141845	154476	1054400	544906	509494
湖 北	Hubei	406772	214554	192218	1438242	876771	561471
湖 南	Hunan	381644	183895	197749	1326828	723763	603065
重 庆	Chongqing	213681	113922	99759	762811	462559	300252
四 川	Sichuan	453510	230169	223341	1564710	913215	651495
贵 州	Guizhou	217176	91829	125347	687530	342790	344740
云 南	Yunnan	210134	104914	105220	764659	440003	324656

20-1 续表 continued

单位：人 (person)

地 区	Region	毕业生数 Graduates	本 科 Normal Courses	专 科 Short-cycle Courses	授 予 学位数 Degrees Conferred	预 计 毕业生数 Estimated Graduates for Next Year	本 科 Normal Courses	专 科 Short-cycle Courses
全 国	**National Total**	**7533087**	**3868358**	**3664729**	**3807417**	**7876732**	**4125184**	**3751548**
上 海	Shanghai	132508	85832	46676	84519	143897	95125	48772
江 苏	Jiangsu	491268	260106	231162	253898	513850	280280	233570
浙 江	Zhejiang	280634	149271	131363	147887	297011	160982	136029
安 徽	Anhui	335182	154074	181108	152293	327903	162461	165442
江 西	Jiangxi	310976	126875	184101	125677	306678	125416	181262
湖 北	Hubei	375447	203965	171482	199243	395368	215663	179705
湖 南	Hunan	347641	164199	183442	161013	372655	172759	199896
重 庆	Chongqing	199727	105300	94427	102550	210763	114242	96521
四 川	Sichuan	393689	186361	207328	182096	424646	218432	206214
贵 州	Guizhou	159724	69877	89847	66588	178906	70255	108651
云 南	Yunnan	188092	95714	92378	93754	202402	105207	97195

20-2 普通高等学校(机构)情况(2018 年)
Situations on Educational Personnel in Regular Schools (Institutions) of Higher Education(2018)

单位：人 (person)

地区	Region	学校数(所) Schools (unit)	教职工数 Educational Personnel	#校本部 教职工 In Main Campus	专任教师 Full-time Teachers	正高级 Senior	副高级 Sub-senior	中级 Middle	初级 Junior	无职称 No Rank	行政人员 Administrative Personnel	教辅人员 Supporting Staff	工勤人员 Workers
全国	**National Total**	**2663**	**2487544**	**2384187**	**1672753**	**217874**	**504719**	**655883**	**178390**	**115887**	**356249**	**223358**	**131827**
上海	Shanghai	64	75115	70811	44585	8462	14403	17209	2715	1796	13570	9349	3307
江苏	Jiangsu	167	170589	162684	116350	16355	40380	47052	8177	4386	24648	14124	7562
浙江	Zhejiang	108	94462	90313	63433	9532	19471	26653	3832	3945	16067	8333	2480
安徽	Anhui	119	82096	80067	61089	5786	17014	24764	10139	3386	9394	5884	3700
江西	Jiangxi	102	81501	79133	57440	5448	14776	23384	8138	5694	8085	10299	3309
湖北	Hubei	128	129164	123986	83403	11538	28150	30650	7961	5104	19915	12584	8084
湖南	Hunan	124	104086	100907	72689	8063	21276	29053	6824	7473	13738	9446	5034
重庆	Chongqing	65	59521	57950	42946	5137	12278	17584	4717	3230	8223	4141	2640
四川	Sichuan	119	125535	120431	86997	9666	23447	33201	14987	5696	16513	9714	7207
贵州	Guizhou	72	50050	49441	36243	3444	11193	10492	6097	5017	7509	3641	2048
云南	Yunnan	79	54832	53893	40102	4247	11146	14932	5852	3925	7094	4066	2631

20-3 普通高中情况(2018 年)
Statistics on Regular Senior Secondary Schools(2018)

单位：人 (person)

地 区	Region	学校数(所) Schools (unit)	教职工数 Educational Personnel	#专任教师 Full-time Teachers	毕业生数 Graduates	招生数 Entrants	在校学生数 Enrolment
全 国	**National Total**	**13737**	**2742521**	**1812584**	**7792443**	**7927063**	**23753709**
上 海	Shanghai	260	33106	18350	51942	52330	158181
江 苏	Jiangsu	578	126952	95624	312440	352082	980758
浙 江	Zhejiang	591	94300	70365	253335	254912	769236
安 徽	Anhui	661	119303	78595	369152	358860	1074716
江 西	Jiangxi	480	91819	58415	304483	344664	1008384
湖 北	Hubei	531	90145	66010	275641	277436	823519
湖 南	Hunan	626	118965	79968	364539	406744	1175466
重 庆	Chongqing	256	68369	39298	204087	201397	607678
四 川	Sichuan	768	173747	99647	479939	461665	1389515
贵 州	Guizhou	466	88801	66598	330559	337279	1007791
云 南	Yunnan	519	92875	59147	257036	302529	864850

20-4 中等职业学校情况(2018 年)
Statistics on Secondary Vocational Schools(2018)

单位：人 (person)

地 区	Region	学校数(所) Schools (unit)	教职工数 Educational Personnel	#专任教师 Full-time Teachers	毕业生数 Graduates	#获得职业资格证书 With Professional Qualification Certificates	招生数 Entrants	在校学生数 Enrolment	预计毕业生数 Estimated Graduates for Next Year
全 国	**National**	**7850**	**799593**	**635461**	**3969770**	**2997739**	**4285024**	**12136280**	**4056047**
上 海	Shanghai	92	11947	8083	34707	29441	33372	102575	34312
江 苏	Jiangsu	218	50137	42518	212599	179215	199204	626012	206745
浙 江	Zhejiang	246	38628	34409	170376	163466	177634	526120	174245
安 徽	Anhui	344	32291	27323	257212	202218	294300	752810	271030
江 西	Jiangxi	338	17758	13005	108660	102514	122524	355042	111134
湖 北	Hubei	270	25937	19891	116775	89694	127901	369424	117684
湖 南	Hunan	472	36678	29029	204504	159255	229118	658221	212530
重 庆	Chongqing	132	17979	14820	99289	72003	109202	299909	92909
四 川	Sichuan	419	48342	37892	327834	292927	325773	820060	315884
贵 州	Guizhou	183	21003	17386	152670	107925	166564	472182	152504
云 南	Yunnan	376	24941	20898	142093	91732	185565	505415	158284

20-5 初中情况(2018 年)
Statistics on Regular Junior Secondary Schools(2018)

单位：人 (person)

地 区	Region	学校数(所) Schools (unit)	专任教师 Full-time Teachers	城区 City	镇区 Township	乡村 Rural	在校学生数 Enrolment	城区 City	镇区 Township	乡村 Rural
全 国	**National Total**	**51982**	**3638999**	**1296529**	**1779144**	**563326**	**46525854**	**16918809**	**23122983**	**6484062**
上 海	Shanghai	573	40996	34737	5043	1216	432531	376089	45705	10737
江 苏	Jiangsu	2187	190762	91850	90253	8659	2257619	1093477	1075140	89002
浙 江	Zhejiang	1742	127488	66385	49537	11566	1614623	839053	641528	134042
安 徽	Anhui	2833	158888	36859	87028	35001	2091690	502087	1183111	406492
江 西	Jiangxi	2160	128769	34295	67593	26881	2069873	567545	1121144	381184
湖 北	Hubei	2066	129756	51413	60549	17794	1587795	662668	728647	196480
湖 南	Hunan	3331	175418	45291	94204	35923	2404647	659680	1316407	428560
重 庆	Chongqing	866	77861	32605	38892	6364	1045616	455949	509733	79934
四 川	Sichuan	3716	204939	56409	115359	33171	2618120	768289	1491123	358708
贵 州	Guizhou	2002	128242	27072	81261	19909	1808436	377178	1161653	269605
云 南	Yunnan	1679	132323	25325	68372	38626	1861533	356093	984105	521335

20-6 分普通小学情况(2018 年)
Statistics on Regular Primary Schools(2018)

单位：人 (person)

地区	Region	学校数(所) Schools (unit)	专任教师 Full-time Teachers	城区 City	镇区 Township	乡村 Rural	在校学生数 Enrolment	城区 City	镇区 Township	乡村 Rural
全国	**National Total**	**161811**	**6091908**	**2002078**	**2225601**	**1864229**	**103392541**	**37221569**	**39506834**	**26664138**
上海	Shanghai	721	56803	48301	6845	1657	800222	691235	87657	21330
江苏	Jiangsu	4103	316063	146860	132312	36891	5604407	2589769	2383359	631279
浙江	Zhejiang	3301	210407	108306	70584	31517	3605686	1907516	1225341	472829
安徽	Anhui	7908	249323	52158	103809	93356	4568379	1053681	2072987	1441711
江西	Jiangxi	7578	234662	56310	97752	80600	4212208	1124892	1940662	1146654
湖北	Hubei	5396	203576	74043	74912	54621	3665794	1485467	1400250	780077
湖南	Hunan	7335	274527	73395	124445	76687	5219847	1466478	2503850	1249519
重庆	Chongqing	2893	126513	49440	50045	27028	2095361	949403	838998	306960
四川	Sichuan	5730	329927	83610	149279	97038	5554589	1605146	2596321	1353122
贵州	Guizhou	6951	207839	40726	88517	78596	3717297	811389	1706335	1199573
云南	Yunnan	10900	228365	37956	62473	127936	3795120	736005	1078688	1980427

20-7 特殊教育情况(2018 年)
Statistics on Special Education(2018)

单位：人 (person)

地 区	Region	学校数(所) Schools (unit)	专任教师 Full-time Teachers	毕业生数 Graduates	招生数 Entrants	在校学生数 Enrolment	# 女 Female
全 国	**National Total**	**2152**	**58656**	**81017**	**123514**	**665942**	**242141**
上 海	Shanghai	30	1286	1515	1076	7435	2654
江 苏	Jiangsu	102	3527	3830	4774	31151	10835
浙 江	Zhejiang	85	2589	3046	3479	19526	6901
安 徽	Anhui	73	1748	1970	5009	31450	11260
江 西	Jiangxi	94	1571	5188	6212	33788	12147
湖 北	Hubei	84	1799	1515	2850	16177	5464
湖 南	Hunan	85	2202	4730	7288	36544	12925
重 庆	Chongqing	38	995	2459	3872	21405	8027
四 川	Sichuan	128	2970	10094	10298	56851	21984
贵 州	Guizhou	77	1839	3311	6147	31068	11653
云 南	Yunnan	65	1661	7349	7274	36925	14720

20-8 各级学校生师比(2018 年)
Student-Teacher Ratio by Level of Regular Schools (2018)

(教师人数=1) (Number of Teachers=1)

地 区	Region	普通小学 Primary School	初 中 Junior Secondary School	普通高中 Regular Senior Secondary School	中等职业学校 Secondary Vocational School	普通高校 Regular Institution of Higher Education
全 国	**National Total**	**16.97**	**12.79**	**13.10**	**19.10**	**17.56**
上 海	Shanghai	14.09	10.55	8.62	12.69	16.34
江 苏	Jiangsu	17.73	11.83	10.26	14.72	15.68
浙 江	Zhejiang	17.14	12.66	10.93	15.29	15.29
安 徽	Anhui	18.32	13.16	13.67	27.55	18.21
江 西	Jiangxi	17.95	16.07	17.26	27.30	18.06
湖 北	Hubei	18.01	12.24	12.48	18.57	18.17
湖 南	Hunan	19.01	13.71	14.70	22.67	18.18
重 庆	Chongqing	16.56	13.43	15.46	20.24	17.64
四 川	Sichuan	16.84	12.78	13.94	21.64	19.33
贵 州	Guizhou	17.89	14.10	15.13	27.16	18.22
云 南	Yunnan	16.62	14.07	14.62	24.18	20.44

20-9 每十万人口各级学校平均在校生数(2018年)
Number of Students per 100 000 Population by Level (2018)

单位：人 (person)

地 区	Region	学前教育 Pre-school Education	小 学 Primary Education	初中阶段 Junior Secondary Education	高中阶段 Senior Secondary Education	高等教育 Higher Education
全 国	**National Total**	**3350**	**7438**	**3347**	**2828**	**2658**
上 海	Shanghai	2363	3309	1789	1082	3517
江 苏	Jiangsu	3183	6980	2812	2323	3143
浙 江	Zhejiang	3419	6374	2854	2581	2370
安 徽	Anhui	3313	7304	3344	3065	2245
江 西	Jiangxi	3490	9113	4478	3242	2771
湖 北	Hubei	2949	6211	2690	2153	3088
湖 南	Hunan	3283	7609	3505	2891	2610
重 庆	Chongqing	3132	6814	3400	3268	3081
四 川	Sichuan	3142	6691	3154	2799	2409
贵 州	Guizhou	4328	10384	5051	4379	2254
云 南	Yunnan	2981	7905	3877	3147	2166

注：1.高等教育包括普通高等学校和成人高等学校。
2.高中阶段包括普通高中、成人高中、普通中专、职业高中、技工学校和成人中专。
3.初中阶段包括普通初中和职业初中。

a) Institutions of higher education include that of regular institutions of higher education and institutions of higher education for adults.
b) Senior secondary schools include that of regular senior schools, adult senior schools, regular secondary technical schools, vocational secondary schools, technical worker school, adult technical secondary schools.
c) Junior secondary schools include regular junior schools and junior vocational schools.

20-10　教育经费情况(2017 年)
Basic Statistics on Educational Funds (2017)

单位：万元 (10 000 yuan)

地 区	Region	合 计 Total	国家财政性教育经费 Government Appropriation for Education	#一般公共预算教育经费 Public Expenditure on Education	民办学校中举办者投入 Funds from Runners of Private Schools	社会捐赠经费 Donations and Fund-raising for Running Schools	事业收入 Income from Teaching Research and Other Auxiliary Activity	#学杂费 Tuition and Miscel-laneous Fees	其他教育经费 Other Educational Funds
全 国	**National Total**	**425620069**	**342077546**	**299197838**	**2250061**	**849974**	**69575734**	**52932815**	**10866754**
上 海	Shanghai	12104556	9939601	8356465	8164	11946	1755802	1451797	389042
江 苏	Jiangsu	25960645	20943564	19792749	94764	80290	4165842	3323928	676186
浙 江	Zhejiang	21327866	15959821	14131448	227050	40537	4136979	3317148	963480
安 徽	Anhui	13751567	11400507	10125204	91135	9585	2074927	1690256	175412
江 西	Jiangxi	11717849	9854977	9394189	19984	12738	1733161	1419212	96988
湖 北	Hubei	13821834	11041050	10370978	89220	6856	2451874	2011280	232834
湖 南	Hunan	15165690	11853958	11198287	124716	8946	2872114	2321904	305955
重 庆	Chongqing	9483526	7595118	6145409	93016	21640	1547283	1212175	226469
四 川	Sichuan	19274514	15793602	13971869	132069	36822	3080108	2461467	231913
贵 州	Guizhou	12488005	9790255	9066642	78135	8389	1210438	945800	1400787
云 南	Yunnan	13292088	11490455	9887455	61728	21239	1393129	1129020	325537

二十一、卫生和社会服务 Public Health and Social Service

21-1 医疗卫生机构(2018 年)
Health Care Institutions (2018)

单位：个 (unit)

地 区	Region	合 计 Total	#医 院 Hospitals	#综合医院 General Hospitals	#中医医院 Hospitals Specialized in Traditional Chinese Medicine	#专科医院 Specialized Hospitals	#基层医疗卫生机构 Health Care Institutions at Grass-root Level	#社区卫生服务中心(站) Community Health Service Centers	#乡 镇卫生院 Township Health Centers
全 国	**National Total**	**997433**	**33009**	**19693**	**3977**	**7900**	**943639**	**34997**	**36461**
上 海	Shanghai	5293	358	171	19	120	4729	1038	
江 苏	Jiangsu	33254	1853	1029	138	473	30295	2769	1053
浙 江	Zhejiang	32754	1288	555	171	473	30883	5312	1155
安 徽	Anhui	24925	1140	723	113	262	23076	1891	1365
江 西	Jiangxi	36545	716	450	106	147	35020	556	1588
湖 北	Hubei	36486	995	561	123	279	34912	1161	1139
湖 南	Hunan	56239	1552	877	174	454	53788	781	2208
重 庆	Chongqing	20524	800	454	110	174	19535	472	872
四 川	Sichuan	81537	2344	1484	232	552	78427	980	4433
贵 州	Guizhou	28066	1309	957	97	222	26374	755	1341
云 南	Yunnan	24954	1280	843	141	267	23108	601	1355

注：村卫生室数计入医疗卫生机构数中。
a) Number of village clinics was included in health care institutions.

21-1 续表 continued

单位：个 (unit)

地 区	Region	#村卫生室 Village Clinics	#门诊部(所) Outpatient Department	#专业公共卫生机构 Specialized Public Health Institutions	#疾病预防控制中心 Center for Disease Control and Prevention	#专科疾病防治院(所/站) Specialized Disease Prevention & Treatment Institution	#妇幼保健院(所/站) Women and Children Care Agencies	#卫生监督所(中心) Health Inspection Institution (center)
全 国	**National Total**	**622001**	**249654**	**18033**	**3443**	**1161**	**3080**	**2949**
上 海	Shanghai	1162	2529	108	19	16	20	17
江 苏	Jiangsu	15311	11158	808	117	41	114	104
浙 江	Zhejiang	11483	12922	393	100	16	89	99
安 徽	Anhui	15317	4502	604	120	45	120	111
江 西	Jiangxi	28309	4561	739	147	108	112	111
湖 北	Hubei	24411	8180	504	116	74	103	106
湖 南	Hunan	39976	10819	851	147	86	137	133
重 庆	Chongqing	10847	7332	153	41	15	42	39
四 川	Sichuan	56019	16990	697	206	23	201	200
贵 州	Guizhou	20355	3868	343	100	8	99	95
云 南	Yunnan	13404	7741	523	153	29	146	142

21-2　卫生人员(2018 年)
Employed Persons in Health Care Institutions（2018）

单位：人　　(person)

地　区	Region	卫生人员 Medical Personnel	卫生技术人员 Medical Technical Personnel	#执业(助理)医师 Licensed (Assistant) Doctors	#执业医师 Licensed Doctor	#注册护士 Registered Nurse	#药师(士) Pharmacist	乡村医生和卫生员 Village Doctors and Assistants	其他技术人员 Other Technical Personnel	管理人员 Administrative Personnel	工勤技能人员 Logistics Technical Workers
全　国	**National Total**	**12300325**	**9529179**	**3607156**	**3010376**	**4098630**	**467685**	**907098**	**476569**	**529045**	**858434**
上　海	Shanghai	238225	195640	71580	67791	88005	10194	717	11613	13339	16916
江　苏	Jiangsu	739314	590062	233263	193878	260422	30184	27000	31875	32585	57792
浙　江	Zhejiang	589357	486204	190782	166124	201511	29048	7312	24788	21255	49798
安　徽	Anhui	426956	333563	126824	103628	149723	15000	37609	16470	16035	23279
江　西	Jiangxi	325847	247259	87304	73290	110855	14716	39550	9254	9564	20220
湖　北	Hubei	521930	410971	152040	126644	190858	18659	37373	22080	21892	29614
湖　南	Hunan	557808	437044	180882	139366	184012	21006	39987	20946	24348	35483
重　庆	Chongqing	272794	209260	76379	61809	95109	9389	17906	9552	13540	22536
四　川	Sichuan	746322	562477	204956	171277	247262	25997	62907	19418	34783	66737
贵　州	Guizhou	323381	245456	81475	65264	109127	9434	34097	12296	15953	15579
云　南	Yunnan	389770	301804	99669	82233	136886	11657	38443	15597	10925	23001

注：1.卫生人员和卫生技术人员包括获得“卫生监督员”证书的公务员 1 万人。
2.执业(助理)医师数包括村卫生室执业(助理)医师数。
a) Medical personnel and medical technical personnel include 10 000 civil servants who obtain the Certificate of Health Supervisor.
b) Licensed (assistant) doctors include licensed (assistant) doctors in village clinics.

21-3 每千人口卫生技术人员(2018 年)

Medical Technical Personnel in Health Care Institutions per 1000 Persons (2018)

单位：人 (person)

地 区	Region	卫生技术人员 Medical Technical Personnel			执业(助理)医师 Licensed (Assistant) Doctors			注册护士 Registered Nurses		
		合计 Total	城市 City	农村 Rural	合计 Total	城市 City	农村 Rural	合计 Total	城市 City	农村 Rural
全 国	**National Total**	**6.83**	**10.91**	**4.63**	**2.59**	**4.01**	**1.82**	**2.94**	**5.08**	**1.80**
上 海	Shanghai	8.07	13.63	7.38	2.95	4.94	3.73	3.63	6.17	2.44
江 苏	Jiangsu	7.33	10.05	5.65	2.90	3.71	2.42	3.23	4.76	2.26
浙 江	Zhejiang	8.47	12.92	7.36	3.33	4.92	2.99	3.51	5.63	2.86
安 徽	Anhui	5.27	7.68	3.39	2.01	2.69	1.39	2.37	3.83	1.35
江 西	Jiangxi	5.32	8.90	3.62	1.88	2.97	1.33	2.39	4.44	1.48
湖 北	Hubei	6.95	10.25	4.93	2.57	3.61	1.91	3.23	5.12	2.12
湖 南	Hunan	6.33	12.34	4.41	2.62	4.48	1.98	2.67	6.10	1.64
重 庆	Chongqing	6.75	7.87	4.36	2.46	2.78	1.68	3.07	3.83	1.72
四 川	Sichuan	6.74	9.06	4.73	2.46	3.20	1.77	2.96	4.37	1.89
贵 州	Guizhou	6.82	9.73	4.27	2.26	3.42	1.37	3.03	4.76	1.79
云 南	Yunnan	6.25	13.04	4.97	2.06	4.54	1.59	2.83	6.31	2.18

注：1.城市包括直辖市区和地级市辖区，农村包括县及县级市。
2.合计项分母系常住人口数，分城乡项分母系推算户籍人口数。

a) City includes district of municipalities and prefecture-level city, rural area include county and city at county level.
b) Total denominator is permanent population, while urban and rural denominator is the calculated number of household registration.

21-4 村卫生室情况(2018 年)
Statistics on Village Clinics (2018)

地 区	Region	村卫生室(个) Village Clinics (unit)						设卫生室的村数占行政村数% Villages with Clinics as % of Total
		合计 Total	村办 Run by Village	乡卫生院设点 Township Hospitals	联合办 Jointly Run	私人办 Run by Private	其他 Others	
全 国	**National Total**	**622001**	**342062**	**65495**	**28353**	**141623**	**44468**	**94.0**
上 海	Shanghai	1162	884	170	26		82	73.9
江 苏	Jiangsu	15311	7912	4204	1863	19	1313	100.0
浙 江	Zhejiang	11483	6762	1411	145	1949	1216	46.5
安 徽	Anhui	15317	7106	2965	1849	872	2525	100.0
江 西	Jiangxi	28309	13441	281	1484	11725	1378	100.0
湖 北	Hubei	24411	15279	3506	3091	1587	948	100.0
湖 南	Hunan	39976	26560	1417	968	7658	3373	100.0
重 庆	Chongqing	10847	6669	1234	291	1404	1249	100.0
四 川	Sichuan	56019	27848	3556	2561	18808	3246	100.0
贵 州	Guizhou	20355	8653	2801	543	6418	1940	100.0
云 南	Yunnan	13404	10027	1454	588	337	998	100.0

注：行政村数即村民委员会数。
a) The number of administrative villages is the number of villagers' committees.

21-5 医疗卫生机构床位(2018 年)
Number of Beds in Health Care Institutions (2018)

单位：万张 (10 000 beds)

地区	Region	合计 Total	#医院 Hospitals	#基层医疗卫生机构 Health Care Institutions at Grass-root Level	#社区卫生服务中心(站) Health Service Centers for Community (stations)	#乡镇卫生院 Township Health Centers	#专业公共卫生机构 Specialized Public Health Institutions	#妇幼保健院(所、站) Maternity and Child Care Centers (Institutions, Stations)	#专科疾病防治院(所、站) Specialized Prevention & Treatment Centers (Institutions, Stations)
全国	**National Total**	**840.41**	**651.97**	**158.36**	**23.13**	**133.39**	**27.44**	**23.28**	**4.08**
上海	Shanghai	13.90	12.08	1.60	1.60		0.13	0.13	
江苏	Jiangsu	49.15	38.80	9.35	2.23	7.07	0.75	0.60	0.13
浙江	Zhejiang	33.21	29.37	2.76	0.83	1.88	0.93	0.88	0.04
安徽	Anhui	32.81	25.36	6.70	0.83	5.85	0.70	0.45	0.25
江西	Jiangxi	24.95	17.28	6.06	0.39	5.63	1.40	1.04	0.36
湖北	Hubei	39.35	28.15	9.49	1.59	7.77	1.71	1.46	0.25
湖南	Hunan	48.24	34.64	11.69	1.49	10.16	1.91	1.43	0.48
重庆	Chongqing	22.01	16.21	5.29	0.94	4.20	0.45	0.41	0.05
四川	Sichuan	59.89	44.22	14.38	1.18	13.15	1.28	1.25	0.03
贵州	Guizhou	24.56	18.92	4.79	0.44	4.23	0.84	0.83	0.02
云南	Yunnan	29.12	22.33	5.89	0.55	5.29	0.80	0.73	0.06

21-6 分城乡医疗卫生机构床位数(2018年)
Number of Beds in Health Institutions by Urban and Rural Areas (2018)

单位：张 (bed)

地 区	Region	医疗卫生机构床位数 Beds of Medical Institutions			每千人口医疗卫生机构床位 Beds of Medical Institutions per 1000 Population			每千农村人口乡镇卫生院床位数 Beds of Township Health Centers per 1000 Rural Population
		合计 Total	城市 Urban	农村 Rural	合计 Total	城市 Urban	农村 Rural	
全 国	**National Total**	**8404088**	**4141427**	**4262661**	**6.03**	**8.70**	**4.56**	**1.43**
上 海	Shanghai	139029	135963	3066	5.74	9.72	4.51	
江 苏	Jiangsu	491522	272211	219311	6.11	8.25	4.80	1.55
浙 江	Zhejiang	332086	186155	145931	5.79	9.11	4.84	0.62
安 徽	Anhui	328123	156568	171555	5.19	7.27	3.46	1.18
江 西	Jiangxi	249490	97089	152401	5.37	7.96	3.97	1.47
湖 北	Hubei	393514	182653	210861	6.65	9.13	5.05	1.86
湖 南	Hunan	482439	172850	309589	6.99	12.10	5.24	1.72
重 庆	Chongqing	220104	129265	90839	7.10	7.47	5.41	2.50
四 川	Sichuan	598898	255095	343803	7.18	8.43	5.64	2.16
贵 州	Guizhou	245639	76734	168905	6.82	8.60	4.55	1.14
云 南	Yunnan	291194	81459	209735	6.03	10.36	5.23	1.32

注：每千人口床位数合计项分母系常住人口数，分城乡项分母系推算户籍人口数。
a) Total denominator for beds per 1000 population is permanent population, while urban and rural denominator is the calculated number of household registration.

21-7 医院床位利用情况(2018年)
Utilization of Beds in Hospitals(2018)

地 区	Region	病床工作日(日) Work Day of Beds (day)			病床使用率(%) Utilization Rate of Beds(%)			出院者平均住院日(日) Average Stay Days in Hospital (day)		
		合计 Total	公立 State	民营 Private	合计 Total	公立 State	民营 Private	合计 Total	公立 State	民营 Private
全 国	**National Total**	**307.4**	**332.4**	**230.7**	**84.2**	**91.1**	**63.2**	**9.3**	**9.4**	**8.9**
上 海	Shanghai	349.9	362.5	295.0	95.9	99.3	80.8	10.2	9.3	25.6
江 苏	Jiangsu	315.2	346.3	254.0	86.4	94.9	69.6	9.6	9.5	9.8
浙 江	Zhejiang	326.5	351.0	257.9	89.5	96.2	70.7	9.6	9.0	13.3
安 徽	Anhui	303.9	328.8	236.9	83.3	90.1	64.9	8.7	9.0	7.6
江 西	Jiangxi	316.5	330.6	264.1	86.7	90.6	72.4	8.9	9.0	8.5
湖 北	Hubei	338.2	361.1	226.8	92.7	98.9	62.1	9.4	9.6	8.4
湖 南	Hunan	307.6	331.9	234.1	84.3	90.9	64.1	9.2	9.5	8.0
重 庆	Chongqing	300.0	333.0	230.5	82.2	91.2	63.2	9.4	9.9	8.2
四 川	Sichuan	323.8	359.0	251.2	88.7	98.4	68.8	10.5	10.7	9.8
贵 州	Guizhou	298.4	341.7	226.4	81.8	93.6	62.0	8.1	8.5	7.3
云 南	Yunnan	313.0	352.3	219.2	85.8	96.5	60.1	8.6	8.7	8.3

21-8 按床位数分组的社区卫生服务中心(站)(2018 年)
Community Health Service Centers (Stations) by Grouping of Beds(2018)

单位：个 (unit)

地 区	Region	社区卫生服务中心 Community Health Service Centers							社区卫生服务站 Community Health Service Stations			
		总计 Total	无床 No Bed	1–9 张 1-9 Beds	10–29 张 10-29 Beds	30–49 张 30-49 Beds	50–99 张 50-99 Beds	100 张及以上 100 Beds and Above	总计 Total	无床 No Bed	1–9 张 1-9 Beds	10 张及以上 10 Beds and Above
全 国	**National Total**	**9352**	**4159**	**497**	**1890**	**1212**	**1249**	**345**	**25645**	**23610**	**1465**	**570**
上 海	Shanghai	315	114	2	18	44	89	48	723	723		
江 苏	Jiangsu	565	138	9	113	138	116	51	2204	2159	44	1
浙 江	Zhejiang	477	233	40	80	67	49	8	4835	4827	8	
安 徽	Anhui	394	136	30	114	52	49	13	1497	1497		
江 西	Jiangxi	180	62	18	57	26	14	3	376	263	99	14
湖 北	Hubei	354	82	4	62	59	114	33	807	734	56	17
湖 南	Hunan	356	45	17	115	70	88	21	425	330	71	24
重 庆	Chongqing	201	55	2	32	33	54	25	271	267	3	1
四 川	Sichuan	423	140	25	106	76	66	10	557	488	39	30
贵 州	Guizhou	230	75	28	64	28	35		525	514	7	4
云 南	Yunnan	199	79	16	35	31	31	7	402	342	38	22

21-9 医疗卫生机构门诊服务情况(2018年)
Outpatient Services of Health Institutions (2018)

地区	Region	诊疗人次数(亿人次) Visits (100 million person-times)	#门急诊 Outpatients with Emergency Treatment	观察室留观病例数(万人) Cases in Observation Room (10 000 persons)	健康检查人数(万人) Number of Health Examinations (10 000 persons)	急诊病死率(%) Fatality Rate among Emergency Admissions (%)	观察室病死率(%) Fatality Rate in Observation Room (%)	居民平均就诊次数(次) Average Number of Visits of Doctors (time)
全　国	**National Total**	**83.08**	**79.78**	**4488.97**	**43534.76**	**0.07**	**0.09**	**5.96**
上　海	Shanghai	2.70	2.66	16.04	1000.91	0.11	2.75	11.15
江　苏	Jiangsu	5.94	5.78	149.39	3286.70	0.04	0.03	7.38
浙　江	Zhejiang	6.28	6.15	125.68	3043.54	0.03	0.17	10.94
安　徽	Anhui	2.97	2.84	111.46	1478.16	0.07	0.03	4.70
江　西	Jiangxi	2.12	2.03	119.02	1558.27	0.04	0.03	4.57
湖　北	Hubei	3.51	3.39	298.13	1714.65	0.06	0.05	5.94
湖　南	Hunan	2.69	2.52	368.73	1595.20	0.03	0.04	3.90
重　庆	Chongqing	1.60	1.54	209.62	819.95	0.07	0.01	5.15
四　川	Sichuan	5.16	4.91	263.00	3060.09	0.07	0.04	6.19
贵　州	Guizhou	1.64	1.57	134.31	856.23	0.05	0.03	4.54
云　南	Yunnan	2.58	2.53	321.22	1029.88	0.04	0.06	5.35

21-10 医疗卫生机构住院服务情况(2018 年)
Hospitalization Services in Health Institutions(2018)

地 区	Region	入院人数(万人) Number of Inpatients (10 000 persons)	出院人数(万人) Patients Discharged (10 000 persons)	住院病人手术人次(万人次) Surgical Operation of Hospitalized (10 000 person-times)	病死率(%) Fatality Rate (%)	每床出院人数(人) Patients Discharged per Beds (person)	每百门急诊入院人数(人) Inpatients per 100 Outpatient and Emergency Visits (person)	居民年住院率(%) Annual Hospitalization Rate of Residents (%)
全 国	**National Total**	**25454.3**	**25384.7**	**6171.6**	**0.4**	**30.2**	**4.5**	**18.3**
上 海	Shanghai	418.4	418.1	236.2	1.3	30.1	1.7	17.3
江 苏	Jiangsu	1449.4	1447.5	381.1	0.2	29.6	3.2	18.0
浙 江	Zhejiang	1019.7	1018.6	346.1	0.3	30.7	2.0	17.8
安 徽	Anhui	1011.1	1009.7	217.0	0.3	30.8	5.0	16.0
江 西	Jiangxi	865.5	861.9	159.1	0.2	34.6	7.6	18.6
湖 北	Hubei	1319.4	1317.7	332.7	0.4	33.5	5.8	22.3
湖 南	Hunan	1537.3	1537.7	254.9	0.1	31.9	9.0	22.3
重 庆	Chongqing	705.4	703.3	147.3	0.4	32.0	6.8	22.7
四 川	Sichuan	1835.3	1827.0	404.3	0.4	30.5	5.6	22.0
贵 州	Guizhou	815.2	809.6	160.5	0.2	33.0	7.1	22.6
云 南	Yunnan	961.4	957.0	229.1	0.2	32.9	5.4	19.9

21-11 社区卫生服务中心(站)医疗服务情况(2018 年)
Medical Services of Community Health Service Centers (Stations) (2018)

地 区	Region	社区卫生服务中心 Community Health Service Centers					社区卫生服务站 Community Health Service Stations	
		诊疗人次 (万人次) Number of Visits (10 000 person-times)	入院人数 (万人) Number of Inpatients (person)	病床使用率 (%) Utilization Rate of Beds (%)	平均住院日 (日) Average Duration of Hospitalization(day)	医师日均担负诊疗人次(人次) Daily Visits Per Doctor (person-time)	诊疗人次 (万人次) Visits of Community Health Service Stations (10 000 person-times)	医师日均担负诊疗人次(人次) Daily Visits Per Doctor (person-time)
全 国	**National Total**	**63897.9**	**339.5**	**52.0**	**9.9**	**16.1**	**16011.5**	**13.7**
上 海	Shanghai	8577.6	6.9	88.0	77.0	26.6		
江 苏	Jiangsu	7637.0	44.6	54.9	8.9	18.2	1359.0	18.2
浙 江	Zhejiang	9924.7	6.7	40.7	14.8	25.1	365.9	23.6
安 徽	Anhui	1426.3	12.5	42.9	8.0	13.5	1133.9	13.3
江 西	Jiangxi	365.4	5.2	43.7	6.8	9.2	298.4	12.2
湖 北	Hubei	1594.6	31.7	56.4	8.4	9.6	757.3	18.5
湖 南	Hunan	1130.8	34.6	59.9	7.4	7.5	226.5	7.5
重 庆	Chongqing	734.0	29.7	69.5	7.6	8.2	126.3	11.3
四 川	Sichuan	2373.5	26.5	62.9	8.3	16.1	478.6	14.1
贵 州	Guizhou	415.5	9.4	39.7	4.9	8.3	324.6	9.3
云 南	Yunnan	479.1	10.2	49.6	8.0	10.1	266.5	10.7

21-12 乡镇卫生院医疗服务情况(2018 年)
Situations of Medical Services in Township Health Centers (2018)

地 区	Region	诊疗人次 (亿人次) Number of Visits (100 million person-times)	入院人数 (万人) Number of Inpatients (10 000 persons)	病床使用率 (%) Utilization Rate of Beds (%)	平均住院日 (日) Average Duration of Hospitalization (day)
全 国	**National Total**	**11.16**	**3985.09**	**59.6**	**6.4**
上 海	Shanghai				
江 苏	Jiangsu	0.95	200.95	64.8	7.4
浙 江	Zhejiang	1.04	34.59	52.7	8.9
安 徽	Anhui	0.59	153.18	55.9	6.5
江 西	Jiangxi	0.29	229.41	66.2	5.4
湖 北	Hubei	0.54	284.39	76.5	6.9
湖 南	Hunan	0.42	392.56	69.8	5.8
重 庆	Chongqing	0.20	168.03	76.3	6.7
四 川	Sichuan	0.99	458.75	72.2	6.9
贵 州	Guizhou	0.35	134.99	47.8	4.9
云 南	Yunnan	0.56	152.57	50.6	5.8

21-13 提供住宿的民政机构床位数(2018 年)
Beds of Civil Affairs Institutions with Accommodations (2018)

单位：万张 (10 000 beds)

地 区	Region	床位数 Number of Beds	养老 The Aged	儿童福利和救助 Child Welfare and Assistance	精神疾病 Mental Illness	其他 Other	每千老年人口养老床位数(张) Beds in Elderly Care Institutions per 1 000 Senior Citizens (bed)
全 国	**National Total**	**408.1**	**379.4**	**9.7**	**6.3**	**12.7**	**29.15**
上 海	Shanghai	13.9	13.2	0.2	0.2	0.3	27.90
江 苏	Jiangsu	41.3	39.9	0.4	0.5	0.5	39.45
浙 江	Zhejiang	29.6	28.9	0.3	0.1	0.4	54.17
安 徽	Anhui	22.6	21.4	0.6		0.5	34.75
江 西	Jiangxi	15.3	14.7	0.2		0.4	26.83
湖 北	Hubei	24.0	22.9	0.4	0.2	0.6	32.77
湖 南	Hunan	14.8	13.4	0.4	0.4	0.6	23.85
重 庆	Chongqing	9.4	8.6	0.3	0.3	0.2	25.14
四 川	Sichuan	32.0	28.3	0.8	1.3	1.6	28.41
贵 州	Guizhou	8.3	7.2	0.3	0.4	0.3	30.40
云 南	Yunnan	6.4	5.6	0.3	0.2	0.3	15.05

注：老年人口指 60 岁及以上人口。
a) The aged refer to those 60 years old and above.

21-14 孤儿和收养登记情况(2018年)
Orphans and Children Adoption Registration (2018)

单位：人 (person)

地区	Region	孤儿数 Number of Orphans	集中养育 Institutionalized	社会散居 Dispersed	家庭收养儿童数 Number of Children-adoption in Families	被中国公民收养 Children Adopted by Chinese Citizens	被外国人收养 Children Adopted by Foreigners	社会福利机构抚养的儿童 Children Raised by Social Welfare Institutions
全国	**National Total**	**305110**	**69760**	**235350**	**16267**	**14582**	**1685**	**8581**
上海	Shanghai	1582	1492	90	93	70	23	58
江苏	Jiangsu	9605	2604	7001	1550	1442	108	1053
浙江	Zhejiang	3315	1812	1503	2118	2079	39	1479
安徽	Anhui	25949	2443	23506	349	316	33	173
江西	Jiangxi	9274	2241	7033	139	59	80	114
湖北	Hubei	8029	1639	6390	636	584	52	251
湖南	Hunan	21767	2346	19421	574	511	63	317
重庆	Chongqing	3603	926	2677	165	154	11	57
四川	Sichuan	23322	2827	20495	890	851	39	311
贵州	Guizhou	12311	1955	10356	241	198	43	120
云南	Yunnan	21969	666	21303	1226	1178	48	172

21-15 社会救助情况(2018 年)
Statistics on Social Relief(2018)

单位：万人 (10 000 persons)

地 区	Region	城市居民最低生活保障人数 Number of Urban Residents Receiving Minimum Living Allowance	农村居民最低生活保障人数 Number of Rural Residents Receiving Minimum Living Allowance	农村特困人员集中供养人数 Rural Households with Centralized Livelihood Guaranteed in Five Aspects	农村特困人员分散供养人数 Rural Households with Decentralized Livelihood Guaranteed in Five Aspects
全 国	**National Total**	**1007.0**	**3519.1**	**86.2**	**368.8**
上 海	Shanghai	15.4	3.5	0.1	0.1
江 苏	Jiangsu	14.5	74.8	5.0	15.2
浙 江	Zhejiang	22.0	50.6	2.3	0.3
安 徽	Anhui	42.7	180.6	6.6	31.1
江 西	Jiangxi	69.0	167.8	10.9	9.4
湖 北	Hubei	37.8	133.8	4.6	19.8
湖 南	Hunan	59.7	126.8	5.3	31.7
重 庆	Chongqing	31.1	58.1	1.1	8.6
四 川	Sichuan	93.7	339.9	10.4	34.1
贵 州	Guizhou	34.1	226.8	3.0	5.1
云 南	Yunnan	48.3	254.9	1.2	10.6

21-16 医疗救助情况(2018 年)
Statistics on Medical Aid (2018)

地 区	Region	资助参加基本医疗保险人数(万人) Aid for Basic Medical Insurance (10000 persons)	门诊和住院医疗救助人数(万人次) Outpatient and Hospitalization Medical Aid (10000 persons-times)	资助参加基本医疗保险资金数(万元) Expenses of Aid for Basic Medical Insurance (10000 yuan)	门诊和住院医疗救助资金数(万元) Expenses for Outpatient and Hospitalization Medical Aid (10000 yuan)
全 国	**National Total**	**6692.3**	**5361.0**	**1026748.8**	**2970236.8**
上 海	Shanghai	8.4	205.8	3994.8	40696.6
江 苏	Jiangsu	211.1	809.6	52931.7	209347.2
浙 江	Zhejiang	129.0	733.2	82227.0	197735.0
安 徽	Anhui	446.7	290.6	94365.1	174873.6
江 西	Jiangxi	177.7	213.4	1988.0	119086.0
湖 北	Hubei	202.0	169.9	37031.3	134301.9
湖 南	Hunan	192.4	150.1	24780.2	131453.8
重 庆	Chongqing	175.3	495.3	30159.0	129442.0
四 川	Sichuan	361.1	200.1	19694.1	175764.7
贵 州	Guizhou	305.0	54.7	18811.6	82173.3
云 南	Yunnan	666.6	185.6	64910.9	98821.9

21-17 社会组织、自治组织单位数(2018 年)
Statistics on Social Organizations and Autonomy Organizations(2018)

单位：个 (unit)

地 区	Region	社会组织 Social Organizations	社会团体 Social Organization	民办非企业单位 Non-enterprise Units Run by NGO	基金会 Fund Organization	自治组织 Autonomy Organizations	村民委员会 Village Committee	社区居委会 Neighborhood Committee
全 国	**National Total**	**817360**	**366234**	**444092**	**7034**	**649888**	**542019**	**107869**
上 海	Shanghai	16208	4083	11658	467	5988	1572	4416
江 苏	Jiangsu	93061	37261	55090	710	21740	14410	7330
浙 江	Zhejiang	55298	24184	30437	677	29391	24711	4680
安 徽	Anhui	30777	13991	16635	151	17951	14516	3435
江 西	Jiangxi	24921	11786	13051	84	20687	17004	3683
湖 北	Hubei	29933	12232	17556	145	27920	23392	4528
湖 南	Hunan	35561	15197	20053	311	29224	23897	5327
重 庆	Chongqing	17343	7767	9499	77	11159	8031	3128
四 川	Sichuan	43835	20364	23303	168	53006	45524	7482
贵 州	Guizhou	13413	7191	6164	58	17484	13295	4189
云 南	Yunnan	23723	14647	8960	116	14416	11865	2551

21-18 婚姻登记情况(2018年)
Statistics on Marriages and Divorces (2018)

地区	Region	结婚登记（万对） Total Number of Registered Marriages (10 000 couples)	内地居民登记结婚 Registered Marriages in the Mainland	涉外及港澳台居民登记结婚 Registered Marriages with Foreigner and the Citizen of Hong Kong, Macao, Taiwan	初婚（万人） First Marriages (10 000 persons)	再婚（万人） Re-marriages (10 000 persons)	离婚（万对） Divorces (10 000 couples)	离婚率（‰） Divorce Rate (‰)
全国	**National Total**	**1013.94**	**1009.11**	**4.84**	**1598.67**	**429.22**	**446.08**	**3.20**
上海	Shanghai	10.51	10.37	0.14	13.88	7.14	5.90	2.44
江苏	Jiangsu	63.77	63.63	0.14	97.30	30.24	28.48	3.54
浙江	Zhejiang	33.73	33.43	0.30	56.19	11.27	15.42	2.71
安徽	Anhui	61.91	61.73	0.18	95.09	28.74	24.38	3.88
江西	Jiangxi	33.06	32.88	0.18	54.35	11.78	12.51	2.70
湖北	Hubei	43.78	43.65	0.13	74.92	12.64	20.10	3.40
湖南	Hunan	42.16	41.98	0.17	62.65	21.66	21.32	3.10
重庆	Chongqing	25.88	25.81	0.07	34.26	17.50	15.33	4.96
四川	Sichuan	66.90	66.76	0.15	98.63	35.18	31.26	3.76
贵州	Guizhou	40.03	39.98	0.05	67.18	12.88	15.17	4.22
云南	Yunnan	37.76	37.46	0.30	58.02	17.49	13.33	2.77

21-19 福利彩票销售情况(2018 年)
Statistics on Welfare Lottery (2018)

地 区	Region	福利彩票发行单位(个) Welfare Lottery Issuing Units (unit)	福利彩票销售额(亿元) Sales of Welfare Lottery (100 million yuan)	提取公益金(亿元) Public Welfare Fund from Welfare Lottery (100 million yuan)	公益金支出(亿元) Expenditure of Public Welfare Fund from Welfare Lottery (100 million yuan)
全 国	**National Total**	**700**	**2245.6**	**643.6**	**251.7**
上 海	Shanghai	17	51.2	15.6	7.5
江 苏	Jiangsu	74	159.8	44.4	13.5
浙 江	Zhejiang	53	167.8	47.6	18.7
安 徽	Anhui	43	75.8	21.1	10.0
江 西	Jiangxi	11	51.2	14.9	6.6
湖 北	Hubei	40	104.6	29.5	9.7
湖 南	Hunan	72	91.7	25.4	11.0
重 庆	Chongqing	1	58.3	17.2	6.8
四 川	Sichuan	4	92.4	27.0	8.8
贵 州	Guizhou	12	28.3	8.7	6.0
云 南	Yunnan	15	81.4	24.1	7.5

二十二、文化和体育 Culture and Sports

22-1 图书、期刊和报纸出版情况(2018 年)
Number of Books, Magazines and Newspapers Published (2018)

地区	Region	图书 Books Published 种数(种) Number of Publication (kind)	#新出版 New Publication	总印数(亿册、亿张) Printed Copies (100 million copies)	期刊 Magazines Published 种数(种) Number of Publication (kind)	总印数(亿册) Total Printed Copies (100 million copies)	报纸 Newspapers Published 种数(种) Number of Publication (kind)	总印数(亿份) Total Printed Copies (100 million copies)
全　国	**National Total**	**519250**	**247108**	**100.1**	**10139**	**22.9**	**1871**	**337.3**
上　海	Shanghai	30005	14227	4.8	639	0.9	70	8.1
江　苏	Jiangsu	30892	11990	6.8	472	1.1	81	21.4
浙　江	Zhejiang	15231	6835	4.2	231	0.7	66	21.1
安　徽	Anhui	10040	4248	3.2	186	0.4	51	6.8
江　西	Jiangxi	8242	4949	2.5	166	0.7	40	8.8
湖　北	Hubei	13419	6852	2.7	430	1.2	73	8.9
湖　南	Hunan	9805	3797	4.5	259	0.9	48	8.5
重　庆	Chongqing	5568	1773	1.5	140	0.4	27	2.6
四　川	Sichuan	14456	8746	3.3	362	0.5	84	13.3
贵　州	Guizhou	1001	674	1.0	93	0.2	27	2.7
云　南	Yunnan	7056	3995	1.6	129	0.2	42	3.3

22-2 少年儿童读物和课本出版情况(2018 年)
Number of Books Published for Children and Textbooks(2018)

地 区	Region	种数(种) Number of Publications (kind)		总印数 (万册) Printed Copies (10 000 copies)		总印张(千印张) Printed Sheets (1 000 sheets)	
		儿童读物 Books for Children	课 本 Textbooks	儿童读物 Books for Children	课 本 Textbooks	儿童读物 Books for Children	课 本 Textbooks
全 国	**National Total**	**44196**	**82862**	**88858**	**348116**	**5412232**	**27458388**
上 海	Shanghai	1530	6119	8710	13950	306421	1217686
江 苏	Jiangsu	1958	3167	3285	21523	223205	1436252
浙 江	Zhejiang	2916	1419	6681	13621	492748	874211
安 徽	Anhui	1687	805	5240	10885	329790	775487
江 西	Jiangxi	1931	407	5898	7740	333281	599671
湖 北	Hubei	728	2226	1184	8316	86602	654466
湖 南	Hunan	1099	885	3111	15894	289804	972342
重 庆	Chongqing	201	1963	270	7691	10681	500790
四 川	Sichuan	2544	2256	6116	10297	345685	802859
贵 州	Guizhou	69	122	277	6625	14915	468250
云 南	Yunnan	568	175	733	7860	36330	542171

22-3 音像制品及电子出版物情况(2018 年)
Statistics on Number of Publication of Audio-Video and Electronic Products(2018)

地 区	Region	录像制品出版品种(种) Number of Publication of Video Products (kind)	录像制品出版数量(万盒、万张) Volume of Publication of Video Products (10000 cassettes, 10000 discs)	录音制品出版品种(种) Number of Publication of Audio Products (kind)	录音制品出版数量(万盒、万张) Volume of Publication of Audio Products (10000 cassettes, 10000 discs)	电子出版物出版品种(种) Electronic Publications (kind)	电子出版物出版数量(万张) Number of Electronic Publications (10000 discs)
全 国	**National Total**	**4672**	**6367.5**	**6391**	**17756.6**	**8403**	**25884.2**
上 海	Shanghai	534	2140.0	1364	1191.2	558	1306.0
江 苏	Jiangsu	66	16.6	209	1116.7	478	1843.5
浙 江	Zhejiang	111	66.9	115	290.7	287	942.9
安 徽	Anhui	23	7.4	15	4.3	5	1.2
江 西	Jiangxi	80	35.7	57	29.5	46	11.9
湖 北	Hubei	65	21.5	38	6.4	108	87.5
湖 南	Hunan	145	113.2	117	335.9	94	266.6
重 庆	Chongqing	31	14.2	37	12.0	133	58.2
四 川	Sichuan	91	54.2	11	3.2	228	101.6
贵 州	Guizhou	1	0.2			5	0.3
云 南	Yunnan	85	26.8	27	5.7	44	102.2

22-4 出版物发行网点情况(2017 年)
Issuing Institutions and Spots of Publication(2017)

地 区	Region	发行网点合 计(处) Issuing Institutions (unit)	新华书店及 其发行网点 Xinhua Book Store and Issuing Spots	供销社 Supply and Marketing Coopera-tives	出版社 Press	邮政系统 Postal Systems	其 他批发网点 Wholesale Spots	其 他零售网点 Retail Spots	新华书店系统、出版社自办发行单位从业人数(人) Persons Engaged in Own Issuance of Presses of Xinhua Book-store System (person)	#新华书店及 其发行网点 State-owned Bookstores and Issuing Spots
全 国	**National Total**	**162811**	**9633**	**59**	**437**	**40523**	**8969**	**103190**	**132402**	**121490**
上 海	Shanghai	3360	91		73	1103	356	1737	2376	1773
江 苏	Jiangsu	16513	891		18	2376	335	12893	5867	5726
浙 江	Zhejiang	11234	775		10	2201	339	7909	7969	7856
安 徽	Anhui	8200	586		11	3457	370	3776	5573	5508
江 西	Jiangxi	3379	292		6	21	266	2794	3141	3040
湖 北	Hubei	4266	95		14	328	514	3315	4479	4158
湖 南	Hunan	9995	1162		13	4570	235	4015	8533	7185
重 庆	Chongqing	4209	267		3	601	102	3236	2890	2890
四 川	Sichuan	8986	213			3100	273	5400	8910	8910
贵 州	Guizhou	3253	189		6	833	148	2077	1611	1556
云 南	Yunnan	5781	272		8	1831	145	3525	3767	3751

22-5 出版印刷生产情况(2018 年)
Conditions of Printing(2018)

地区	Region	企业数(个) Number of Enterprises (unit)	从业人员(人) Number of Employees (unit)	印刷产量 Output of Printing 黑白(万令) Black and White (10 000 ream)	彩色(万对开色令) Color (10 000 bisect color ream)	装订产量(万令) Output of Bookbinding (10 000 ream)	用纸量(万令) Amount of Paper Used (10 000 ream)
全国	**National Total**	**8923**	**429799**	**27760.3**	**116387.9**	**33357.9**	**55951.2**
上海	Shanghai	198	16190	439.5	10201.9	494.6	2901.3
江苏	Jiangsu	433	30638	1381.1	6973.4	1831.8	3716.9
浙江	Zhejiang	704	33972	2114.8	12417.7	2492.3	5179.8
安徽	Anhui	337	14822	758.7	4273.3	1295.8	1947.5
江西	Jiangxi	142	7440	937.3	1420.1	1080.9	1221.1
湖北	Hubei	356	16303	1157.7	2803.0	1552.0	2092.9
湖南	Hunan	430	17873	911.6	4380.9	1214.4	2027.6
重庆	Chongqing	117	6778	318.5	1505.5	372.9	699.1
四川	Sichuan	296	9307	1385.0	4012.1	1392.6	1886.5
贵州	Guizhou	170	3871	135.4	1098.6	134.0	317.8
云南	Yunnan	185	5866	311.0	1159.1	315.8	721.3

22-6 广播电视节目综合人口覆盖情况及制作播出情况(2018 年)
Population Coverage of Radio and TV Programs, and Radio and TV Programs Produced and Broadcasted(2018)

地 区	Region	广播节目综合人口覆盖率 Population Coverage Rate of Radio Programs (%)	#农村 Rural	电视节目综合人口覆盖率 Population Coverage Rate of TV Programs (%)	#农村 Rural	公共广播节目套数(套) Number of Public Radio Programs (set)	公共电视节目套数(套) Number of TV Programs (set)	电视剧播出数(部) Number of TV Plays Broadcasted (set)	#进口 Import	电视动画播出时间(小时) Number of Cartoons Broadcasted (hour)	#进口 Import
全 国	**National Total**	**98.94**	**98.58**	**99.25**	**99.01**	**2900**	**3559**	**217591**	**811**	**374485**	**8879**
上 海	Shanghai	100.00	100.00	100.00	100.00	22	25	824	15	14419	1835
江 苏	Jiangsu	100.00	100.00	100.00	100.00	121	123	6180		13430	180
浙 江	Zhejiang	99.73	99.70	99.80	99.77	112	112	8955	4	20022	148
安 徽	Anhui	99.84	99.81	99.83	99.79	105	109	7353	5	7565	
江 西	Jiangxi	98.54	98.18	99.09	98.77	105	122	8958	83	10720	338
湖 北	Hubei	99.68	99.57	99.58	99.42	94	116	12502	37	15123	30
湖 南	Hunan	99.02	98.29	99.64	99.45	114	137	10239	60	26442	91
重 庆	Chongqing	99.04	98.64	99.27	99.03	35	46	2836		8626	
四 川	Sichuan	97.84	97.24	98.79	98.57	144	213	16296	117	21040	104
贵 州	Guizhou	93.92	93.72	96.76	96.70	48	104	4600	20	7972	40
云 南	Yunnan	98.69	98.28	98.90	98.52	67	174	9559	42	17940	173

22-7 有线广播电视传输干线网络及实际用户情况(2018 年)
Transmission Trunk and Actual Users of Cable Radios and TVs(2018)

地 区	Region	有线广播电视传输干线网络总长(万公里) Total Length of Transmission Trunk for Cable Radios and TVs (10 000 km)	有线广播电视实际用户数(万户) Actual Users of Cable Radios and TVs (10 000 households)	#农村有线广播电视 Users of Rural Cable Radios and TVs	#数字电视 Users of Digital TV	#付费电视 Pay TV	有线广播电视实际用户数占家庭总户数的比重(%) Popularization Rate of Actual Cable TV Programs (%)	#农 村 Rural Areas
全 国	**National Total**	**225.3**	**21832.4**	**7404.0**	**20143.7**	**7729.9**	**49.01**	**31.19**
上 海	Shanghai	4.8	484.0	41.7	451.5	194.3	88.56	53.13
江 苏	Jiangsu	4.4	1640.5	713.7	1566.7	668.9	66.43	50.59
浙 江	Zhejiang	7.9	1434.7	892.6	1405.6	550.4	85.81	74.46
安 徽	Anhui	3.1	796.0	281.7	589.7	136.1	37.06	19.40
江 西	Jiangxi	10.0	618.2	439.2	576.7	224.1	48.06	71.59
湖 北	Hubei	2.8	1082.8	394.2	1060.8	554.4	51.61	36.14
湖 南	Hunan	11.4	1014.6	311.0	874.8	234.4	47.89	32.22
重 庆	Chongqing	5.8	736.8	83.8	557.0	130.7	58.43	11.90
四 川	Sichuan	2.7	1181.6	337.3	1123.8	528.0	36.50	16.85
贵 州	Guizhou	0.9	702.9	368.6	702.9	412.2	53.19	44.05
云 南	Yunnan	2.9	460.3	134.7	434.6	303.3	32.95	15.23

22-8 艺术表演团体、艺术表演场馆演出情况(2018年)
Statistics on Performance of Art Performance Troupes and Art Performance Places(2018)

地 区	Region	艺术表演团体 Art Performance Troupes				艺术表演场馆 Art Performance Places				
		机构数(个) Number of Institutions (unit)	演出场次(万场次) Number of Performances (10 000 shows)	#国内演出 Domestic Performances	国内演出观众人次(万人次) Number of Domestic Audience (10 000 person-times)	机构数(个) Number of Institutions (unit)	演(映)出场次(万场次) Number of Performances (10 000 shows)	#艺术演出 Art Performances	观众人次(万人次) Number of Audience (10 000 person-times)	#艺术演出 Art Performances
全 国	**National Total**	**17123**	**312.46**	**310.85**	**117569**	**2478**	**126.64**	**17.89**	**14093**	**5862**
上 海	Shanghai	254	3.57	3.54	1097	45	1.45	0.63	490	397
江 苏	Jiangsu	662	10.04	10.00	3546	249	27.04	2.35	1069	401
浙 江	Zhejiang	1573	37.87	37.83	20788	336	9.49	2.46	1326	732
安 徽	Anhui	2859	50.52	50.47	19960	107	8.16	0.48	679	155
江 西	Jiangxi	379	7.70	7.68	2326	57	2.69	0.26	315	103
湖 北	Hubei	489	36.69	36.60	4426	61	6.74	0.28	308	155
湖 南	Hunan	510	5.77	5.71	2248	105	2.55	0.99	762	387
重 庆	Chongqing	1571	18.95	18.93	5143	43	0.62	0.39	128	97
四 川	Sichuan	829	10.93	10.87	2340	110	1.24	0.75	303	150
贵 州	Guizhou	153	1.31	1.27	1231	15	0.06	0.05	10	10
云 南	Yunnan	268	4.98	4.94	2570	27	0.36	0.32	93	75

22-9 公共图书馆基本情况(2018 年)
Statistics on Public Libraries(2018)

地 区	Region	公共图书馆 (个) Number of Public Library (unit)	总藏量 (万册件) Total Collections (10 000 copies)	人均拥有公共图书馆藏量 (册) Collections of Public Libraries Owned Per Person (copy)	有效借书证 数 (万个) Accumulative Number of Library Cards Distributed (10 000 units)	总流通人 次 (万人次) Total Number of Circulation (10 000 person-times)	#书刊文献外借人次 Borrowing from Libraries	书刊文献外借册次 (万册次) Number of Books and Periodicals Lent to Readers (10 000 copies-times)	阅览室座席数 (个) Seats of Reading Room (unit)
全 国	**National Total**	**3176**	**103716**	**0.74**	**7263**	**82032**	**25814**	**58010**	**1116769**
上 海	Shanghai	23	7894	3.26	248	3036	622	2505	23099
江 苏	Jiangsu	116	9323	1.16	1423	8114	2939	5956	70332
浙 江	Zhejiang	103	8608	1.50	957	11875	2432	7149	78012
安 徽	Anhui	126	2910	0.46	199	3341	1316	2229	42573
江 西	Jiangxi	113	2522	0.54	163	1754	831	1584	36961
湖 北	Hubei	115	3910	0.66	212	2577	1143	2210	43952
湖 南	Hunan	140	3305	0.48	203	2478	1020	2275	39726
重 庆	Chongqing	43	1808	0.58	174	1604	570	1313	30010
四 川	Sichuan	204	3948	0.47	241	2562	975	1785	57766
贵 州	Guizhou	98	1467	0.41	85	882	387	615	24820
云 南	Yunnan	151	2154	0.45	56	1695	562	1142	31618

22-9 续表 continued

地 区	Region	每万人拥有公共图书馆建筑面积(平方米) Floor Space of Buildings of Public Libraries Owned per 10 000 Population (sq.m)	组织各类讲座次数(次) Number of Lectures (time)	参加讲座人次(万人次) Attending Lectures (10 000 person-times)	举办展览(个) Exhibitions Held (unit)	参观展览人次(万人次) Visiting Exhibitions (10 000 person-times)	举办培训班(个) Training Classes Held (unit)	参加培训人次(万人次) Attending Training (10 000 person-times)	计算机(台) Computers (set)	#电子阅览室终端数 Terminals in Electronic Media Reading Rooms
全 国	**National Total**	**114.4**	**79274**	**1481.94**	**33394**	**8742.64**	**66375**	**422.76**	**223521**	**146333**
上 海	Shanghai	180.7	2221	32.19	459	158.80	1699	8.94	6285	2987
江 苏	Jiangsu	167.0	4460	68.43	1886	376.30	3050	12.79	12027	6954
浙 江	Zhejiang	208.8	5587	300.79	3818	875.36	10189	53.59	13082	8666
安 徽	Anhui	80.7	3396	60.38	2028	360.04	3061	24.54	7999	5896
江 西	Jiangxi	89.1	1782	25.17	1459	268.72	1057	9.86	7021	4952
湖 北	Hubei	116.8	2554	49.55	978	211.62	1343	16.63	7569	4998
湖 南	Hunan	72.0	4408	182.33	1106	312.86	2721	23.77	7371	4965
重 庆	Chongqing	116.7	1556	21.66	1024	190.31	1293	9.40	4307	3220
四 川	Sichuan	79.2	2899	43.35	1297	345.79	1973	10.99	11906	8370
贵 州	Guizhou	73.9	1343	13.76	647	61.43	768	5.24	5410	3557
云 南	Yunnan	84.1	1708	22.49	1134	227.03	1369	8.81	7264	5191

22-10 博物馆基本情况(2018 年)
Statistics on Museums(2018)

地 区	Region	机 构 (个) Number of Institutions (unit)	从业人员 (人) Number of Employed Persons (person)	#专业技术人员 Professional Technical Staff	文物藏品 (件/套) Number of Collections (piece/set)	基本陈列展览 (个) Displays Exhibition (unit)	参观人次 (万人次) Spectators (10 000 person-times)	门票销售总额 (万元) Ticket Sales for Entrance Ticket (10 000 yuan)
全 国	**National Total**	**4918**	**107506**	**38327**	**37540740**	**26346**	**104404**	**614922.4**
上 海	Shanghai	100	3036	1673	2010506	826	2584	26352.1
江 苏	Jiangsu	329	6923	2453	1853112	2095	9519	28469.1
浙 江	Zhejiang	337	5724	1890	1353210	2275	7005	5512.4
安 徽	Anhui	201	2995	1229	787699	930	3026	745.6
江 西	Jiangxi	144	3418	1206	444241	673	3697	786.5
湖 北	Hubei	200	4032	1807	1694265	1003	3922	1026.7
湖 南	Hunan	121	3056	913	617645	461	5444	1166.5
重 庆	Chongqing	100	2738	887	540005	586	3687	14544.9
四 川	Sichuan	252	6201	1579	4026271	1216	7189	114789.0
贵 州	Guizhou	91	1636	461	163996	278	1974	40.7
云 南	Yunnan	137	1719	950	1412696	867	2323	415.3

22-11 规模以上文化及相关产业法人单位数(2018 年底)

Number of Legal Persons of Culture and Relevant Industry above Designated Size at Year-end(2018)

单位：个 (unit)

地 区	Region	法人单位数 Legal Persons	文化制造业 Cultural Manufacturing	文化批发和零售业 Wholesale and Retail of Culture	文化服务业 Services of Culture
全 国	**National Total**	**59908**	**19547**	**9655**	**30706**
上 海	Shanghai	2464	340	297	1827
江 苏	Jiangsu	7627	2301	1138	4188
浙 江	Zhejiang	4672	2043	850	1779
安 徽	Anhui	2351	982	463	906
江 西	Jiangxi	1575	697	87	791
湖 北	Hubei	2153	625	449	1079
湖 南	Hunan	3526	1425	461	1640
重 庆	Chongqing	1082	180	178	724
四 川	Sichuan	1811	526	280	1005
贵 州	Guizhou	849	165	124	560
云 南	Yunnan	763	152	166	445

注：1.规模以上文化及相关产业法人单位包括规模以上文化制造业企业、限额以上文化批发和零售业企业以及规模以上文化服务业企业。
2.本表数据为 2018 年 1—12 月快报数(以下各表同)。

a) Legal persons of culture and relevant industry above designated size include cultural manufacturing above designated size, wholesale and retail of culture above designated size, services of culture above designated size.

b) Data in this table are preliminary data of 1-12 month, 2018. The same applies to the table following.

22-12 规模以上文化制造业企业基本情况(2018 年)
Basic Conditions on Cultural Industrial Enterprises above Designated Size(2018)

单位：万元 (10 000 yuan)

地 区	Region	企业单位数 (个) Number of Enterprises (unit)	年末从业人员 (人) Engaged Persons at Year-end (person)	资产总计 Total Assets	营业收入 Business Revenue	应交增值税 Value-added Tax Payable
全 国	**National Total**	**19547**	**4646465**	**331205380**	**380743496**	**7467799**
上 海	Shanghai	340	66546	7623210	11603438	141843
江 苏	Jiangsu	2301	545898	50067905	58338882	1314074
浙 江	Zhejiang	2043	321654	25635334	23675095	769518
安 徽	Anhui	982	143930	11378523	14236112	370949
江 西	Jiangxi	697	157083	8883725	11619790	155523
湖 北	Hubei	625	113177	10348758	12699404	325481
湖 南	Hunan	1425	322982	10633523	20537917	338421
重 庆	Chongqing	180	36076	3146067	3475716	101222
四 川	Sichuan	526	134351	19089681	18915225	315226
贵 州	Guizhou	165	18743	1126056	1222625	20617
云 南	Yunnan	152	25655	2986241	3331949	113581

22-13　限额以上文化批发和零售业企业基本情况(2018 年)
Basic Conditions on Cultural Wholesale and Retail Trades Enterprises above Designated Size(2018)

单位：万元　　(10 000 yuan)

地　区	Region	企业单位数 (个) Number of Enterprises (unit)	年末从业人员 (人) Engaged Persons at Year-end (person)	资产总计 Total Assets	营业收入 Business Revenue	应交增值税 Value-added Tax Payable
全　国	**National Total**	**9655**	**524407**	**107362488**	**167281445**	**1461027**
上　海	Shanghai	297	30803	13422555	37951922	220424
江　苏	Jiangsu	1138	54430	10440291	16828796	173540
浙　江	Zhejiang	850	31285	7360459	11863059	141319
安　徽	Anhui	463	16402	4250775	4992603	1061
江　西	Jiangxi	87	9196	2461339	1506057	25464
湖　北	Hubei	449	19340	2249412	3535351	37760
湖　南	Hunan	461	15352	1956398	3266635	34230
重　庆	Chongqing	178	14338	2164090	2730527	23971
四　川	Sichuan	280	18551	4686954	4687253	29796
贵　州	Guizhou	124	4547	816380	550938	2785
云　南	Yunnan	166	11544	1481582	2313305	18531

22-14 规模以上文化服务业企业基本情况(2018 年)
Basic Conditions on Cultural Enterprises of Service Industry above Designated Size(2018)

单位：万元 (10 000 yuan)

地 区	Region	企业单位数 (个) Number of Enterprises (unit)	年末从业人员 (人) Engaged Persons at Year-end (person)	资产总计 Total Assets	营业收入 Business Revenue	应交增值税 Value-added Tax Payable
全 国	**National Total**	**30706**	**3283241**	**708647447**	**344544751**	**6618495**
上 海	Shanghai	1827	285265	81867610	37872344	892677
江 苏	Jiangsu	4188	450493	70800792	33010251	647675
浙 江	Zhejiang	1779	176901	66157544	50738296	987097
安 徽	Anhui	906	84255	12160730	5149730	101212
江 西	Jiangxi	791	53423	5562127	2359607	44503
湖 北	Hubei	1079	146248	21544887	10335730	248372
湖 南	Hunan	1640	117498	21947864	7523120	103678
重 庆	Chongqing	724	80579	15126882	6888636	129934
四 川	Sichuan	1005	105822	19269959	8592334	337185
贵 州	Guizhou	560	42191	6698562	1648086	33880
云 南	Yunnan	445	46409	11240902	1967509	44916

二十三、社会保障 Social Security

23-1 城镇职工基本养老保险情况(2018 年)
Statistics on Urban Employee Basic Pension Insurance(2018)

地 区	Region	年末参加城镇职工基本养老保险人数(万人) Urban Employee Basic Pension Insurance Contributors at Year-end (10 000 persons)	职 工 Number of Staff and Workers	离退休人 员 Number of Retirees	基金收支情况(亿元) Revenue and Expenses(100 million yuan)		
					基金收入 Revenue	基金支出 Expenses	累计结余 Balance at Year-end
全 国	**National Total**	**41901.6**	**30104.0**	**11797.7**	**51167.6**	**44644.9**	**50901.3**
上 海	Shanghai	1573.4	1071.4	502.0	2808.9	2584.1	2242.3
江 苏	Jiangsu	3225.6	2354.4	871.2	3923.2	3401.0	4695.5
浙 江	Zhejiang	2883.4	2076.6	806.8	3011.8	2870.5	3796.8
安 徽	Anhui	1141.7	798.8	342.9	2005.6	1732.7	1681.5
江 西	Jiangxi	1052.8	719.7	333.1	1169.8	1004.0	820.1
湖 北	Hubei	1601.6	1047.5	554.1	1941.7	1996.1	743.4
湖 南	Hunan	1402.4	947.9	454.5	2129.2	1610.2	1657.5
重 庆	Chongqing	1051.2	662.5	388.7	1202.3	1093.0	1025.9
四 川	Sichuan	2543.7	1662.1	881.6	2884.2	2532.1	3686.8
贵 州	Guizhou	639.8	490.1	149.7	799.3	636.6	781.9
云 南	Yunnan	616.2	440.2	176.0	878.0	690.4	1138.4

23-2 城乡居民基本养老保险情况(2018 年)
Statistics on Basic Pension Insurance for Urban and Rural Residents(2018)

地 区	Region	参保人数(万人) Contributors at Year-end (10 000 persons)	#实际领取待遇人数 Actually Persons Received Pension	基金收支情况(亿元) Revenue and Expenses(100 million yuan) 基金收入 Revenue	基金支出 Expenses	累计结余 Balance at Year-end
全 国	**National Total**	**52391.7**	**15898.1**	**3837.7**	**2905.5**	**7250.3**
上 海	Shanghai	78.7	51.0	75.3	70.4	81.5
江 苏	Jiangsu	2325.4	1093.6	348.6	276.7	638.0
浙 江	Zhejiang	1197.8	533.9	176.6	171.5	156.9
安 徽	Anhui	3487.8	923.5	215.6	139.3	398.0
江 西	Jiangxi	1884.1	481.8	110.5	65.9	219.4
湖 北	Hubei	2282.8	723.1	182.4	125.3	305.6
湖 南	Hunan	3405.0	935.4	175.8	135.6	311.5
重 庆	Chongqing	1119.6	367.4	77.4	61.6	132.7
四 川	Sichuan	3222.4	1129.1	246.5	200.3	488.4
贵 州	Guizhou	1802.7	452.8	70.2	56.3	124.1
云 南	Yunnan	2361.0	533.8	104.7	74.5	262.0

23-3 失业保险情况 (2018 年)
Statistics of Unemployment Insurance (2018)

地 区	Region	年末参加失业保险人数(万人) Unemployment Insurance Contributors at Year-end (10 000 persons)	年末领取失业保险金人数(万人) Beneficiaries of Unemployment Insurance Fund (10 000 persons)	基金收支情况(亿元) Revenue and Expenses (100 million yuan)		
				基金收入 Revenue	基金支出 Expenses	累计结余 Balance at Year-end
全 国	**National Total**	**19643.5**	**223.1**	**1171.1**	**915.3**	**5817.0**
上 海	Shanghai	977.2	10.8	96.8	123.4	143.2
江 苏	Jiangsu	1671.3	30.4	100.0	102.1	438.5
浙 江	Zhejiang	1478.4	13.0	81.6	59.1	434.5
安 徽	Anhui	505.5	7.5	28.8	22.9	122.4
江 西	Jiangxi	288.0	1.7	13.5	4.0	86.6
湖 北	Hubei	590.8	6.1	31.2	21.2	188.5
湖 南	Hunan	584.2	5.9	24.8	14.7	142.9
重 庆	Chongqing	489.8	3.4	19.6	15.0	118.4
四 川	Sichuan	875.1	33.2	104.3	80.8	438.8
贵 州	Guizhou	257.3	2.3	15.5	10.7	85.0
云 南	Yunnan	273.1	4.9	17.7	11.1	140.0

23-4 基本医疗保险参保人数(2018 年)
Persons Covered of Urban Basic Medical Care Insurance(2018)

单位：万人 (10 000 persons)

地 区	Region	年末参保人数合计 Persons Covered at Year-end	职工基本医疗保险 Employees Basic Medical Care Insurance	职工 Staff and Workers	退休人员 Retirees	城乡居民基本医疗保险 Basic Medical Care Insurance for Urban and Rural Residents
全 国	**National Total**	**134458.6**	**31680.8**	**23307.5**	**8373.3**	**102777.8**
上 海	Shanghai	1866.1	1523.3	1020.6	502.7	342.8
江 苏	Jiangsu	7721.7	2752.6	2029.5	723.1	4969.1
浙 江	Zhejiang	5368.7	2277.0	1830.7	446.4	3091.7
安 徽	Anhui	6105.1	854.6	607.3	247.3	5250.5
江 西	Jiangxi	4797.5	573.7	376.4	197.3	4223.7
湖 北	Hubei	5586.2	1054.0	732.0	321.9	4532.2
湖 南	Hunan	6838.0	898.5	605.9	292.6	5939.5
重 庆	Chongqing	3265.3	678.3	485.9	192.4	2587.0
四 川	Sichuan	8637.1	1667.7	1186.3	481.4	6969.5
贵 州	Guizhou	4233.6	432.0	316.2	115.7	3801.6
云 南	Yunnan	4520.9	506.9	356.6	150.3	4014.0

23-5 基本医疗保险基金收支情况(2018 年)
Revenue and Expenses of Urban Basic Medical Care Insurance(2018)

单位：亿元 (100 million yuan)

地区	Region	基金收入 Revenue			基金支出 Expenses			累计结余 Balance at the Year-end		
		合计 Total	职工 Workers	居民 Non-employment	合计 Total	职工 Workers	居民 Non-employment	合计 Total	职工 Workers	居民 Non-employment
全国	**National Total**	**21384.2**	**13537.8**	**7846.4**	**17822.5**	**10706.6**	**7115.9**	**23439.9**	**18749.8**	**4690.1**
上海	Shanghai	1199.5	1119.3	80.2	894.3	809.5	84.7	2391.0	2389.4	1.6
江苏	Jiangsu	1576.7	1141.4	435.3	1299.1	911.1	388.0	1815.6	1583.9	231.7
浙江	Zhejiang	1413.7	1011.2	402.5	1157.8	786.5	371.3	1826.6	1708.0	118.6
安徽	Anhui	664.5	309.5	355.0	562.7	229.2	333.6	587.4	405.2	182.3
江西	Jiangxi	516.8	214.2	302.6	427.6	154.9	272.8	533.7	289.8	243.9
湖北	Hubei	754.0	429.0	325.0	668.2	365.1	303.1	655.3	402.4	252.9
湖南	Hunan	772.4	364.0	408.4	655.8	274.0	381.8	697.7	476.9	220.8
重庆	Chongqing	516.8	288.7	228.1	444.2	271.0	173.2	384.2	235.2	149.0
四川	Sichuan	1204.0	667.4	536.6	926.1	486.9	439.2	1436.2	1070.5	365.7
贵州	Guizhou	401.3	185.8	215.5	348.8	133.9	214.9	320.3	193.5	126.7
云南	Yunnan	574.8	289.3	285.5	477.5	219.1	258.4	528.8	369.3	159.5

23-6 工伤保险情况(2018 年)
Statistics of Work Injury Insurance(2018)

地 区	Region	年末参加工伤保险人数(万人) Work Injury Insurance Contributors at Year-end (10 000 persons)	享受工伤待遇人数(万人) Beneficiaries at Year-end (10 000 persons)	基金收支情况(亿元) Revenue and Expenses (100 million yuan)		
				基金收入 Revenue	基金支出 Expenses	累计结余 Balance at Year-end
全 国	**National Total**	**23874.4**	**198.5**	**913.0**	**742.0**	**1784.9**
上 海	Shanghai	972.9	6.5	31.7	34.6	65.3
江 苏	Jiangsu	1777.5	14.8	80.9	66.9	163.8
浙 江	Zhejiang	2087.8	21.6	66.4	55.8	104.3
安 徽	Anhui	603.5	11.3	24.0	20.6	52.1
江 西	Jiangxi	534.6	5.2	24.6	15.7	51.9
湖 北	Hubei	675.6	5.3	26.7	17.4	56.3
湖 南	Hunan	793.8	13.2	55.9	35.2	89.4
重 庆	Chongqing	577.1	6.4	21.5	20.0	8.2
四 川	Sichuan	1012.6	8.2	41.9	30.2	79.1
贵 州	Guizhou	355.8	2.4	16.0	14.7	23.9
云 南	Yunnan	403.3	4.3	17.5	13.2	32.1

注：工伤保险累计结余中含储备金。
a) Balance of work injury insurance includes reserves.

23-7　生育保险情况(2018 年)
Statistics of Maternity Insurance(2018)

地　区	Region	年末参加生育保险人数(万人) Maternity Insurance Contributors at Year-end (10 000 persons)	享　受待遇人次(万人次) Beneficiaries at Year-end (10 000 person-times)	基金收支情况(亿元) Revenue and Expenses (100 million yuan)		
				基金收入 Revenue	基金支出 Expenses	累计结余 Balance at Year-end
全　国	**National Total**	**20434.1**	**1088.6**	**781.1**	**762.4**	**581.7**
上　海	Shanghai	984.9	32.2	88.9	64.9	66.1
江　苏	Jiangsu	1694.5	166.8	78.1	76.3	29.2
浙　江	Zhejiang	1477.3	72.3	62.1	69.6	29.1
安　徽	Anhui	586.3	25.8	12.3	11.5	12.4
江　西	Jiangxi	290.1	10.9	9.4	9.5	7.5
湖　北	Hubei	540.0	36.1	17.6	18.4	22.7
湖　南	Hunan	571.8	31.2	16.2	14.7	25.5
重　庆	Chongqing	439.5	26.9			
四　川	Sichuan	878.2	34.1	32.2	27.8	17.8
贵　州	Guizhou	325.9	23.5	12.1	10.1	9.9
云　南	Yunnan	339.5	17.3	14.0	14.6	3.8

二十四、城市和区域发展 Urban and Regional Development

24-1 地级及以上城市数(2018 年)
Number of Cities at Prefecture Level and Above(2018)

单位：个 (unit)

地 区	Region	合 计 Total	按城市市辖区年末总人口分组 Grouped by Population in Urban Districts (year-end)					
			400 万以上 4 million and over	200 万−400 万 2 million-4 million	100 万−200 万 1 million-2 million	50 万−100 万 0.5 million-1 million	20 万−50 万 0.2 million-0.5 million	20 万以下 under 0.2 million
全部地级及以上城市	**Total Cities at Prefecture Level and Above**	**297**	**20**	**42**	**99**	**88**	**40**	**8**
上 海	Shanghai	1	1					
江 苏	Jiangsu	13	1	8	3	1		
浙 江	Zhejiang	11	1	2	3	4	1	
安 徽	Anhui	16		3	6	6	1	
江 西	Jiangxi	11		2	4	3	2	
湖 北	Hubei	12	1	1	5	4	1	
湖 南	Hunan	13		1	6	5	1	
重 庆	Chongqing	1	1					
四 川	Sichuan	18	1	1	12	4		
贵 州	Guizhou	6		2	2		2	
云 南	Yunnan	8		1	1	3	2	1

注：1.本表为公安部的户籍人口数。
a) Population at year-end refer to household registrations, which are from the Ministry of Public Security.

24-2 长江经济带省会城市和计划单列市主要指标(2018 年)
Main Indicators of Provincial Capitals and Cities Specially Designated in the State Plan(2018)

包括市辖县。
Counties under the jurisdiction of city governments are included.

城市名称	City	年末户籍人口(万人) Household Registered Population at Year-end (10 000 persons)	地区生产总值(当年价格)(亿元) Gross Regional Product (Current Prices) (100 million yuan)	第一产业 Primary Industry	第二产业 Secondary Industry	第三产业 Tertiary Industry
上 海	Shanghai	1462	32679.9	104.4	9732.5	22843.0
南 京	Nanjing	697	12820.4	273.4	4721.6	7825.4
杭 州	Hangzhou	774	13509.2	305.5	4571.9	8631.7
宁 波	Ningbo	603	10745.5	306.0	5507.5	4932.0
合 肥	Hefei	758	7822.9	277.6	3612.3	3933.1
南 昌	Nanchang	532	5274.7	190.7	2660.9	2423.1
武 汉	Wuhan	884	14847.3	362.0	6377.8	8107.5
长 沙	Changsha	729	11003.4	318.7	4660.2	6024.5
重 庆	Chongqing	3404	20363.2	1378.3	8328.8	10656.1
成 都	Chengdu	1476	15342.8	522.6	6516.2	8304.0
贵 阳	Guiyang	418	3798.5	153.1	1413.7	2231.7
昆 明	Kunming	572	5206.9	222.2	2038.0	2946.7

24-2 续表 1 continued

城市名称	City	地方一般公共预算收入(亿元) General Public Budget Revenue of the Local Governments (100 million yuan)	地方一般公共预算支出(亿元) General Public Budget Expenditure of the Local Governments (100 million yuan)	住户存款余额(亿元) Deposit of Households (100 million yuan)	城镇单位在岗职工平均工资(元) Average Wage of Staff and Workers in Urban Units (yuan)	年末邮政局(所)(处) Postal Offices at Year-end (unit)	年末固定电话用户(万户) Subscribers of Fixed Telephones at Year-end (10 000 subscribers)
上 海	Shanghai	7108.2	8351.5	27071.7	142983	536	663.2
南 京	Nanjing	1470.0	1532.7	6914.8	111071	181	201.2
杭 州	Hangzhou	1825.1	1717.1	9981.2	106709	287	241.2
宁 波	Ningbo	1379.7	1594.1	6561.3	102325	271	207.0
合 肥	Hefei	712.5	1004.9	4003.4	89022	185	117.9
南 昌	Nanchang	461.7	752.4	3132.0	82672	162	91.0
武 汉	Wuhan	1528.7	1929.3	7728.5	88327	259	175.1
长 沙	Changsha	879.7	1300.8	5692.1	93293	232	147.0
重 庆	Chongqing	2265.5	4541.0	15907.2	81764	1772	593.1
成 都	Chengdu	1424.2	1837.4	13141.5	88011	571	643.7
贵 阳	Guiyang	411.3	624.2	2835.7	82685	187	78.2
昆 明	Kunming	595.6	756.8	4882.5	80253	279	108.3

24-2 续表 2 continued

城市名称	City	社会消费品零售总额(亿元) Total Retail Sales of Consumer Goods (100 million yuan)	货物进出口总额(亿元) Total Value of Import and Export (100 million yuan)	年末实有公共(汽)电车营运车辆(辆) Public Vehicles under Operation at Year-end (unit)	普通本专科学生(人) Undergraduate in Regular HEIs (person)	医院数(个) Number of Hospitals (unit)	执业(助理)医师(人) Licensed (Assistant) Doctors (person)
上海	Shanghai	12668.7	34012.1	17122	517796	358	71580
南京	Nanjing	5832.5	4317.2	9012	726728	222	31560
杭州	Hangzhou	5715.3		10840	431965	316	44896
宁波	Ningbo	4154.9	8576.3	6342	149804	170	25850
合肥	Hefei	2976.7		5448	497131	171	22320
南昌	Nanchang	2131.6	787.6	4112	610624	122	14797
武汉	Wuhan	6843.9	2148.4	9710	969323	398	42271
长沙	Changsha	4765.0	1283.3	8806	703519	232	30793
重庆	Chongqing	7977.0	5221.0	12251	762811	800	76379
成都	Chengdu	6801.8	4983.2	15903	840297	892	61548
贵阳	Guiyang	1299.5	230.1	2989	378986	192	17794
昆明	Kunming	2787.4	870.0	6164	547277	322	28606

注：年末实有公共(汽)电车营运车辆数不包括市辖县。

a) Number of public vehicles under operation at year-end does not include that of counties under the jurisdiction of city governments.

24-3 城市建设情况(2018 年)
Statistics on City Construction(2018)

地 区	Region	城区面积 (平方公里) Urban Area (sq.km)	建成区面积 (平方公里) Area of Built Districts (sq.km)	城市建设用地面积 (平方公里) Area of Land Used for Urban Construction (sq.km)	本年征用土地面积 (平方公里) Land Put in Requisition for State Construction Projects (sq.km)	城市人口密度 (人/平方公里) Population Density of Urban Area (persons/sq.km)
全 国	**National Total**	**200896.5**	**58455.7**	**56075.9**	**2003.7**	**2546**
上 海	Shanghai	6340.5	1237.7	1899.0	24.2	3823
江 苏	Jiangsu	15536.4	4558.5	4416.9	214.2	2176
浙 江	Zhejiang	11913.8	2919.1	2823.9	132.2	2137
安 徽	Anhui	6190.3	2109.9	2071.8	225.2	2599
江 西	Jiangxi	2492.7	1546.3	1477.4	92.6	4818
湖 北	Hubei	8145.9	2509.7	2609.7	77.1	2804
湖 南	Hunan	5452.2	1837.1	1740.4	66.0	3174
重 庆	Chongqing	7440.0	1496.7	1272.1	93.9	2026
四 川	Sichuan	8458.5	2982.3	2778.9	192.6	3068
贵 州	Guizhou	3244.7	1053.2	983.6	19.9	2412
云 南	Yunnan	3186.6	1164.0	1144.2	37.9	3021

24-4 城市供水情况(2018 年)
Basic Statistics on Tap Water Supply in Cities(2018)

地区	Region	年末供水综合生产能力(万立方米/日) Production Capacity of Tap Water Supply (year-end) (10 000 cu.m/day)	年末供水管道长度(公里) Length of Water Supply Pipelines (year-end) (km)	全年供水总量(万立方米) Total Annual Volume of Water Supply (10 000 cu.m)	#生活用水 For Residential Use	#生产用水 For Productive Use	用水人口(万人) Number of Residents with Access to Tap Water (10 000 persons)	人均日生活用水量(升) Per Capita Daily Consumption of Tap Water for Residential Use (liter)
全国	**National Total**	**31221.8**	**866820**	**6146355**	**3287914**	**1619551**	**50310.9**	**179.7**
上海	Shanghai	1250.0	38414	305508	179853	46020	2423.8	203.3
江苏	Jiangsu	3491.2	101961	560242	263207	203467	3380.9	214.0
浙江	Zhejiang	1831.2	72917	371711	189754	127201	2545.5	204.4
安徽	Anhui	896.6	29392	200824	111647	54497	1604.8	190.7
江西	Jiangxi	602.7	22076	130712	74576	25047	1180.7	174.6
湖北	Hubei	1426.1	35076	305003	166812	76176	2269.4	202.2
湖南	Hunan	1017.9	31611	218678	127475	34374	1667.3	210.7
重庆	Chongqing	617.0	19078	149304	89515	31645	1481.8	165.5
四川	Sichuan	1101.8	42659	258676	163925	47732	2483.8	181.4
贵州	Guizhou	361.7	16045	80560	51163	11285	756.7	185.9
云南	Yunnan	424.9	14298	98722	47082	27319	930.1	139.0

24-5 城市燃气情况(2018 年)
Basic Statistics on Supply of Gas in Cities(2018)

地 区	Region	人工煤气生产能力(万立方米/日) Production Capacity of Gaswork Gas (10 000 cu.m/day)	管道长度(公里) Length of Gas Pipelines (km)			全年供气总量 Volume of Gas Supply			用气人口(万人) Population with Access to Gas (10 000 persons)		
			人工煤气 Coal Gas	天然气 Natural Gas	液化石油气 Liquefied Petroleum Gas	人工煤气(万立方米) Coal Gas (10 000 cu.m)	天然气(万立方米) Natural Gas (10 000 cu.m)	液化石油气(吨) Liquefied Petroleum Gas (ton)	人工煤气 Coal Gas	天然气 Natural Gas	液化石油气 Liquefied Petroleum Gas
全 国	**National Total**	**1333.6**	**13124**	**698043**	**4841**	**297893**	**14439538**	**10153298**	**778.8**	**36902.1**	**11782.5**
上 海	Shanghai			31233	263		892863	313578		1804.5	619.3
江 苏	Jiangsu			81809	201		1238706	575121		2918.0	457.1
浙 江	Zhejiang	1.5	112	43453	791	426	625647	730574	4.3	1591.4	949.8
安 徽	Anhui			25665	137		342510	156494		1421.7	164.0
江 西	Jiangxi	12.0	455	14483	93	15040	145718	202716	10.8	763.2	395.7
湖 北	Hubei			35151	138		482853	324048		1737.3	492.6
湖 南	Hunan			20466	27		259348	241126		1108.6	511.7
重 庆	Chongqing			22931			492502	64503		1390.6	77.7
四 川	Sichuan		693	53889	394	17230	847233	192033	59.7	2254.8	117.6
贵 州	Guizhou			6882	92		82932	113379		368.5	314.4
云 南	Yunnan		454	6992	75	2910	37632	149198	20.4	473.9	250.0

24-6 城市集中供热情况(2018 年)
Basic Statistics on Heating in Cities(2018)

地 区	Region	供热能力 Heating Capacity		供热总量 Quantity of Heat Supplied		管道长度 (公里) Length of Heating Pipelines (km)	供热面积 (万平方米) Area of Centralized Heating (10 000 sq.m)
		蒸 汽 (吨/小时) Steam (ton/hour)	热 水 (兆瓦) Hot Water (Mega Watts)	蒸 汽 (万吉焦) Steam (10 000 gigajoules)	热 水 (万吉焦) Hot Water (10 000 gigajoules)		
全 国	**National Total**	**92322**	**578244**	**57731**	**323665**	**371120**	**878050**
上 海	Shanghai						
江 苏	Jiangsu						
浙 江	Zhejiang						
安 徽	Anhui	2422	370	1191	120	704	2673
江 西	Jiangxi						
湖 北	Hubei	1204	100	693	3	299	1471
湖 南	Hunan						
重 庆	Chongqing						
四 川	Sichuan						
贵 州	Guizhou		216		121	25	211
云 南	Yunnan		225		112	435	300

24-7 城市市政设施(2018 年)
Basic Statistics on Municipal Infrastructure in Cities(2018)

地 区	Region	年末实有道路长度(公里) Length of Paved Roads (year-end) (km)	年末实有道路面积(万平方米) Area of Paved Roads (year-end) (10 000 sq.m)	城市桥梁(座) Number of City Bridges (unit)	城市排水管道长度(公里) Length of City Sewage Pipes (km)	城市污水日处理能力(万立方米) Daily Disposal Capacity of City Sewage (10 000 cu.m)	城市道路照明灯(千盏) Number of Street Lights (1 000 units)
全 国	**National Total**	**432231**	**854268**	**73432**	**683485**	**18145.2**	**27383.4**
上 海	Shanghai	5317	11092	2855	21975	813.0	606.9
江 苏	Jiangsu	47973	85212	15678	80649	1870.9	3443.3
浙 江	Zhejiang	23689	45946	11569	48525	1128.3	1610.3
安 徽	Anhui	15018	36927	1739	30978	611.9	978.8
江 西	Jiangxi	11222	23263	944	17331	289.8	807.6
湖 北	Hubei	20612	38831	2159	27903	691.0	858.4
湖 南	Hunan	13192	29355	1209	18529	637.7	819.4
重 庆	Chongqing	9520	20378	1798	18911	367.1	725.4
四 川	Sichuan	17832	37968	2845	33011	708.8	1444.1
贵 州	Guizhou	4969	10575	701	8251	253.6	604.0
云 南	Yunnan	6954	13587	801	13775	252.8	559.9

24-8　城市公共交通情况(2018 年)
Basic Statistics on Public Transportation in Cities(2018)

地 区	Region	公共汽电车 Bus and Trolley Bus 运营车数 (辆) Number of Bus in Operation (unit)	运营线路总长度 (公里) Length of Lines in Operation (km)	客运总量 (万人次) Total Passenger Traffic (10 000 person-times)	轨道交通 Subways, Light Rail, Streetcar 配属车辆数 (辆) Number of Attached Vehicles (unit)	运营里程 (公里) Length in Operation (km)	客运总量 (万人次) Total Passenger Traffic (10 000 person-times)	出租汽车 (辆) Number of Taxi (unit)
全 国	**National Total**	**565933**	**876650**	**6356469**	**34012**	**5295**	**2127659**	**1097237**
上 海	Shanghai	17122	24504	206233	5302	705	370592	41881
江 苏	Jiangsu	44186	79773	442019	2926	634	155924	52559
浙 江	Zhejiang	36378	82863	345909	1176	189	65422	39036
安 徽	Anhui	16675	18784	162782	324	53	15324	38911
江 西	Jiangxi	10175	20967	105037	294	49	14176	13545
湖 北	Hubei	21075	22549	306967	2068	300	103710	37072
湖 南	Hunan	22026	21683	228450	348	69	25030	26014
重 庆	Chongqing	12251	16394	235762	1806	313	85787	21993
四 川	Sichuan	28910	34213	354906	1889	240	115756	34552
贵 州	Guizhou	7178	11767	147304	186	34	744	20265
云 南	Yunnan	11372	20532	142703	492	89	19958	19572

24-9 城市绿地和园林(2018 年)
Basic Statistics on Parks and Green Areas in Cities(2018)

地 区	Region	城市绿地面积(公顷) Area of Green Land (hectare)	#公园绿地 Park Green Areas	公园(个) Number of Parks (unit)	公园面积(公顷) Area of Parks (hectare)	建成区绿化覆盖率(%) Green Covered Area as % of Completed Area (%)
全 国	**National Total**	**3047108**	**723740**	**16735**	**494228**	**41.1**
上 海	Shanghai	139427	20578	250	2565	36.2
江 苏	Jiangsu	293765	49580	1133	30546	43.1
浙 江	Zhejiang	167370	34958	1340	20432	41.2
安 徽	Anhui	107515	23606	475	15893	42.5
江 西	Jiangxi	69708	17620	519	11511	45.9
湖 北	Hubei	93148	26201	449	14785	38.4
湖 南	Hunan	72435	19020	368	13344	41.2
重 庆	Chongqing	64778	25844	428	14818	40.4
四 川	Sichuan	113537	33668	629	18238	40.5
贵 州	Guizhou	51561	12137	192	11575	38.6
云 南	Yunnan	46426	11414	823	9364	39.8

注：公园绿地面积包括综合公园、社区公园、专类公园、带状公园和街旁绿地。
a) Area of park green areas includes comprehensive park, community park, topic park, belt-shaped park and green area nearby street.

24-10 城市市容环境卫生情况(2018 年)
Basic Statistics on Urban Sanitation in Cities(2018)

地区	Region	清扫保洁面积(万平方米) Area under Cleaning Program (10 000 sq.m)	生活垃圾清运量(万吨) Volume of Garbage Disposal (10 000 tons)	市容环卫专用车辆设备总数(台) Number of Special Vehicles for Environmental Sanitation (unit)	公共厕所(座) Number of Public Lavatories (unit)	#三类以上 Third Grade and Above
全国	**National Total**	**869329**	**22801.8**	**252484**	**147466**	**117986**
上海	Shanghai	20855	784.7	8579	6061	3456
江苏	Jiangsu	63905	1718.0	17757	13965	12929
浙江	Zhejiang	46411	1474.6	8776	8075	6520
安徽	Anhui	37349	612.0	7053	3826	3236
江西	Jiangxi	21514	448.8	4435	2581	2149
湖北	Hubei	34970	954.2	11838	5596	4933
湖南	Hunan	31280	824.5	6779	4331	2739
重庆	Chongqing	19251	549.2	4113	4242	3045
四川	Sichuan	38499	1013.1	8833	6116	4974
贵州	Guizhou	14799	338.5	4993	2240	2154
云南	Yunnan	14102	435.8	4617	6158	5858

24-11 城市设施水平(2018 年)
Level of Public Facilities in Cities(2018)

地 区	Region	城市用水普及率(%) Coverage Rate of Urban Population with Access to Tap Water (%)	城市燃气普及率(%) Coverage Rate of Urban Population with Access to Gas (%)	每万人拥有公共汽电车辆(标台) Public Transportation Vehicles per 10000 Population (unit)	人均城市道路面积(平方米) Per Capita Area of Paved Roads (sq.m)	人均公园绿地面积(平方米) Per Capita Public Green Areas (sq.m)	每万人拥有公共厕所(座) Number of Public Lavatories Per 10 000 Population (unit)
全 国	**National Average**	**98.36**	**96.70**	**13.09**	**16.70**	**14.11**	**2.88**
上 海	Shanghai	100.00	100.00	9.04	4.58	8.49	2.50
江 苏	Jiangsu	99.98	99.81	15.63	25.20	14.66	4.13
浙 江	Zhejiang	100.00	100.00	16.10	18.05	13.73	3.17
安 徽	Anhui	99.75	98.56	12.80	22.95	14.67	2.38
江 西	Jiangxi	98.31	97.40	9.72	19.37	14.67	2.15
湖 北	Hubei	99.37	97.64	10.98	17.00	11.47	2.45
湖 南	Hunan	96.35	93.64	15.49	16.96	10.99	2.50
重 庆	Chongqing	98.28	97.39	9.51	13.52	17.14	2.81
四 川	Sichuan	95.70	93.70	13.18	14.63	12.97	2.36
贵 州	Guizhou	96.68	87.25	10.96	13.51	15.51	2.86
云 南	Yunnan	96.60	77.31	12.97	14.11	11.85	6.40

注：人均和普及率指标按城区人口与暂住人口之和计算，以公安部门的户籍统计和暂住人口统计为准。

a) Per capita data and coverage rate are calculated on the basis of the sum of districts area population and temporarily residing population,which are provided by the Ministry of Public Security.

24-12 县城市政公用设施水平(2018 年)
Level of National County Seat Service Facilities(2018)

地 区	Region	人口密度 (人/平方公里) Population Density (person/sq.km)	人均日生活用水量 (升) Daily Water Consumption Per Capita (liter)	用水普及率 (%) Water Coverage Rate (%)	燃气普及率 (%) Gas Coverage Rate (%)	建成区供水管道密度 (公里/平方公里) Density of Water Supply Pipelines in Built District (km/sq.km)	人均道路面积 (平方米) Road Surface Area Per Capita (sq.m)
全 国	**National Total**	**2231**	**122.91**	**93.80**	**83.85**	**10.56**	**17.73**
上 海	Shanghai						
江 苏	Jiangsu	2046	145.90	99.77	99.82	13.49	19.99
浙 江	Zhejiang	881	187.99	100.00	99.37	21.94	22.73
安 徽	Anhui	1713	133.11	96.25	92.01	12.21	22.82
江 西	Jiangxi	4977	120.27	96.17	90.27	11.87	19.42
湖 北	Hubei	3038	133.10	95.13	91.64	10.70	18.24
湖 南	Hunan	3602	141.16	87.76	76.97	11.49	13.37
重 庆	Chongqing	2718	116.28	97.35	94.92	11.86	9.56
四 川	Sichuan	1895	130.36	90.41	83.32	9.86	11.52
贵 州	Guizhou	2221	111.72	90.16	58.89	6.95	13.35
云 南	Yunnan	4078	113.21	93.78	51.97	12.25	14.92

24-12 续表 continued

地 区	Region	建成区排水管道密度(公里/平方公里) Density of Sewers in Built District (km/ sq.km)	污水处理率 (%) Wastewater Treatment Rate (%)	污水处理厂集中处理率 Centralized Treatment Rate of Waste-water Treatment Plants	人均公园绿地面积(平方米) Public Recreational Green Space Per Capita (sq.m)	建成区绿化覆盖率 (%) Green Coverage Rate of Built District (%)	建成区绿地率 (%) Green Space Rate of Built District (%)	生活垃圾处理率 (%) Domestic Garbage Treatment Rate (%)	生活垃圾无害化处理率 Domestic Garbage Harmless Treatment Rate
全 国	**National Total**	**8.82**	**91.16**	**89.90**	**12.21**	**35.17**	**31.21**	**97.11**	**93.24**
上 海	Shanghai								
江 苏	Jiangsu	11.66	88.54	85.37	12.94	41.75	39.36	100.00	100.00
浙 江	Zhejiang	14.99	94.85	94.17	14.62	41.44	37.42	100.00	100.00
安 徽	Anhui	10.55	95.14	94.58	13.56	37.50	33.24	99.69	98.86
江 西	Jiangxi	10.51	88.26	88.23	14.98	40.74	36.45	99.99	99.99
湖 北	Hubei	8.15	90.07	88.86	11.48	35.08	31.48	99.84	99.84
湖 南	Hunan	8.12	94.23	88.78	9.73	35.20	30.08	98.69	98.69
重 庆	Chongqing	15.29	94.76	93.53	12.15	41.00	37.44	100.00	100.00
四 川	Sichuan	7.75	76.81	74.28	11.17	33.00	29.28	97.03	90.73
贵 州	Guizhou	4.25	84.44	84.44	11.09	30.52	27.56	86.38	86.38
云 南	Yunnan	11.20	88.86	86.50	10.07	35.49	30.94	98.51	94.12

24-13 农村水电建设和发电量、农村用电量(2018 年) Rural Hydropower Construction and Amount of Electric Power Generation, Electricity Consumption (2018)

地 区	Region	本年完成投资额(万元) Amount of Investment Completed This Year (10 000 yuan)	年末发电设备容量(千瓦) Capability of Electricity Generation Equipment at Year-end (kW)	#本年新增发电设备容量 Newly Increased Capability of Electricity Generation Equipment	在建电站规模(千瓦) Scale of Electric Power Plant under Construction (kW)	#当年新开工电站规模 Scale of Newly Started Electric Power Station This Year	发电量(万千瓦时) Amount of Electric Power Generation (10 000 kWh)	农村用电量(亿千瓦时) Electricity Consumed in Rural Areas (100 million kWh)
全 国	**National Total**	**1000907**	**80435263**	**1643058**	**6013805**	**524270**	**23456083**	**9358.5**
上 海	Shanghai							1053.4
江 苏	Jiangsu	142	40191				8915	1933.1
浙 江	Zhejiang	26215	4099507	58897	90540		834464	1008.3
安 徽	Anhui	4888	1112456	8245	13000		249476	180.8
江 西	Jiangxi	7829	3449893	37736	52305	175	732371	112.5
湖 北	Hubei	88218	3861738	69890	247350	88200	935802	165.2
湖 南	Hunan	76529	6379772	83150	165660	21300	1738922	130.8
重 庆	Chongqing	54991	2874133	146540	304140	46230	725152	79.5
四 川	Sichuan	116705	12011238	346840	1529915		4347891	198.6
贵 州	Guizhou	128451	3507621	105505	569320	31950	1055652	98.4
云 南	Yunnan	182574	12128479	298360	1343900	157000	4305958	104.9

注：本表由水利部农村水利水电司提供。农村水电是以小水电为主体，直接为农村经济社会发展服务的水电站及其供电网络。2018 年，农村水电全年新增加发电设备容量 164 万千瓦，其中，新投产装机 116 万千瓦，技改净增发电设备容量 48 万千瓦。

a) Data in this table are from the Department of Rural Water Resources and Hydropower, Ministry of Water Resources. Rural hydropower is the small hydropower as mainbody,hydropower and electricity networks directly providing services for rural economic and social development. In 2018, newly increased capability of electricity generation equipment is 1640000 kW, among which, equipment newly put into operation is 1160000 kW,net increased capability for technological transformation is 480000 kW.

24-14 京津冀及长江经济带国民经济和社会发展主要指标(2018 年)
Main Indicators of National Economic and Social Development by Beijing-Tianjin-Hebei Region and Yangtze River Economic Zone(2018)

指标	Item	全国总计 National Total	京津冀地区 Beijing-Tianjin-Hebei Region		长江经济带 Yangtze River Economic Zone	
			绝对数 Absolute Figures	占全国比重(%) As Percentage of National Total	绝对数 Absolute Figures	占全国比重(%) As Percentage of National Total
总人口(年末) (万人)	Population at Year-end(10 000 persons)	139538.0	11270.0	8.1	59873.0	42.9
国内(地区)生产总值 (亿元)	Gross Domestic Product (100 million yuan)	900309.5	85139.9	9.3	402985.2	44.1
第一产业	Primary Industry	64734.0	3629.4	5.6	27822.9	43.0
第二产业	Secondary Industry	366000.9	29297.5	7.8	166486.2	44.2
第三产业	Tertiary Industry	469574.6	52213.0	11.0	208676.1	44.1
地方一般公共预算收入(亿元)	General Public Budget Revenue (100 million yuan)	97903.4	11406.0	11.7	43823.9	44.8
地方一般公共预算支出(亿元)	General Public Budget Expenditure(100 million yuan)	188196.3	18300.8	9.7	80969.1	43.0
社会消费品零售总额 (亿元)	Total Retail Sales of Consumer Goods (100 million yuan)	380986.9	33817.8	9.0	161574.1	42.9
货物进出口总额 (亿元)	Total Value of Imports and Exports(RMB 100 million yuan)	305008.1	23515.3	7.7	133828.7	43.9
出口	Exports	164127.8	8157.2	5.0	76017.0	46.3
进口	Imports	140880.3	15358.1	10.9	57811.7	41.0
主要农产品产量	Output of Major Farm Products					
谷物 (万吨)	Cereal(10 000 tons)	61003.6	3765.2	6.2	21714.0	35.6
棉花 (万吨)	Cotton (10 000 tons)	610.3	25.8	4.2	42.9	7.0
油料 (万吨)	Oil-bearing Crops(10 000 tons)	3433.4	122.4	3.6	1531.8	44.6
主要工业产品产量	Output of Major Industrial Products					
原煤 (亿吨)	Coal (100 million tons)	36.8	0.6	1.5	3.9	10.7
天然气 (亿立方米)	Natural Gas (100 million cu.m)	1602.7	57.4	3.6	466.1	29.1
水泥 (万吨)	Cement(10 000 tons)	220770.7	10570.7	4.8	114858.4	52.0
粗钢 (万吨)	Crude Steel (10 000 tons)	92800.9	25746.3	27.7	29683.5	32.0
钢材 (万吨)	Rolled Steel(10 000 tons)	110551.7	31830.6	28.8	35549.0	32.2
汽车 (万辆)	Motor Vehicles (10 000 sets)	2781.9	372.6	13.4	1234.7	44.4
发电量 (亿千瓦小时)	Electricity (100 million kWh)	71117.7	4295.1	6.0	27491.1	38.7
铁路营业里程 (公里)	Length of Railways in Operation(km)	131651.3	9779.5	7.4	39043.9	29.7
公路里程 (公里)	Length of Highways (km)	4846531.7	231764.8	4.8	2117275.0	43.7
#高速公路	Expressway	142593.2	9656.5	6.8	55690.5	39.1
客运量 (万人)	Passenger Traffic (10 000 persons)	1732646.6	123730.7	7.1	857563.9	49.5
货运量 (万吨)	Freight Traffic (10 000 tons)	5152731.6	322416.6	6.4	2183615.2	43.1
邮政业务总量 (亿元)	Business Volume of Postal Services (100 million yuan)	12345.2	893.4	7.2	5920.7	48.0
电信业务总量 (亿元)	Business Volume of Postal Services (100 million yuan)	65633.9	5283.4	8.1	28252.4	43.1
普通高等学校数 (个)	Number of Regular Institutions of Higher Education(unit)	2663.0	270.0	10.1	1147.0	43.1
本专科在校学生数 (万人)	Graduates of Undergraduates and College Students (10 000 persons)	2831.0	246.1	8.7	1208.2	42.7
医院数 (个)	Number of Hospitals (unit)	33009.0	3176.0	9.6	13635.0	41.3
执业(助理)医师 (万人)	Licensed (Assistant) Doctors (10 000 persons)	360.7	35.4	9.8	150.5	41.7
医院床位数 (万张)	Number of Beds of Medical Institutions (10 000 beds)	652.0	49.7	7.6	287.4	44.1

24-15 民族自治地方行政区划和人口(2018 年)
Administrative Division and Population of Ethnic Minority Autonomous Areas(2018)

省级单位名称	Provinces and Autonomous Regions	地级区划数(个) Number of Regions at Prefecture Level (unit)	#地级市 Cities at Prefecture Level	#自治州 Autonomous Prefecture	县级区划数(个) Number of Regions at County Level (unit)	#县级市 Cities at County Level	#自治县(旗) Autonomous Counties(Qi)	总人口(万人) Total Population in Minority Areas (10 000 persons)	#少数民族人口 Ethnic Minority Population	少数民族人口占自治地方总人口比重(%) Ethnic Minority Population as Percentage to Total Population in Minority Areas(%)
全　国	**National Total**	**77**	**38**	**30**	**711**	**78**	**120**	**19141.30**	**9774.64**	**51.07**
浙　江	Zhejiang				1		1	17.10	2.02	11.81
湖　北	Hubei	1		1	10	2	2	460.64	261.53	56.78
湖　南	Hunan	1		1	15	1	7	498.82	416.53	83.50
重　庆	Chongqing				4		4	277.23	206.22	74.39
四　川	Sichuan	3		3	51	3	4	790.78	498.42	63.03
贵　州	Guizhou	3		3	46	5	11	1834.05	1102.95	60.14
云　南	Yunnan	8		8	78	12	29	2415.82	1422.29	58.87

注：民族自治地方是指5个民族自治区、30个民族自治州和120个民族自治县(旗)的全部民族自治范围，不重复计算。

a) Ethnic minority autonomous areas refer to the areas of 5 ethnic minority autonomous regions, 30 ethnic minority autonomous prefectures, and 120 ethnic minority autonomous counties(Qi), and without repetitive computation.

3

附　录

Appendix

上海市市情

【建置沿革】上海，简称“沪”，别称“申”。大约在6000年前，现在的上海西部即已成陆，东部地区成陆也有2000年之久。唐天宝十载(公元751年)上海地区属华亭县(今松江区)。南宋咸淳三年(公元1267年)，在上海浦西岸设置市镇，定名为“上海镇”。至元二十九年(公元1292年)，中央政府把上海镇从华亭县划出，批准设立上海县，标志着上海建城之始。

【自然地理】上海地处太平洋西岸，亚洲大陆东沿，长江三角洲前缘；东濒东海，南临杭州湾，西接江苏、浙江两省，北界长江入海口，长江与东海在此连接。上海属北亚热带季风性气候，温和湿润，春秋较短，冬夏较长。

2018年全市平均气温17.7℃，日照1835.8小时，降水量1408.8毫米。黄浦江流经市区，终年不冻，是上海的水上交通要道。淀山湖是上海最大的湖泊。2018年末，上海全市土地面积为6340.5平方公里，划分为16个区，共105个街道、107个镇、2个乡。境内辖有崇明、长兴、横沙三个岛屿，其中崇明岛是中国的第三大岛。2018年末，全市常住人口2423.78万人，其中外来常住人口976.21万人，户籍常住人口1447.57万人。

【经济概况】2018年，全市实现生产总值32679.87亿元，比上年增长6.6%；人均生产总值达到20398美元，比上年增长8.6%，相当于世界中等发达国家或地区的水平；地方一般公共预算收入7108.15亿元，比上年增长7.0%。2018年，全市居民人均可支配收入64183元，比上年增长8.8%。其中，城镇常住居民人均可支配收入68034元，增长8.7%；农村常住居民人均可支配收入30375元，增长9.2%。

【文化旅游】上海是一座历史悠久、具有光荣革命传统的文化城市。中共“一大”会址位于黄浦区兴业路76-78号，由两幢具有20世纪20年代上海民居风格的石库门楼房组成。1921年7月23日，中国共产党第一次全国代表大会在这里召开。位于上海市中心的豫园始建于明嘉靖三十八年，距今已有400多年历史，是著名的江

南古典园林。朱家角素有“东方威尼斯”之称，是上海保存最完好的江南水乡古镇。东方明珠广播电视塔塔高468米，享有亚洲第一、世界第三的殊荣。目前位列中国第一、世界第二摩天高楼的“上海中心”大厦主体建筑总高度632米，地上127层，地下5层。2016年6月开幕的上海迪士尼度假区位于上海浦东新区中部地区，规划面积约24.7平方千米，其中核心区约7平方千米，是中国大陆首个、亚洲第三个、全球第六个迪士尼度假区。

【中国(上海)自由贸易试验区】自贸试验区是中国政府设立在上海的区域性自由贸易园区，位于浦东境内，属中国自由贸易区范畴。2013年9月中国(上海)自由贸易试验区正式成立。2014年12月全国人大常务委员会授权国务院扩展中国(上海)自由贸易试验区区域，范围由原来的上海市外高桥保税区、外高桥保税物流园区、洋山保税港区和上海浦东机场综合保税区等4个区域，加上陆家嘴金融片区、金桥开发片区、张江高科技片区，面积扩大4.2倍，达到120.72平方千米，占浦东新区总面积的10%。2018年,中国(上海)自由贸易试验区市场准入管理新体制初步建立，外商投资准入特别管理措施减少到45条。贸易服务体系不断完善，率先试点跨境服务贸易的负面清单管理模式，建成国际先进水平的国际贸易“单一窗口”，货物整体通关时间压缩三分之一，货物状态分类监管实现海关特殊监管区域全覆盖。金融市场体系日益完备，至年末，自由贸易账户累计开立13.6万个，全年跨境人民币结算总额2.55万亿元，比上年增长83.9%。政务服务更加高效透明，“六个双”综合监管覆盖所有监管部门和行业领域。

【科创中心建设】2018年，上海全市用于研究与试验发展(R&D)经费支出相当于全市生产总值的比例为4.16%。至2018年末，拥有外资研发中心441家，科技小巨人(含培育)企业达到1798家，技术先进型服务企业305家。2018年全市专利授权量为9.25万件，其中发明专利授权量为2.13万件。每万人口发明专利拥有量达到47.4件。2018年高新技术成果转化项目共656项。其中，电子信息、生物医药、新材料等重点领域项目占比达到86.3%。认定登记的各类技术交易合同21630件，合同金额1303.20亿元。

【洋山深水港区】洋山深水港区是上海国际航运中心的集装箱深水枢纽港区。港区位于杭州湾东北部、舟山群岛嵊泗列岛海域，由全长32.5千米的东海大桥与浦东新区芦潮港相连。目前已建成大型集装箱泊位16个，码头岸线全长5.6千米，年设计吞吐能力930万标准箱。

江苏省省情

江苏位于中国大陆东部沿海，正式建省于1667年（清康熙六年），取江宁、苏州两府首字得省名。全省总面积10.72万平方公里，占全国的1.12%，2018年末常住人口8051万人，占全国的5.8%。现辖13个设区市，下辖96个县(市、区)，其中19个县、22个县级市、55个市辖区。

区位条件优越。江苏地处美丽富饶的长江三角洲，东临黄海，与上海市、浙江省、安徽省、山东省接壤，横跨沿江、沿海、沿欧亚大陆桥三大经济带，处于“一带一路”交汇点上。江苏与上海、浙江、安徽共同构成的长江三角洲城市群已成为六大世界级城市群之一。

自然环境秀美。江苏跨江滨海，平原辽阔，水网密布，湖泊众多，自然气候温和宜人，自古以来就是华夏民族的鱼米之乡。海岸线长954公里，长江横穿东西425公里，京杭大运河纵贯南北718公里。平原和水域面积分别占69%和17%，列入省骨干河道名录的河道727条，面积在50平方公里以上的湖泊12个。全国五大淡水湖，江苏得其二，太湖2338平方公里、居第三；洪泽湖1780平方公里、居第四。低山丘陵面积占14%，集中分布在西南和北部，连云港云台山玉女峰海拔625米，为全省最高峰。

物产资源丰富。江苏农业生产条件得天独厚，农作物、林木、畜禽种类繁多，粮食、棉花、油料等农作物遍布全省，2018年全省粮食总产量732亿斤。种植利用的林果、茶桑、花卉等品种260多个，蔬菜80多个种类、1000多个品种。由于地跨华北地台和扬子地台两大地质构造单元，有色金属类、建材类、膏盐类、特种非金属类矿产是江苏矿产资源的特色和优势。目前已发现的矿产品种有133种，探明资源储量的有67种，其中铌

钽矿、含钾砂页岩、泥灰岩、凹凸棒石粘土、二氧化碳气等矿产查明资源储量居全国前列。

人文底蕴深厚。江苏既是古代吴越文化的发祥地，也是近代民族工业的发源地，南京是六朝古都、十朝都会，苏州以园林胜迹享誉天下，无锡太湖明珠蜚声中外，扬州精致秀美令人神往，徐州两汉文化闻名遐迩。春秋时期军事家孙武在吴地创著了《孙子兵法》，唐代高僧鉴真由扬州东渡日本，明代航海家郑和从太仓起锚七下西洋。明清两代全国共有文状元212名，江苏就有66名，超过全国总数的30%。当代江苏籍科学家、文学家、艺术家、实业家更是灿若繁星、数不胜数。

综合实力雄厚。江苏经济连续多年保持快速健康发展，2018年江苏实现地区生产总值9.26万亿元，位居全国第二，约合1.38万亿美元；人均GDP超过11.5万元，居全国各省区之首。全省三次产业增加值比例为4.5:44.5:51，高新技术产业、战略性新兴产业产值占比分别提高到43.8%和32%。与世界230多个国家和地区建立了经济贸易关系，全球500强企业中有380多家在江苏投资发展，全省外贸进出口总额4.38万亿元，占全国比重14.4%；实际利用外资256亿美元，占全国比重19%；境外投资中方协议投资94.8亿美元，居全国前列。区域创新能力连续多年保持全国前列，全省高新技术企业达1.8万多家，省级以上众创空间达746家，大中型工业企业和规上高新技术企业研发机构建有率保持在90%左右，企业共申请专利43.8万件，国家级企业研发机构达到145家。全省拥有普通高校167所，在校大学生、研究生超过200万人，全国江苏籍两院院士近300人，在苏院士98人。现有国家和省级重点实验室168个，科技服务平台294个，工程技术研究中心3263个，企业院士工作站359个，经国家认定的技术中心110家。2018年，江苏共有50个项目获国家科技奖，获奖总数位列全国各省第一。

浙江省省情

浙江陆域面积10.55万平方公里，占全国陆域面积的1.1%，是中国面积较小的省份之一。东西和南北的直线距离均为450公里左右。全省陆域面积中，山地占74.6%，水面占5.1%，平坦地占20.3%，故有“七山一水两分田”之说。浙江海域面积26万平方公里，面积大于500平方米的海岛有2878个，大于10平方公里的海岛有26个，是全国岛屿最多的省份，其中面积502.65平方公里的舟山岛为中国第四大岛。在“2016中国海洋宝岛榜”中，浙江有21个海岛上榜，占总数的1/5。

2018年末浙江省常住人口5737万人，比上年末增加80万人，城镇化率为68.9%。全年地区生产总值（GDP）56197亿元，比上年增长7.1%。人均GDP为98643元（按年平均汇率折算为14907美元），增长5.7%。一般公共预算收入升至全国第4位，增长11.1%，城乡居民人均可支配收入分别增长8.4%和9.4%，高质量发展势头良好。“千村示范、万村整治”工程荣获联合国地球卫士奖，浙江的知名度和影响力进一步提升。经济新动能加快成长。全年以新产业、新业态、新模式为主要特征的“三新”经济增加值占GDP的24.9%。数字经济核心产业增加值5548亿元，按现价计算比上年增长13.1%。省内居民网络消费8471亿元，增长25.0%。

2018年主要工作：

（一）着力抓改革促开放

“最多跑一次”等改革全面深化。配合省人大常委会，制定保障“最多跑一次”改革规定。全面推行“一窗受理、一网通办、一证通办、一次办成”，100%的事项实现网上办理，63.6%的民生事项实现“一证通办”，百姓办事更加方便了。国资国企改革发展步伐加快，省市县国有资产统一监管体系初步建立。省政府机构改革任务全面完成。

（二）着力打好三大攻坚战

金融风险防控有力有效。全省不良贷款率为1.15%，下降0.49个百分点。全力化解民营企业债券兑付风险和上市公司股权质押平仓风险。严厉打击非法集资，加大P2P网络借贷风险处置力度。坚决遏制违法违规举债，有序化解地方政府隐性债务风险。精准脱贫有力有效。启动低收入农户高水平全面小康计划，完善因病致

贫的医保制度和救助体系。低保标准实现城乡同标，最低生活保障水平达到7200元。新落地山海协作项目315个，到位资金520亿元。高标准做好东西部扶贫协作、对口支援和对口合作工作。污染防治有力有效。启动实施蓝天、碧水、净土、清废行动，生态文明建设深入到城乡角角落落。

（三）着力强创新促转型

新动能明显增强。启动实施数字经济“一号工程”，制定数字经济五年倍增计划，数字经济核心产业增加值增长13.1%。建成“无人车间”“无人工厂”66个，新增上云企业12万家。实施人才新政，新增国千、省千人才320名。制定科技新政，之江实验室建设顺利推进，西湖大学正式设立，新增高新技术企业3187家、科技型小微企业10539家，研发经费支出占比达到2.52%。传统产业改造升级明显加快。新增“浙江制造”标准559个、“品字标”企业442家、小微企业园区222个；淘汰企业落后产能1733家、整治“低散乱”企业（作坊）36179家、处置僵尸企业393家。

（四）着力谋划推动“四大”建设

大湾区建设全面启动。制定大湾区建设行动计划，高起点谋篇布局杭州湾经济区，湾区智慧交通体系、重大科创平台等标志性工程启动建设，一批重大产业项目落户大湾区。大花园建设开局良好。制定大花园建设行动计划，推动浙东唐诗之路、钱塘江唐诗之路、瓯江山水诗之路、大运河（浙江）文化产业带建设，编制诗路文化带发展规划，出台衢州、丽水大花园核心区规划，打响“诗画浙江”品牌。大通道建设明显加快。制定大通道建设行动计划，杭黄铁路开通运营，甬台温高速公路复线、台州湾大桥、三门湾大桥、乐清湾大桥、鱼山大桥建成通车，杭州萧山机场枢纽、丽水机场开工建设。大都市区能级提升。制定大都市区建设行动计划，规划建设综合交通枢纽，加快集聚高端人才、高端要素、高端产业，都市区辐射带动作用明显增强。

（五）着力提升文化软实力

精神文明建设深入开展。深化“最美浙江人”主题宣传，广泛开展“最美行业”“最美家庭”创建，推进移风易俗、好家风建设。文化事业加快发展。开展文化惠民活动，创建国家级公共文化服务体系示范区。文化产业提质增效。规划建设之江文化中心、之江文化产业带。组建省文化产业投资集团。浙报控股、浙江出版、华策影视、宋城演艺跻身“全国文化企业30强”，中国（浙江）影视产业国际合作实验区成为第一批国家文化出口基地。

（六）着力惠民生保平安

社会就业充分。城镇新增就业125.3万人，城镇调查失业率4.1%，登记失业率2.6%。做好重点群体就业工作，帮扶15.93万困难人员实现就业。公共服务稳步提升。开展庆元县农村学前教育补短板改革试点，新建及改扩建幼儿园219个，义务教育阶段学校消除大班额，扩大中高职一体化培养规模，支持“双一流”建设高校和省重点建设高校发展。社会保障扩面提标，全省基本养老保险参保率达到92%、基本医疗保险参保率达到

98.6%，新建居家养老中心333个。开工建设棚改安置住房40.6万套、建成33.7万套。平安建设成效明显。坚持和发展新时代枫桥经验，加强基层治理四平台建设，构建6.8万个网格组成的社会治理体系。加强安全生产，强化消防、危化品、食品药品、交通等安全风险管控，有效处置各类突发事件。

（七）着力提高政府履职能力

学懂弄通做实习近平新时代中国特色社会主义思想，树牢“四个意识”，坚定“四个自信”，坚决做到“两个维护”。围绕“八八战略”再深化、改革开放再出发，扎实开展“大学习大调研大抓落实”活动，制定实施富民强省十大行动计划，扎实推进“六个浙江”“四个强省”“两个高水平”建设。深入实施政府“两强三提高”行动计划，大兴调查研究之风，高质量制定实施一批事关长远的重大规划和政策举措，尽心尽力干大事解难事办实事，确保开好局起好步，努力干在实处、走在前列、勇立潮头。启动实施政府数字化转型，政务服务网成为全国有影响力的公共数据平台，推广应用掌上办事“浙里办”、掌上办公“浙政钉”。省市县乡政府法律顾问全面建立，推动各级政府依法行政、廉洁施政，不断提高行政质量、行政效率和政府公信力，努力建设人民满意的服务型政府。

安徽省省情

安徽建省于清朝康熙6年（公元1667年），省名取当时安庆、徽州两府首字合成，因境内有皖山、春秋时期有古皖国而简称皖。现辖16个地级市、61个县（市）、44个县级区。2018年末，全省常住人口6323.6万人，居全国第8位。

【地理位置】安徽地处长江、淮河中下游，长江三角洲腹地，居中靠东、沿江通海，东连江苏、浙江，西接湖北、河南，南邻江西，北靠山东，东西宽约450公里，南北长约570公里，土地面积14.01万平方公里，占全国的1.46%，居第22位。地跨长江、淮河、新安江三大流域，世称江淮大地。长江流经安徽境内约400公里，淮河流经省内约430公里，新安江流经省内242公里。长江、淮河横贯东西，将全省分为淮北平原、江淮丘陵、皖南山区三大自然区域。境内巢湖是全国五大淡水湖之一，面积800平方公里。

【历史文化】安徽是中国史前文明的重要发源地之一，文化底蕴深厚，源远流长，曾培育出道教文化、建安文学、桐城派、北宋理学、徽文化等，涌现出老子、庄子、管子、曹操、华佗、包拯、朱元璋、李鸿章、胡适等一批著名历史人物。产生于淮河流域的老庄道家学派，与儒家学说一起构成我国传统文化两大支柱；徽文化是明清时期最有影响的文化流派。徽剧是京剧的主要源流之一，黄梅戏是中国四大戏曲门类之一，池州的傩戏号称“戏剧活化石”，淮河两岸流行的花鼓灯被誉为“东方芭蕾”。2018年末，拥有全国重点文物保护单位130处、合并国保项目2处，省级重点文物保护单位708处；国家级非物质文化遗产名录72项，省级名录478项。

【经济发展】2018年安徽经济总量突破3万亿元，按可比价格计算，比上年增长8.02%。分产业看，第一产业增加值2638.01亿元，增长3.2%；第二产业增加值13842.09亿元，增长8.5%；第三产业增加值13526.72亿元，增长8.6%。三次产业结构为8.8：46.1：45.1，其中工业增加值占GDP比重为38.9%。全员劳动生产率68484元/人。人均GDP47712元（折合7210美元）。安徽是中国重要的农产品生产、能源、原材料和加工制造业基地，汽车、机械、家电、化工、电子、农产品加工等行业在全国占有重要位置。马钢是我国特大型钢铁联合企业、铜陵有色是国内第二大、世界第六大阴极铜生产企业；海螺集团是全国最大的水泥和塑料型材生产企业。2018年全省家电综合生产能力超10000万台(套)。

【交通网络】安徽在中国交通干线网中具有承东启西的地位，铁路密度居华东前列。京沪高铁安徽段、合

福高铁、沪蓉高铁安徽段、宁安高铁等线路已开通运营，商合杭、郑合高铁2020年将全线通车，合蚌连高铁被列入安徽省“十三五”及中长期规划项目，即将形成“米字型”高铁布局。高速公路四通八达，2018年末全省高速公路通车里程达4836公里，合宁高速东达宁沪，芜宣高速南连杭州，合安高速西接武汉，合徐高速北通徐州。合肥新桥国际机场为国内4E级枢纽干线机场。

【生态环境】安徽襟江带淮、湖泊众多，境内平原、丘陵和山地纵横交错。地形地貌由淮河平原、江淮丘陵、皖西丘陵山地区、沿江平原和皖南山区组成；境内湖泊星罗棋布，是典型的山水江南、鱼米之乡。全省共有河流 2000 多条，湖泊 580 多个，总面积 1750 平方千米。最高峰黄山莲花峰海拔 1864 米。气候温暖，雨量充沛，土地肥沃，适宜多种动植物生长，生物资源繁多，生态环境良好。全省年平均气温在14~17℃之间，平均日照1800~2500小时，平均无霜期200~250天，平均降水量800~1800毫米。世界特有的野生动物扬子鳄和白鳍豚就产在安徽中部的长江流域。已建成自然保护区104个，其中国家级8个、省级30个。2018年人工造林面积55.7千公顷了，年末森林面积3958.5千公顷，活立木总蓄积量26145.1万立方米，森林蓄积量22186.6万立方米。

【旅游资源】丰富的人文历史文化积淀和境内多山的地理格局，形成了安徽得天独厚的优质旅游资源。全省拥有9处世界文化遗产、2处世界地质公园，9家国家湿地公园，11家国家地质公园，184家4A级景区，11家5A级景区；境内的歙县、寿县、亳州、安庆和绩溪县为国家级历史文化名城；黄山、九华山、天柱山、齐云山、采石矶为国家级重点风景名胜区，其中，九华山、齐云位列中国佛教、道教四大名山之一。2018年，全省入境旅游人数607万人次、比上年增长10.5 %，旅游外汇收入31.9亿美元、增长10.7%；国内游客7.21亿人次、增长15.2%，旅游收入7030亿元、增长17.1%。皖南国际旅游文化示范区旅游收入3785.2亿元，增长16.4%。

【科教实力】安徽拥有中国科学技术大学、合肥工业大学等著名大学在内的普通高等院校119所，2018年末本专科在校生113.9万人。各类专业技术人员230.7万人，包括中科院合肥分院在内的科研机构6018家。安徽也是国家技术创新工程试点省，省会合肥是全国首个科技创新型试点市，是第二个获批的综合性国家科学中心。全省现有国家大科学工程5个，国家重点（工程）实验室26个，省级以上工程（技术）研究中心721家。2018年，全省登记科技成果8213项，主要包括城域量子通信组网技术、面向语音语言新一代人工智能关键技术及开放创新平台、分布式光纤应变测试技术及应用、智能化移动微创装备关键技术及产业化等。受理专利申请207428件，授权专利79747件。有省级高新技术产业开发区19个，其中国家级6个；高新技术企业5403家。

【居民生活】全年全省城镇常住居民人均可支配收入34393元，比上年增长8.7%，增速居全国第3位；农村常住居民人均可支配收入13996元，增长9.7%，增速居全国第4位。年末城镇常住居民人均住房建筑面积41.2平方米，比上年增加3.8平方米；农村常住居民人均住房建筑面积52.9平方米，增加2.2平方米。城镇、农村常住居民恩格尔系数分别为31%和33%。

江西省省情

江西简称“赣”，因公元733年唐玄宗设江南西道而得省名，又因江西最大河流为赣江而得简称，是中国内陆省份之一。江西位于中国东南部，在长江中下游南岸，以山地、丘陵为主，地处中亚热带，季风气候显著，四季变化分明。境内水热条件差异较大，多年平均气温自北向南依次增高，南北温差约3℃。全省面积16.69万平方公里，2018年总人口4648万，辖11个设区市、100个县（市、区）。全省共有55个民族，其中汉族人口占99%以上，少数民族中人口较多的有畲族、苗族、回族、壮族、满族等。

江西区位优越、交通便利。江西省地处中国东南偏中部长江中下游南岸，古称“吴头楚尾，粤户闽庭”，乃“形胜之区”，东邻浙江、福建，南连广东，西靠湖南，北毗湖北、安徽而共接长江。江西为长江三角洲、珠江三角洲和闽南三角地区的腹地，与上海、广州、厦门、南京、武汉、长沙、合肥等各重镇、港口的直线距离大多在六百至七百公里之内。境内高速公路里程突破6120公里，出省主要通道全部高速化。京九线、浙赣线纵横贯穿全境。航空和水运便捷。

江西资源丰富、生态良好。江西97.7%的面积属于长江流域，水资源比较丰富，河网密集，河流总长约18400公里，有全国最大的淡水湖——鄱阳湖。已发现野生高等植物5117种，野生脊椎动物845种。全省现有世界遗产地5处，世界文化与自然双遗产地1处，世界地质公园3处，国际重要湿地1处，国家地质公园5处，国家级风景名胜区14处，林业自然保护区186个（国家级15个），森林公园180个（国家级46个），湿地公园84处（国家级28处）。江西矿产资源丰富，已查明有资源储量的矿产有九大类139种，在全国居前10位的有81种，有色、稀土和贵金属矿产优势明显，是亚洲超大型的铜工业基地之一，有“世界钨都”、“稀土王国”、“中国铜都”、“有色金属之乡”的美誉。

江西物产丰富、品种多样。景德镇的瓷器源远流长，以“白如玉、明如镜、薄如纸、声如磬”的特色闻名中外。樟树的四特酒，周恩来总理赞誉为“清、香、醇、纯”，四特酒由此而得名。遂川狗牯脑茶叶，曾获巴拿马国际食品博览会金奖。南丰蜜桔，历史上是皇室贡品。此外，还有庐山云雾茶、中华猕猴桃、赣南脐橙、

南安板鸭、泰和乌鸡、江铃汽车、凤凰相机、金圣卷烟等，列入中国驰名商标的品种有159件。

江西名人辈出、文化璀璨。在中华文明的历史长河中，江西人才辈出，陶渊明、欧阳修、曾巩、王安石、朱熹、文天祥、宋应星、汤显祖、詹天佑等文学家、政治家、科学家若群星灿烂，光耀史册。江西红色文化闻名中外。井冈山是中国革命的摇篮，南昌是中国人民解放军的诞生地，瑞金是苏维埃中央政府成立的地方，安源是中国工人运动的策源地。第二次国内革命战争时期，江西籍有名有姓的革命烈士就有25万多人，占全国的六分之一，为中国革命胜利作出了重大贡献。

江西产业齐备、特色鲜明。江西农业在全国占有重要地位，是建国以来全国两个从未间断向国家贡献粮食的省份之一。生态农业前景可喜，有机食品、绿色食品、无公害食品均位居全国前列。进入新世纪以来，江西大力实施以新型工业化为核心的发展战略，有色产业、电子信息、医药、汽车、航空、食品、纺织、光伏、锂电、钢铁、石化、建材等产业呈现了良好的发展势头。同时，江西还在大力发展旅游业。主要旅游景区可概括为“四大名山”：庐山、井冈山、三清山、龙虎山；“四大摇篮”：中国革命的摇篮井冈山、人民军队的摇篮南昌、共和国的摇篮瑞金和工人运动的摇篮安源；“四个千年”：千年瓷都景德镇、千年名楼滕王阁、千年书院白鹿洞、千年古刹东林寺；“六个一”：一湖（鄱阳湖）、一村（婺源）、一海（庐山西海）、一峰（龟峰）、一道（小平小道）、一城（共青城）。

江西经济平稳，质效提升。2018年全省生产总值21984.8亿元，增长8.7%；财政总收入3795亿元，增长10.1%；一般公共预算收入2372.3亿元，增长5.6%；规模以上工业增加值增长8.9%；固定资产投资增长11.1%；社会消费品零售总额7566.4亿元，增长11.0%；实际利用外资增长9.7%，利用省外项目资金增长10.8%；外贸出口339.6亿美元，增长4.5%；金融机构本外币贷款余额30358亿元，增长18.1%；城镇和农村居民人均可支配收入分别为33819元、14460元，分别增长8.4%和9.2%，主要经济指标增速继续位居全国前列。三次产业结构由9.2：48.1：42.7调整为8.6：46.6：44.8；高新技术产业、战略性新兴产业增加值占规模以上工业增加值比重分别达到33.8%和17.1%，同比分别提高2.9和2.0个百分点；税收占财政总收入比重、地方税收占一般公共预算收入比重分别为81.3%和70.1%，创近年来最好水平。

江西前景美好、未来可期。勤劳智慧的江西人民在省委省政府的正确领导下，万众一心、众志成城、凝心聚力、顽强拼搏，按照省委十四届八次全体（扩大）会议审议通过的《关于深入学习贯彻习近平总书记视察江西重要讲话精神 努力描绘好新时代江西改革发展新画卷的决定》，按照总书记提出的“在加快革命老区高质量发展上作示范、在推动中部地区崛起上勇争先”目标定位和“五个推进”更高要求，创新引领、改革攻坚、开放提升、绿色崛起、担当实干、兴赣富民，努力实现“六大突破、三大提升”，为决胜全面建成小康社会、夺取新时代中国特色社会主义伟大胜利、实现中华民族伟大复兴的“中国梦”贡献江西力量。

湖北省省情

湖北位于中国中部、长江中游，因地处洞庭湖以北而得名，简称鄂。地跨东经108° 21′ 42″ –116° 07′ 50″ 、北纬29° 01′ 53″ –33° 16′ 47″ ，东西长740.6公里，南北宽470.2公里，面积18.59万平方公里，占全国总面积的1.94%，居全国第16位。湖北地势西高东低，东、西、北三面环山，中间低平，略呈向南敞开的不完整盆地。地貌类型多样，既有沃野千里的江汉平原，也有连绵起伏的丘陵岗地，还有层峦迭嶂的广大山区，以及适宜养殖的广阔水域。全省总面积中，山地占56%，丘陵岗地占24%,平原湖区占20%。2018年末，全省常住人口5917万人，其中：城镇3567.95万人，乡村2349.05万人。现设12个省辖市、1个自治州、1个林区，25个县级市(包括3个直管市)，38个县（包括2个自治县）。

（一）自然资源丰富

光热水资源充足。湖北属亚热带季风性湿润气候，光照充足、热量丰富、降水充沛、雨热同季。年均日照时数为1200–2200小时，无霜期在230–300天之间，年均降水量为800～1600毫米。由于南北纬度相差4度多，东西跨度较大，加之地貌类型复杂多样，使得湖北气候不仅南北有别、东西迥异，而且兼有北亚热带、中亚热带以及中温带、南温带等多种气候类型，为农业多种经营的全面发展提供了优越条件。

矿产资源丰富。截止2017年底，湖北累计已发现矿种150种，累计已查明资源储量的矿种91种。2018年新发现矿产地共计11处，其中大型1处，中型2处，小型8处。除煤炭、石油、天然气比较贫乏外，其他矿产储量都比较大，尤其是化工、建材及部分冶金矿产资源丰富。主要矿产资源具有品位高、分布相对集中、易于开采等特点。

水能资源丰富。湖北境内河流众多，除长江、汉江干流外共有大小河流5973条（5公里以上），其中河长在100公里以上的有38条。全省水资源总量857.0亿立方米，占全国的3.1%，居全国第13位。丰富的水资源，使湖北成为南水北调中线工程的水源地。湖北水能资源的蕴藏量居全国第7位，可开发水能资源居全国第4位。举世闻名的三峡工程位于宜昌三斗坪，是世界上规模最大的水利水电枢纽工程。

动植物资源种类繁多。湖北植被既具南北过渡特征，同时又处在中国东西植物区系的过渡地区，是中国生

物资源较丰富的省份之一。全省植物资源有3800余种，其中许多属世界稀有或中国特有的珍稀品种，如：1亿多年前遗留下来的“活化石”——水杉、中国特有的鸽子树——珙桐、名贵绿化树——白皮松，稀有名贵药材——文王一支笔、江边一碗水、七叶一枝花、小丛红景天、飞龙掌血等。土特产品多，鄂西的坝漆、房县的木耳、咸宁的桂花、罗田的板栗、秭归的脐橙等在国内外市场上享有较高的声誉。动物种类达700余种，其中国家珍稀保护动物50多种，特有的珍稀动物有白鳍豚、中华鲟和武昌鱼等。尤其是神农架有“绿色宝库”之称，是驰名中外的天然动植物园。

旅游资源丰富。湖北山川秀美，文化底蕴深厚，自然风景和名胜古迹众多，境内驰名世界的自然风景名胜有雄伟壮丽的长江三峡、古奥莫测的原始森林神农架、被联合国科教文组织列入“世界文化和自然遗产目录”的武当山道教建筑群、明显陵及唐崖土司城遗址。全省有世界文化遗产3处，联合国人与生物保护区网成员1家。5A级景区达11家，位居全国前列。有国家级自然保护区18个，国家历史文化名城5座、国家级文物保护单位89处、楚城遗址5座、楚文化遗址73处、三国古战场遗址及陈迹140多处。湖北还是炎帝神农、华夏始母嫘祖、医圣李时珍、活字印刷术的发明者毕升、爱国诗人屈原和民族友好使者王昭君的故里。大自然的沧桑变化、鬼斧神工，加上数百万年来人类的嵌珠砌玉、涂红抹彩以及荆楚文化源远流长，湖北境内自然景观和历史遗存，比比皆是，颇具特色。

（二）交通通信发达

湖北是中国中部最大的综合交通通信枢纽。京九、京广、武广高铁、焦枝、枝柳铁路纵贯南北，武大、汉宜、汉丹、襄渝等铁路横穿东西。京珠、沪蓉和宜黄、黄黄、武十等高速公路纵横交错，连接武汉、黄石、鄂州、荆州、宜昌、襄阳、十堰等大中城市，将富庶的江汉平原和鄂西、鄂东南、鄂东北山区连成一体。境内的武汉天河国际机场为我国中部地区最大的空港，已开通美、法、日、韩等国际航班，宜昌、襄阳、恩施、荆州、神农架、十堰武当等地也开通了连接全国各地的空中通道。长江自西向东流贯省内26个县市，流程1061公里，占干流通航里程的三分之一。规模以上港口4个。武汉、黄石、荆州、宜昌等港口先后对外开放，海轮可直航港澳和日本、韩国、新加坡等国家。北京至广州中同轴电缆、南京至重庆光纤电缆在武汉交汇，形成了辐射全国的现代通信网络。省会武汉素有“九省通衢”之称，是全国重要的交通、通信枢纽。

（三）科教实力雄厚

湖北物华天宝、人杰地灵，素有“唯楚有才”之美誉。2018年，湖北有普通高校128所，在校学生143.8万人，在校研究生14.8万人。年末，全省共建有190家省级工程研究中心（工程实验室）、528家省级企业技术中心。拥有1个国家研究中心、27个国家重点实验室以及170个省重点实验室，基础研究平台数量位居全国前列。两院院士74人次。

科学研究和技术开发取得新的成果。2018年全年共登记重大科技成果1365项。其中,基础理论成果40项，应用技术成果1300项，软科学成果25项。全年共签订技术合同28835项，技术合同成交金额1237.19亿元，合同金额比上年增长16.1%。在光纤光缆、光通信、“3C”和“3S”软件、生物医药、电动汽车等若干领域技术实力湖北位居全国领先地位。武汉科教优势十分突出，是全国第三大教育中心，第二大智力密集区。

（四）产业基础较好

湖北是我国重要的工农业生产基地之一。2018年全省实现地区生产总值39366.55亿元，增长7.8%。其中：第一产业完成增加值3547.51亿元，增长2.9%；第二产业完成增加值17088.95亿元，增长6.8%；第三产业完成增加值18730.09亿元，增长9.9%。

农业方面，素称“鱼米之乡”，是全国重要的商品粮棉油生产基地和最大的淡水产品生产基地。2018年，全省农作物总播种面积7952.9千公顷。全省粮食总产量2839.47万吨，连续6年稳定在2500万吨（500亿斤）以上。油料总产量302.48万吨；生猪出栏4363.50万头。水产品总产量458.40万吨，特色水产养殖产量快速增长，小龙虾产量81.24万吨，增长28.6%。

工业方面，经过多年建设和发展，已形成以众多大中型企业为骨干，以汽车、农产品加工、电子信息、化工、建材、电力为支柱的门类比较齐全的现代工业体系。2018年末，规模以上工业企业15598家。工业综合配套能力比较强，是全国三大钢铁基地之一，全国第二大汽车生产基地，全国最大的水电基地。2018年全省共生产汽车241.9万辆，钢材3649.9万吨，水泥10695.3万吨，发电量2835.8亿千瓦小时。进入新世纪以来，湖北以信息技术为标志的高新技术产业加快成长，初步形成了以电子信息、生物技术与新医药、新材料和制造业信息化等为核心的特色高新技术产业群。光纤、光通信设备、无线通讯设备、石英晶体及器件等产品的生产规模和技术水平具有参与国际竞争的实力。2018年湖北规上高新技术产业增加值6542.91亿元，增长12.8%。

服务业比较发达。省会武汉历史上就是全国重要的通商口岸和商品集散中心，素有“东方芝加哥”之称，是全国重要的人流、物流、资金及信息流交汇和集散中心。近年来，湖北充分发挥承东启西、南北交汇的区位优势，着力构建具有区域特色的现代服务业发展新优势，加快推进物流企业改革重组，培植大型商贸流通企业，大力发展各种现代营销方式和流通组织形式，物流中心地位不断增强，商品交易额过亿元的市场达130家。

（五）对外开放日益扩大

2018年湖北实现外贸进出口总额3485.8亿元，其中：出口2252.1亿元，进口1233.8亿元。出口商品种类较多，除纺织品、服装、大米、生猪、矿产品、钢材等传统商品外，还有光纤、船舶、火车机车等高技术产品和机电产品。出口市场多元化，欧盟、美国、中国香港是湖北最大的三个贸易伙伴。

利用外资逐年增多。2018年实际使用外资达119.4亿美元，增长8.6 %。对外合作不断深化。2018年，全省非金融类对外直接投资实际投资额17.8亿美元，增长10.2%。对外承包工程完成营业额64.4亿美元，新签合同额148.8亿美元，外派各类劳务人员10594人次。

（六）社会事业蓬勃发展

文化事业繁荣活跃。2018年末，全省共有艺术表演团体489个，群艺馆、文化馆125个，公共图书馆115个，博物馆200个。电影放映管理机构96个，放映单位1663个。广播电台6座，电视台6座，广播电视台77座，有线电视用户1082.8万户。全年出版全国性和省级报纸8.9亿份，各类期刊1.2亿册，图书2.7亿册。

卫生事业发展迅速。截止2018年末，全省共有医疗卫生机构36486家，卫生人员52.2万人，医疗卫生机构床位39.4万张。特别是近年来，进一步加强农村医疗卫生、省市县疾病控制中心、县级医院传染病区和乡镇卫生院发热门诊等医疗卫生基础设施建设，健全重大传染病防治工作长效机制，提高了对重大疫病的防治能力。

体育事业蓬勃发展。竞技体育实力较强，羽毛球、跳水、举重、攀岩等优势项目一直保持较高水平。2018年全省运动健儿在国际比赛中共获得冠军77项次、亚军48项次、季军39项次，其中奥运会项目最高水平比赛冠军14项次、亚军11项次、季军5项次；在各类全国比赛中，获冠军172项次、亚军149项次、第三名167项次，其中，全运会项目全国最高水平比赛中冠军30项次、亚军31项次、第三名31项次。

（七）居民生活显著改善

居民收入稳定增长。2018年，湖北城镇常住居民人均可支配收入34455元，增长8.0%；湖北农村常住居民人均可支配收入14978元，增长8.4%。

社会保障进一步加强。2018年末全省参加城镇职工基本养老保险1601.6万人，其中：在职职工1047.5万人，离退休人员 554.1万人；参加城乡居民基本养老保险2282.8万人；参加城镇职工基本医疗保险1054万人；参加城乡居民基本医疗保险4532.2万人；参加工伤保险676万人；参加生育保险540万人；参加失业保险人数590.8万人，年末领取失业保险金人数6.1 万人。

社会福利事业不断发展。2018年全省城镇居民最低生活保障对象37.8万人，农村居民最低生活保障人数133.8万人，国家抚恤、补助各类优抚对象41.5万人。年末全省各类社会福利收养床位37.7万张，城镇社区服务中心、站共计4867个。

全省上下以习近平新时代中国特色社会主义思想为根本遵循，全面贯彻党的十九大精神，树立“四个意识”，坚定“四个自信”，坚决做到“两个维护”，牢记习近平总书记视察湖北的殷殷嘱托，全面落实党中央、国务院和省委、省政府决策部署，坚持稳中求进工作总基调，统筹推进稳增长、促改革、调结构、惠民生、防风险、保增长各项工作，高质量发展迈出坚实步伐，为实现中国梦奋力谱写新篇章。

湖南省省情

湖南，因省境大部分在洞庭湖以南而得名；湘江自南向北流贯全境，故简称“湘”。“湖广熟、天下足”，湖南物产富饶，是著名的“鱼米之乡”。粮食、棉花 、油料、苎麻、烤烟以及猪肉等产量均居全国前列。湖南矿产丰富、种类齐全，是驰名中外的“有色金属之乡”和“非金属矿之乡”。

湖南土地面积21.18万平方公里,占全国国土面积的2.2%,在各省市区面积中居第10位。全省辖13个市、1个自治州、122个县（市、区），省会设长沙市。在幅员辽阔的三湘大地上，生活着汉、土家、苗、侗、回等56个民族7326.6万湖湘儿女。

湖南属亚热带季风湿润气候，四季分明，光热充足，雨量丰沛，无霜期长。光、热、雨基本同季，对农林业生产极为有利。2018年，全省年平均气温在18.1℃，年平均年降水量1363.7毫米，年平均日照时数1484.5小时。土壤以红壤土、黄壤土为主，约占全省总面积的一半多。

湖南地貌以山地、丘陵为主，山地面积占全省总面积的51.2%，丘陵及岗地占19.9%，，台地占14.2%，平原占14.7%。全省三面环山，形成从东南西三面向北倾斜开口的马蹄形状。东有幕阜山、罗霄山脉；南有南岭山脉；西有武陵山、雪峰山脉，海拔从500米至1500米不等。湘北为洞庭湖平原，海拔多在50米以下。湘中则丘陵与河谷相间。省内河网密布，水系发达，淡水面积达1.35万平方公里。湘北有洞庭湖，是全国水量最大的淡水湖泊。有湘江、资水、沅水和澧水等4大水系，分别从西南向东北流入洞庭湖，经城陵矶注入长江。5公里以上河流5341条，总长度8.5万公里，年径流总量1682亿立方米。

湖南位于中国中南部，北枕长江、接壤湖北，南临两广，西连贵州、重庆，东接江西。紧靠东南沿海开放带和港澳地区，是“沿海的内地，内陆的前沿”，是东部沿海地区和中西部地区过渡带、长江开放经济带和沿海开放经济带结合部，具有明显的区位和交通优势。境内已有京广、沪昆、洛湛、湘桂等普铁干线及武广、沪昆、衡柳等高铁干线,高铁营运里程1730公里，居全国第四，覆盖全省10个市州，形成2小时高铁经济圈。2018年底，全省高速公路通车里程6724.6公里，居全国第四。航空建成8个民航机场，开通国际全货机航线6条，民用航线达380条，实现了五大洲全覆盖;水运拥有1.2万公里内河航道，国家一类口岸岳阳城陵矶港通江达海;中欧班列开通10条线路，物流覆盖沿线30个国家，货物运输总量居全国第一方阵。

湖南山川秀丽，名胜古迹众多，是我国风景名胜资源多的省份之一，也是海内外闻名的旅游胜地。在这块

早年属于云梦古泽的地域曾广植木芙蓉和水芙蓉，唐代诗人谭用之在《秋宿湘江遇雨》诗中曾咏出“秋风万里芙蓉国”之佳句。毛泽东主席亦在《答友人》中颂曰：“芙蓉国里尽朝晖”。湖南自古便有“芙蓉国”的美誉。目前，全省拥有5A景区9个、4A景区100个，国家级历史文化名城4个，国家级历史文化名镇7个。全省有奇峰林立，怪石繁生的武陵源风景区（张家界、索溪峪、天子山），她是我国首家被联合国教科文组织列入《世界文化和自然遗产名录》的自然名品。“洞庭天下水，岳阳天下楼”，湖南有我国第二大淡水湖的洞庭湖，有“先天下之忧而忧，后天下之乐而乐”的岳阳楼，有充满人文气息的千年学府岳麓书院，有“独立寒秋，问苍茫大地谁主沉浮？”的橘子洲头，有“停车坐爱枫林晚，霜叶红于二月花”的爱晚亭，有传奇色彩的桃花源，有“五岳归来不看山”的南岳衡山。君山、炎帝陵、韶山等钟灵毓秀，闻名遐迩；马王堆汉墓更是饮誉中外；一批新的旅游区,如郴州东江、五盖山，邵阳崀山，湘西自治州“凤凰南长城”等都在快速发展之中。

湖南历史悠久，人文荟萃，英才辈出。“惟楚有材，于斯为盛”，曾国藩、左宗棠等风云一时，魏源、谭嗣同率先打开中国学习西方先进思想的窗口；黄兴、蔡锷等民主革命先驱，高擎反对帝制、反对封建专制的大旗；毛泽东、刘少奇等无产阶级革命家，为创建中国共产党、缔造中华人民共和国作出了巨大贡献；胡耀邦、朱镕基等为我国的改革发展贡献突出。在近代中国革命的历史上，三湘大地涌现出了一大批彪炳青史、光照寰宇的历史伟人。

新中国成立以来，在党中央的坚强领导下，历届湖南省委、省政府带领全省人民励精图治、锐意进取，全省经济突飞猛进、质量效益持续提升、民生福祉普遍增进、社会事业日益进步。2018年，初步核算，全省地区生产总值36425.78亿元，位居全国第8位；全省农村居民人均可支配收入14093元，城镇居民人均可支配收入36698元。九年义务教育全面普及。城乡居民基本养老保险制度实现全覆盖。创新成果不断涌现，先后形成了超级计算机、超级杂交稻、异种胰岛移植、磁浮技术、“海牛号”深海钻机等一批世界领先的重大科技成果。

重庆市市情

重庆位于中国内陆西南部、长江上游地区。面积8.24万平方公里，辖38个区县（26区、8县、4自治县）。常住人口3102万人、城镇化率65.5%。人口以汉族为主，少数民族主要有土家族、苗族。地貌以丘陵、山地为主，其中山地占76%，有“山城”之称。属亚热带季风性湿润气候。长江横贯全境，流程691公里，与嘉陵江、乌江等河流交汇。旅游资源丰富，有长江三峡、世界文化遗产大足石刻、世界自然遗产武隆喀斯特和南川金佛山等壮丽景观。

重庆是中国著名历史文化名城。有文字记载的历史达3000多年，是巴渝文化的发祥地。因嘉陵江古称“渝水”，故重庆又简称“渝”。北宋崇宁元年（1102年），改渝州为恭州。南宋淳熙16年（1189年），宋光宗赵惇先封恭王再即帝位，称为“双重喜庆”，遂升恭州为重庆府，重庆由此而得名。1891年，成为中国最早对外开埠的内陆通商口岸。1929年，正式建市。抗日战争时期，重庆是国民政府陪都和世界反法西斯战争远东指挥中心。抗日战争时期和解放战争初期，以周恩来同志为代表的中共中央南方局在重庆负责领导国统区、港澳及海外地区的党组织和统一战线工作，形成的“红岩精神”，是我们国家和民族的宝贵精神财富。民盟、民建、九三学社和民革前身之一的“三民主义同志联合会”均在重庆成立。

重庆是中国中西部地区唯一直辖市。新中国建立初期，重庆为中央直辖市，是中共中央西南局、西南军政委员会驻地和西南地区政治、经济、文化中心。1954年，西南大区撤销后改为四川省辖市。1983年，成为全国第一个经济体制综合改革试点城市，实行计划单列。为带动西部地区及长江上游地区经济社会发展、统一规划实施百万三峡移民，1997年3月八届全国人大五次会议批准设立重庆直辖市。

直辖以来重庆发展取得显著成就。重庆紧紧围绕国家重要中心城市、长江上游地区经济中心、国家重要现代制造业基地、西南地区综合交通枢纽和内陆开放高地等国家赋予的定位，充分发挥区位优势、生态优势、产业优势、体制优势，谋划和推动经济社会发展。经济结构加快转型升级，老工业基地焕发生机活力，形成全球最大电子信息产业集群和国内最大汽车产业集群，战略性新兴产业蓬勃发展，以大数据智能化为引领的创新驱动深入推进，经济高质量发展的引擎动力更加强劲。三峡百万移民搬迁安置任务圆满完成，各项社会事业全面进步，脱贫攻坚取得明显成效，贫困发生率降至0.7%，群众获得感幸福感安全感持续提升。基础设施建设明显提速，高速公路通车里程3096公里、“四小时重庆”全面实现，建成“一枢纽十干线”铁路网，港口年货运吞吐量2亿吨，江北国际机场年旅客吞吐量4160万人次。内陆开放高地加快崛起，以长江黄金水道、中欧班列（重庆）等为支撑的开放通道全面形成，中新第三个政府间合作项目以重庆为中心运营，对接“一带一路”的国际陆海贸易新通道建设上升为国家战略，中国（重庆）自由贸易试验区建设务实推进，内陆国际物流枢纽和口岸高地正在形成。长江上游重要生态屏障加快建设，长江、嘉陵江、乌江干流水质总体为优，主城区空气质量优良天数达到316天。

当前，重庆政治生态持续向好、干部群众精神状态积极向上、经济社会发展各项事业稳步向前。2018年，GDP2.04万亿元、增长6%，人均GDP近1万美元，固定资产投资增长7%，社会消费品零售总额增长8.7%，进出口总值增长15.9%，城乡居民收入分别增长8.4%和9%。

中央对重庆发展十分关心、寄予厚望。习近平总书记2016年1月视察重庆，2018年3月参加十三届全国人大一次会议重庆代表团审议，2019年4月再次亲临重庆视察指导，对重庆提出“两点”定位、“两地”“两高”目标、发挥“三个作用”和营造良好政治生态的重要指示要求，为新时代重庆改革发展导航定向。“两点”定位，即西部大开发的重要战略支点、“一带一路”和长江经济带的联结点，在国家区域发展和对外开放格局中具有独特而重要的作用。“两地”“两高”目标，即加快建设内陆开放高地、山清水秀美丽之地，努力推动高质量发展、创造高品质生活。发挥“三个作用”，即在推进新时代西部大开发中发挥支撑作用、在推进共建“一带一路”中发挥带动作用、在推进长江经济带绿色发展中发挥示范作用。

全市上下紧密团结在以习近平同志为核心的党中央周围，认真学习贯彻习近平新时代中国特色社会主义思想，全面贯彻党的十九大和十九届二中、三中、四中全会精神，全面落实习近平总书记对重庆提出的重要指示要求，牢牢把握稳中求进工作总基调，坚持新发展理念，统筹做好稳增长、促改革、调结构、惠民生、防风险、保稳定工作，持续营造风清气正的政治生态，更加注重从全局谋划一域、以一域服务全局，坚决打好“三大攻坚战”，大力实施“八项行动计划”，锐意进取、攻坚克难，不断开创重庆各项事业发展新局面，为决胜全面建成小康社会、夺取新时代中国特色社会主义伟大胜利、实现中华民族伟大复兴的中国梦贡献力量。

四川省省情

四川地处中国西部，是西南、西北和中部地区的重要结合部，是承接华南华中、连接西南西北、沟通中亚南亚东南亚的重要交汇点和交通走廊，是我们国家的资源大省、人口大省、经济大省。

一、地理条件

四川位于中国西南，地处长江上游，东连渝，南邻滇、黔，西接西藏，北界青、甘、陕三省。面积48.6万平方千米，次于新疆、西藏、内蒙和青海，居全国第五位。地貌东西差异大，地形复杂多样，位于中国大陆地势三大阶梯中的第一级和第二级，即处于第一级青藏高原和第二级长江中下游平原的过渡带，高差悬殊，西高东低的特点明显。西部为高原、山地，海拔多在4000米以上；东部为盆地、丘陵，海拔多在1000-3000米之间。可分为四川盆地、川西北高原和川西南山地三大部分。

气候复杂多样，且地带性和垂直变化十分明显。季风气候明显，雨热同季；区域间差异显著，东部冬暖、春早、夏热、秋雨、多云雾、少日照、生长季长，西部则寒冷、冬长、基本无夏、日照充足、降水集中、干雨季分明；气候垂直变化大，气候类型多；气象灾害种类多，发生频率高且范围大，主要有干旱，其次是暴雨、洪涝和低温等。

2018年末，四川常住人口8341万人，居全国第4位，占全国总人口的5.98%，其中城镇人口4362万人，乡村人口3979万人，城镇化率52.29%。户籍人口9121.8万人。少数民族人口539.4万人，占全省人口的6.47%，其中彝族人口297.9万人、藏族人口159.7万人、羌族人口31.6万人，是全国唯一的羌族聚居区、最大的彝族聚居区和全国第二大藏区。下辖18个市，3个民族自治州；183个县（市、区），其中54个市辖区、17个县级市、108个县、4个民族自治县，县级行政区划个数居全国第1位。

二、土地资源

四川国土面积48.6万平方公里，占全国国土总面积的5.1%，居全国第5位。

四川有山地、丘陵、平原和高原4种地貌类型，分别占全省幅员面积的77.1%、12.9%、5.3%和4.7%。

据第二次土壤普查，全省土壤类型共有25个土类、66个亚类、137个土属、380个土种，土类和亚类数分别占全国总数的43.48%和32.60%。

土地利用以林牧业为主，林牧地集中分布于盆周山地和西部高山高原，占总土地面积的68.9%；耕地则集中分布于东部盆地和低山丘陵区，占全省耕地的85%以上；园地集中分布于盆地丘陵和西南山地，占全省园地的70%以上；交通用地和建设用地集中分布在经济较发达的平原区和丘陵区。

三、自然资源

地质构造复杂，矿产资源丰富，矿产种类也比较齐全。矿产资源供应能力较强，是西部乃至全国的矿物原材料生产加工大省。具有查明资源储量的矿种86种，有35种矿产排位进入全国同类矿产查明资源储量的前三位。天然气、钒、钛、锂、硫铁矿、芒硝、盐矿等15种矿产在全国查明资源储量中排第一位。铁、石棉、天然沥青、页岩气等10种矿产在全国查明资源储量中排第二位。

能源资源丰富，主要以水能、煤炭和天然气为主。煤炭种类比较齐全，有无烟煤、贫煤、瘦煤、烟煤，褐煤，泥炭。天然气资源十分丰富，已发现天然气资源储量7万多亿立方米，约占全国天然气资源总量的19%。生物能源比较丰富，太阳能、风能、地热资源较为丰富。

生物资源十分丰富，保存有许多珍稀、古老的动植物种类，是中国及世界重要的生物基因宝库。野生植物资源种类繁多，有高等植物1万余种，约占全国总数的三分之一，仅次于云南居全国第二位。动物资源丰富，有脊椎动物近1300种，约占全国总数的45%以上，兽类和鸟类约占全国的53%。据第四次全国大熊猫调查，四川省野生大熊猫种群数量占全国野生大熊猫总数的3/4，其种群数量居全国第一位。

四、气候资源

季风气候明显，雨热同季；区域间差异显著，东部冬暖、春早、夏热、秋雨、多云雾、少日照、生长季长，西部则寒冷、冬长、基本无夏、日照充足、降水集中、干雨季分明；气候垂直变化大，气候类型多；气象灾害种类多，发生频率高且范围大，主要有干旱，其次是暴雨、洪涝和低温等。

根据水热条件和光照条件的差异，全省分为三大气候区。

四川盆地中亚热带湿润气候区。热量条件好，全年温暖湿润，年均温16～18℃，积温4000～6000℃，气温日较差小，年差较大，冬暖夏热，无霜期230～340天；盆地云量多、晴天少，全年日照时间较短，年日照仅1000～1400小时，比同纬度的长江流域下游地区少600～800小时；雨量充沛，年降雨量1000～1200毫米，50%以上集中在夏季，多夜雨。

川西南山地亚热带半湿润气候区。全年气温较高，年均温12～20℃，日较差大，年较差小，早寒午暖，四季不明显；云量少，晴天多，日照时间长，年日照时间为2000～2600小时；降水量较少，干湿季分明，全年有7个月为旱季，年降水量900～1200毫米，90%集中在5—10月；河谷地区受焚风影响形成典型的干热河谷气候，山地形成显著的立体气候。

川西北高山高原高寒气候区。海拔高差大，气候立体变化明显，从河谷到山脊依次出现亚热带、暖温带、中温带、寒温带、亚寒带、寒带和永冻带。总体上以寒温带气候为主，河谷干暖，山地冷湿，冬寒夏凉，水热不足，年均温4～12℃，年降水量500～900毫米。天气晴朗，日照充足，年日照1600～2600小时。

五、历史文化

四川自古以来就享有"天府之国"的美誉。优越的地理条件和经济条件，使四川成为中国经济开发最早的地区之一。据考古证明，旧石器时期今四川境内就有人类活动，在距今4000～5000年，成都平原地区是长江上游区域文化的起源中心。其中广汉三星堆和成都金沙遗址，是古蜀国政治经济和文化中心。农业文明和城市文明很早兴起，历史上四川的农业、冶金、丝织、建筑等都得到一定发展。

四川省简称川或蜀。在商周时期，四川地区建立了两个国家：一个是在今川西地区，由古蜀族为中心建立的蜀国；另一个是在今川东地区（包括今重庆市），由古巴族为中心建立的巴国。所以，四川地区古称"巴蜀"。公元前316年，秦灭巴蜀，置巴蜀二郡；汉属益州；唐属剑南道及山南东、西等道；宋置川陕路，后分置益、梓、利、夔四路，总称四川路，至此始有四川之名。元设四川行中书省，简称"四川行省"。明置四川布政使司，辖区内还包括今贵州省遵义和云南东北部及贵州西北部。清为四川省，并对川、滇、黔3省省界进行较大调整，基本确定了现在四川的南部省界。

四川主要属于巴蜀文化区，区域文化自成体系。四川语言文化、戏曲文化、茶文化、酒文化、饮食文化、

织锦文化、盐文化等都具有浓郁的地方风格，如四川方言、川戏、川茶、川酒、川菜、川药及蜀绣、蜀锦、川派盆景等文化品牌都带有强烈的地方特色。川菜位居中国八大菜系之列，五粮液等川酒为国宴珍品，竹叶青、蒙顶茶、峨眉毛峰等名茶享誉全国。

四川是著名的旅游资源大省，拥有美丽的自然风景、悠久的历史文化和独特的民族风情，旅游资源极其丰富，具有数量多、类型全、分布广、品位高的特点，其资源数量和品位均在全国名列前茅。2018年末共有博物馆253个，文物保护管理机构173个，全国重点文物保护单位230处，省级文物保护单位1165处，市、县级文物保护单位6619处；世界文化遗产1处，世界文化和自然遗产1处，列入中国传统村落名录的传统村落225个，公布为四川省级传统村落的有869个。国家级非物质文化遗产名录139项，省级非物质文化遗产名录522项。

六、经济发展

经济总量稳步扩大。2018年四川GDP达到40678.1亿元，排在广东、江苏、山东、浙江、河南之后，居全国第6位；增长8.0%，增速居全国第7位。人均GDP为48883元，为全国平均水平的75.6%，增长7.4%，居全国第20位。

经济结构调整优化。三次产业结构调整为2018年的10.9：37.7：51.4，服务业增加值占比首次突破50%，占据四川经济“半壁江山”。制造业传统行业比重下降，先进制造业比重提高，2018年高技术制造业增加值占全部工业的比重达13.4%。

社会保障不断增强。2018年，四川城镇居民人均可支配收入33216元，居全国第20位；农村居民人均可支配收入13331元，居全国第20位。居民生活水平明显改善，城镇居民恩格尔系数31.8%，比全国高4.1个百分点；农村居民恩格尔系数35.2%，比全国高5.1个百分点。2018年末，参加城镇职工基本养老保险人数2543.7万人，参加失业保险人数875.1万人；城镇职工基本医疗参保人数1667.7万人，工伤和生育保险参保人数分别是1012.6和878.2万人。

区域经济协调发展。成都平原经济区（包括成都、德阳、绵阳、遂宁、乐山、眉山、雅安、资阳八市）作为四川经济发展的“龙头”，2018年GDP总量达到25665.6亿元，占五大经济区合计的61.2%；其中环成都经济圈GDP总量达10322.8亿元，占五大经济区合计的24.6%。川南经济区（包括自贡、泸州、内江、宜宾四市）是四川经济第二极，GDP总量超过6500亿元，达到6539.8亿元，占五大经济区合计的15.6%。川东北经济区（包括广元、南充、广安、达州、巴中五市）GDP总量突破6000亿元，达6394.2亿元，占五大经济区合计的15.3%。攀西经济区（包括攀枝花市和凉山州）2706.7亿元，占五大经济区合计的6.5%。

贵州省省情

贵州简称“黔”或“贵”，位于中国西南地区，东毗湖南，南邻广西，西连云南，北接四川和重庆，是一个风光秀丽、气候宜人、资源丰富、发展潜力巨大的省份。全省辖贵阳、六盘水、遵义、安顺、毕节、铜仁6个地级市，黔西南、黔东南、黔南3个民族自治州；设9个县级市、52个县、11个民族自治县、15个市辖区和1个特区，行政区划面积17.62万平方公里，其中民族自治地方辖区面积占全省总面积的55.5%。2018年末，全省常住人口3600万人，城镇人口比重47.52%。全省有汉、苗、布依、土家、侗、彝等18个世居民族。据2015年1%人口抽样调查，全省常住人口中少数民族人口占36.33%。

贵州历史悠久。贵州是中国古人类发祥地之一，早在24万年前就有人类活动，创造了贵州史前文明。明永乐十一年（公元1413年）设置贵州布政使司，贵州正式成为省级行政单位。清雍正年间，贵州辖区地域基本形成。贵州具有光荣的革命历史，1930-1936年，红七军、红八军、红三军及红二、红六军团等先后在贵州开展革命活动，建立红色政权组织；1935年中共中央政治局在贵州召开了著名的遵义会议。1949年11月15日，中国人民解放军解放省会贵阳，翻开了贵州历史发展的新篇章。

贵州自然风光优美。贵州地势西高东低，是喀斯特地貌发育最典型的地区之一。荔波喀斯特、赤水丹霞、施秉云台山、铜仁梵净山入选世界自然遗产地。奇山秀水、瀑布峡谷、溶洞石林等构成了迷人的“天然公园”。目前，贵州有黄果树大瀑布、龙宫、马岭河大峡谷、黎平侗乡等18个国家级风景名胜区；有赤水桫椤等11个国家级自然保护区；有国家级森林公园30个。

贵州气候舒适宜人。贵州属亚热带温湿季风气候区，冬无严寒、夏无酷暑，降水丰富、雨热同季。全省大部分地区年平均气温在16℃左右，其中最冷月（1月）平均气温7.3℃，高于同纬度其他地区；最热月（8月）平均气温25.0℃，为典型夏凉地区，省会贵阳被誉为“中国避暑之都”。

贵州文化丰富多彩。贵州民族民俗文化保护较为完整，侗族大歌、苗族飞歌享誉海内外。阳明文化、夜郎文化、屯堡文化、土司文化独树一帜。明代王阳明谪居龙场（今贵州修文县城），成就了“心即理”和“知行合一”学说。贵州是红色文化的热土，红军足迹遍及68个县，是红军长征经过的11个省中活动时间最长、区域

范围最广、发生重大事件最多的省份之一，遵义会议是中国共产党历史上一个生死攸关的转折点，四渡赤水在中国革命战争史上有着非常重要的地位。

贵州资源禀赋良好。贵州能源资源优势明显。水能资源居全国第6位，煤炭保有储量居全国第5位，能源资源具有“水火互济”优势，为发展火电，实施“西电东送”和发展煤化工业提供了资源保障。贵州矿产资源十分丰富。已发现矿产（含亚矿种）137种，其中88种探明了资源储量，重晶石、汞矿、锰矿等资源储量位居全国第一。丰富的矿产资源为贵州发展以磷为重点的化学工业、以铝为主的有色金属工业及建材工业提供了资源基础。贵州生物资源种类繁多。有野生动物1000多种，列为国家一级保护动物的有黔金丝猴、黑叶猴、黑颈鹤等10多种；药用植物约4000种，占全国中草药品种的80%，是全国道地中药材四大产区之一，有“夜郎无闲草，黔地多良药”之美誉。天麻、杜仲、黄连、吴萸、石斛等道地药材享誉国内外。珍稀植物中，列为国家一级保护植物的有银杉、珙桐、桫椤、贵州苏铁等15种。

贵州区位优势明显。贵州是西南重要陆路交通枢纽。近年来，贵州交通条件加速改善，是中国西部地区第一个县县通高速的省份，贵广高铁、沪昆、黔渝高铁陆续通车运营，实现了与珠三角、长三角、京津冀、成渝地区的快速连接；通航机场实现市州全覆盖，贵阳机场通航城市上百个。

近年来，在以习近平同志为核心的党中央坚强领导下，贵州坚持以习近平新时代中国特色社会主义思想为指导，认真贯彻落实党的十九大精神和习近平总书记对贵州工作的系列重要指示精神，全面贯彻落实中央各项决策部署，坚持稳中求进工作总基调，坚持新发展理念，落实高质量发展要求，以脱贫攻坚统揽经济社会发展全局，以供给侧结构性改革为主线，守好发展和生态两条底线，强力推进大扶贫、大数据、大生态三大战略行动，积极应对新挑战、有效化解新矛盾，全省经济社会发展取得显著成效。2018年，全省地区生产总值14806.45亿元，比上年增长9.1%，经济增速连续8年位居全国各省份前列。城镇常住居民人均可支配收入31592元，比上年名义增长8.6%；农村常住居民人均可支配收入9716元，比上年名义增长9.6%。贫困发生率下降至4.29%，比上年下降4.10个百分点。9个中心城市空气质量优良天数比例为97.8%，集中式饮用水水质达标率100%。

展望未来，贵州将更加紧密地团结在以习近平同志为核心的党中央周围，深入贯彻落实中央各项决策部署，按照高质量发展要求，深入推进供给侧结构性改革，扎实推动质量变革、效率变革、动力变革，坚决打好防范化解重大风险、精准脱贫、污染防控三大攻坚战，促进全省经济持续健康发展，大力培育和弘扬新时代贵州精神，奋力推动实现决胜脱贫攻坚、同步全面小康，开创百姓富、生态美的多彩贵州新未来。

云南省省情

一、地理位置

云南省简称“滇”或“云”，地处中国西南边陲,位于东经97° 31′~106° 11′和北纬21° 8′~29° 15′之间，北回归线横贯本省南部。全省东西最大横距864.9千米，南北最大纵距990千米，总面积39.41万平方千米，占全国陆地总面积的4.1%，居全国第8位。

云南东部与广西壮族自治区和贵州省为邻，北部同四川省相连，西北紧靠西藏自治区，西部与缅甸接壤，南部与老挝、越南两国毗邻。全省有25个县（市）分别与老挝、越南、缅甸交界。

二、自然地形、地貌

云南地形由山地、高原和盆地组成。山地、高原和盆地的面积分别占全省土地面积的84%、10%、6%。地势西北高、东南低，自北向南呈阶梯状逐级下降，全省海拔高低相差很大。海拔最高点为滇藏交界的德钦县境内怒山山脉的梅里雪山主峰卡瓦格博峰，海拔6740米；最低点在河口县境内南溪河与红河交汇处，海拔76.4米。两地直线距离约900千米，高低相差6000多米。全省从南到北，平均每千米水平距离海拔升高6米。

三、河流、湖泊

云南河流众多，有大小河流600多条，分别属于金沙江、澜沧江、元江、南盘江、怒江、大盈江(瑞丽江)六大水系，集水面积遍布全省。其中，元江（红河）和南盘江（珠江）发源于省内，其余为过境河流，除金沙江、南盘江外，均为国际河流。这些河流分别注入南中国海和印度洋，多数具有落差大、水流急、水量变化大的特点。

普者黑青丘景区

四、气候环境

云南气候基本属于亚热带高原季风型。由于地形复杂和垂直高差大等原因，立体气候特点显著，类型多样。区域内年温差小、日温差大，干湿季节分明，气温随地势高低呈垂直变化。

云南山区的立体性、多样性气候被形容为“一山分四季，十里不同天”。全省平均气温，最热（7月）月均气温在19℃～22℃之间，最冷（1月）月均气温在6℃～8℃之间，年温差一般只有10℃～12℃。一天的温度呈现早晚较凉，中午较热，尤其是冬、春两季，早晚日温差可达12℃～20℃。

五、行政区划及人口

云南省政区辖16个州（市），其中，8个民族自治州、8个省辖市；共有县级行政单位129个，其中，17个市辖区、16个县级市、67个县、29个民族自治县。省会昆明市。2018年末，全省常住人口为4829.5万人，位居全国第12位。

六、民族

云南是少数民族种类最多的省份。除汉族以外，人口在6000人以上的世居少数民族有25个，其中（按人口数多少为序）哈尼、白、傣、傈僳、拉祜、佤、纳西、景颇、布朗、普米、阿昌、怒、基诺、德昂、独龙15个少数民族是云南特有的。少数民族人口总数超过全省总人口的三分之一，是全国少数民族人口超过千万的3个省区（广西、云南、贵州）之一。民族自治地方的土地面积为27.67万平方千米，占全省总面积的70.2%。

七、资源

（一）能源资源

云南能源资源得天独厚，尤以水能、煤炭资源储量较大，开发条件优越；地热能、太阳能、风能、生物能都有较好的开发前景。水能资源主要集中于滇西北的金沙江、澜沧江、怒江三大流域，云南水能资源蕴藏量达1.04亿千瓦，居全国第3位；可开发装机容量约0.98亿千瓦，居全国第2位。煤炭资源主要分布在滇东北，全省现已探明储量240亿吨，居全国第9位，煤种也较齐全,烟煤、无烟煤、褐煤都有。地热资源以滇西腾冲县最为集中,全省有出露的天然温热水约700处，居全国之冠，年出水量约3.6亿立方米，水温最低的为25℃，高的在100℃以上（腾冲县的温热泉，水温多在60℃以上，高者达105℃）。太阳能资源也较丰富，仅次于西藏、青海、内蒙古等省区，全省年日照时数在1000～2800小时之间，年太阳总辐射量每平方厘米在90～150千卡之间，省内多数地区的日照时数为2100～2300小时，年太阳总辐射量每平方厘米为120～130千卡。

（二）矿产资源

云南地质资源优越，矿产丰富，是“有色金属王国”，尤以有色金属及磷矿著称。矿产资源的主要特点：一是矿种全，现已发现的矿产有143种，已探明储量的有86种；二是分布广，金属矿遍及108个县（市），煤矿已在116个县（市）发现，其他非金属矿产各县都有；三是共生、伴生矿多，利用价值高，全省共生、伴生矿床约占31%。云南有61个矿种的保有储量居全国前10位，其中，铅、锌、锡储量居全国第1位，磷、铜、银等25种矿产保有储量居全国前3位。

（三）动物资源

云南的动物种类为全国之冠，有“动物王国”之称。脊椎动物达1737种，占全国的58.9%。其中：鸟类793种，占全国的63.7%；兽类300种，占51.1%；鱼类366种，占45.7%；爬行类143种，占37.6%；两栖类102种，占46.4%。昆虫类，全国见于名录的有2.5万种，云南就有1万余种。云南珍稀保护动物较多，有许多动物在国内仅分布在云南。珍禽异兽，如蜂猴、滇金丝猴、野象、野牛、长臂猿、印支虎、犀鸟、白尾梢虹雉等46种，均属国家一类保护动物；熊猴、猕猴、灰叶猴、穿山甲、麝、小熊猫、绿孔雀、蟒蛇等154种,属国家二类保护动物；还有许多小型珍稀动物种类。

（四）植物资源

云南是全国植物种类最多的省份，被誉为“植物王国”。热带、亚热带、温带、寒温带等植物类型都有分布，古老的、衍生的、外来的植物种类和类群很多。在全国约3万种高等植物中，云南占60%以上。云南树种繁多，类型多样，有不少优良、速生、珍贵用材树种，被列入国家一、二、三级重点保护和发展的树种有

150多种。经济林木有300多种，而且经济价值较高，特别是茶叶和橡胶已发展为较大的产业。松脂等各种林副产品和山林特产资源极为丰富。药用植物、香料植物以及观赏植物，在全省范围内均有分布。故云南还有“药物宝库”、“香料之乡”、“天然花园”的美称。

（五）土壤资源

因气候、生物、地质、地形等的相互作用，形成了云南土壤类型的多种多样，以及土壤垂%直分布明显的特点。全省有16个土壤种类，占全国土壤种类的1/4。其中，红壤面积占全省土地面积的50%，是省内分布最广、最重要的土地资源，故云南有“红土高原”及“红土地”之称。

新平县花腰傣

著名艺术家罗旭作品（东风韵）

云南土地资源占有情况不平衡，人均占有土地山区多、坝区少，边疆多、内地少。现有耕地70%以上田块小，分布零星；农田建设底子薄，抗御自然灾害能力弱；普遍缺乏有机质，缺氮缺磷的比重较大；耕地后备资源较少。

（六）旅游资源

云南以独特的高原风光，热带、亚热带的边疆风物和多彩多姿的民族风情而闻名于海内外。旅游资源十分丰富，全省有景区景点200多个，国家级A级以上景区有134个，其中，12处被列为国家级风景名胜区的有：石林、大理、西双版纳、三江并流、昆明滇池、丽江玉龙雪山、腾冲地热火山、瑞丽江-大盈江、宜良九乡、建水、文山普者黑、泸西阿庐，列为省级风景名胜区的有陆良彩色沙林、禄劝轿子雪山等53处。有昆明、大理、丽江、建水、巍山等5座国家级历史文化名城，有腾冲、威信、保山、会泽、石屏、广南、漾濞、孟连、香格里拉、剑川、通海11座省级历史文化名城，有禄丰县黑井镇、会泽县娜姑镇白雾街村、剑川县沙溪镇、腾冲县和顺镇、云龙县诺邓镇诺邓村、石屏县郑营村、巍山县永建镇东莲花村、孟连县娜允镇8座国家历史文化名镇名村，还有14个省级历史文化名镇、14个省级历史文化名村和1个省级历史文化街区。丽江古城、红河哈尼梯田被列入世界文化遗产名录，三江并流、石林、澄江古生物化石地被列入世界自然遗产名录。